KB264709

청춘이
소설이다

청춘이 스펙이다

초판 1쇄 발행 2012년 11월 01일
초판 3쇄 발행 2012년 12월 12일

지 은 이 정태현
발 행 인 권선복
편집주간 오성용
디 자 인 최새롬
교정교열 김정웅 · 김소영
전 자 책 박소은
마 케 팅 서선교
발 행 처 도서출판 행복에너지
출판등록 제315-2011-000035호
주　　소 (157-010) 서울특별시 강서구 화곡로 232
전　　화 0505-666-5555
팩　　스 0303-0799-1560
홈페이지 www.happybook.or.kr
이 메 일 ksb6133@naver.com

값 15,000원
ISBN 978-89-97580-30-9　13320

Copyright ⓒ 정태현, 2012

도서출판 행복에너지는 독자 여러분의 아이디어와 원고 투고를 기다립니다. 책으로 만들기를 원하는 콘텐츠가 있으신 분은 이메일이나 홈페이지를 통해 간단한 기획서와 기획의도, 연락처 등을 보내주십시오. 행복에너지의 문은 언제나 활짝 열려 있습니다.

청춘이 스펙이다

인생에 필요한 스펙은 따로 있다

도서출판 행복에너지

CONTENTS

도전을 멈추지 않는 한
세상은 은혜롭다

세월이 유수와 같다더니, 대학을 졸업하고 포스코에 막 입사했던 내가 이제는 한 기업의 대표가 되었다. 30여 년 전 이립而立의 청년이었던 나는 반드시 성공하겠다는 강한 집념을 가지고 있었다. 내 미래는 내가 만들어가는 것이란 걸 알았기 때문이다. 제철소의 심장이라 불리는 고로高爐공장의 건설환경은 열악했고, 고된 노동의 연속이었지만 땀 흘리는 과정에서 꿈이 이루어진다는 사실을 알았다. 그래서 기꺼이 넘어지고 깨지기를 자처했었다. 덕분에 신입사원으로 입사해 30여 년 동안 한 계단씩 올라갈 수 있었으니, 스스로 걸어온 길에 만족하고 있다. 포스코(포항제철)에 근무하게 된 것 역시 크나큰 축복이었다. 그가 가르쳐준 우향우 정신과 애국심이 나를 깨워주었고, 바른 길을 보여주었으니….

글로벌 기업의 대표가 된 지금, 성공을 꿈꾸지만 현실과 이상의 차이에서 힘들어하는 청년들의 축 쳐진 어깨를 다독여주고, 용기를 북돋아 주고 싶다. 작금의 현실이 청년들을 너무나 힘겹게 만들기 때문이다. 지나친 경쟁사회는 그들의 꿈을 획일화시키고, 이에 뒤처졌을 때 너무 쉽게 패배자의 낙인이 찍힌다. 그로 인해 도전 대신 안일을 찾게 되는 것이다. 나는 두 아이의 아버지로서 그리고 한 기업의 대표로서 이 사실이 못내 아쉽다. 서툰 글솜씨지만 내가 걸어온 길을 조심스레 한 권의 책으로 출간한 이유가 여기에 있다. 화려한 스펙보다 더 중요한 것은 실무능력이며 이는 부딪히고 이겨내는 과정에서 자연스럽게 쌓인다는 것을 가르쳐주고 싶다.

내가 시대의 영웅이라 생각하는 이들 모두(더불어 내가 미처 생각지 못했던 영웅들) 도전정신 하나로 운명을 변화시켰고 나아가 대한민국을 세계 일류국가로 만들어 놓았다. 자신이 흘린 땀방울이 국가 경쟁력을 높인다는 사실을 알게 될 때 애국심 또한 생겨날 테니, 국가와 민족을 위해 헌신하는 전문가가 되는 것이다. 이 모든 것은 마음먹기에 달려 있다. 일체유심조一切唯心造라 하지 않았던가. 스스로 행운아라고 믿는다면 이 세상이 얼마나 은혜로운 공간인지 깨닫게 된다. 각박한 현실에서 행복을 찾아낼 수 있는 것이다.

나는 여전히 꿈을 꾸고, 그 꿈을 이루기 위해 청년들 못지않게 도전을 거듭하고 있다. 미래는 누구에게나 활짝 열려 있기 때문이다. 수줍게 세상에 나온 이 책이 청춘들의 안일함을 깨우고, 할 수 있다는 자신감을 심어줄 수 있다면 예순에 시작한 나의 첫 번째 도전은 성공으로 기록될 것이다. 부족하지만 혼신의 노력을 다해 써 내려간 이 글이 청춘의 희망이 되길 바라며, 힘든 현실과 맞서 싸우는 그들에게 이 책을 바친다.

끝으로 오랜 세월 나의 멘토가 되어주었던 고故 박태준 회장님과 포스코 선후배들에게 이 책을 통해 감사의 인사를 드린다. 멋진 미래를 만들어가기 위해 지금 이 순간 함께 땀 흘려 일하고 있는 에어릭스의 전 가족과 산업현장에서 땀 흘려 일하고 있는 산업 일꾼들에게도 감사의 마음을 간직하고 싶다.

특히 최고의 대기환경 토털솔루션 회사를 만들어 가는 데 기회를 제공해준 CCPClearwater Capital Partners의 대표 Partner인 Mr. Robert Petty, Mr. Amit Gupta와 심재우 CCP 한국 대표 그리고 Summit 박효성 회장님에게 고마운 마음을 전하고 싶다.

2012년 가을 盆山 鄭泰鉉 合掌

국회 부의장 이병석

꿈은 미래입니다.

꿈꾸는 사람이 미래를 개척합니다. 큰 꿈을 품고 큰 업적을 일궈낸 위인도 있지만, 자기 분야에서 최고가 되겠다는 당찬 꿈을 꾸고 온몸을 던져 소중한 성과를 거둔 사람도 있습니다. 이 책의 저자가 바로 그러한 사람입니다.

저자는 이 책에 우리 시대의 청춘들에게 보내는 메시지를 담고 있습니다. 지나친 경쟁으로 인해 힘들어 하는 청년들을 위로하고 용기를 북돋아 주기 위해 이 책을 낸 것입니다.

근래 우리나라뿐만 아니라 세계적으로 청년 실업이 심각한 문제가 되고 있습니다. 세계적인 경기 불황은 청년 실업 해소를 더욱 어렵게 하고 있습니다. 이런 상황은 청년 특유의 진취적인 기상을 마음껏 펼치게 하기보다는 현실 안주와 스펙 쌓기에 몰두케 합니다. 하지만 세상은 마음을 어떻게 먹느냐에 따라 전혀 다르게 다가옵니다.

포스코 출신인 저자는 용광로에서 뜨거운 열기를 내며 끓어오르는 쇳물이 자신을 열정적으로 살아가게 해주었고, 단단하게 담금질 된 쇠는 숱한 좌절을 견디고 이겨내는 지혜를 가르쳐 주었다고 회고합니다. 그리고 반평생 가까이 3DDirty, Dangerous, Difficult 업종이라고 불리는 제조업에서 꿈을 볼 수 있었고, 엔지니어와 장인으로 대변되는 제조업이 3D가 아닌 꿈의 직업이 되는 것이 희망이라고 말합니다.

요컨대 화려한 스펙보다는 꿈과 도전정신이 더 소중하다는 이야기입니다. 그렇습니다. 꿈이 있어야 진정한 청춘이 아니겠습니까.

저자는 1977년 포스코에 입사해 30여 년 꽃다운 인생을 용광로와 쇳물에 흘려보냈습니다. 지금은 포스코가 세계적인 철강기업으로 우뚝 서 있지만, 1970년대 제철소 건설기에는 여간 힘든 환경이 아니었습니다. 저자는 그때 그곳에서 "유능한 엔지니어가 되어 대한민국을 선진국 반열에 올려놓자."는 꿈을 꾸었습니다.

그 꿈은 작년에 타계한 '철강왕' 박태준의 꿈을 충실히 따르는 것이기도 합니다. 그 꿈과 도전정신이 숱한 어려움을 이겨내고 포스코 성공신화를 창출하는 힘이 되었던 것입니다.

정치인에게도 꿈은 생명입니다. 인도 뉴델리에 있는 간디의 묘비에는 간디가 생전에 했던 말이 새겨져 있습니다.

"세계에는 일곱 개의 큰 죄가 있으며, 첫째가 이상을 결여한 정치다."

저는 포항을 기반으로 여러 가지 꿈을 꾸고 있습니다. 그 가운데 하나는 포항 신항만에서 시베리아, 로테르담으로 떠나는 기차의 기적소리를 지역주민들과 함께 듣는 것입니다. 그 꿈의 실현을 통해 우리 지역은 새로운 중심으로 거듭나게 될 것입니다.

지금도 꿈을 꾸고, 그 꿈을 이루기 위해 쉼 없이 도전하고 있는 저자는 청년들의 훌륭한 멘토입니다. 현실이 어렵고 힘들어 의기소침해 있는 청년들과 인생의 새로운 길을 모색하는 사람들에게 이 책의 일독을 권합니다.

감사합니다.

CCP(Clearwater Capital Partners)
한국대표 심재우 사장

청춘이 스펙인 이유는 무엇일까?

'젊다'는 말은 곧 세상에서 가장 멋진 시간을 살고 있다는 것을 의미하기 때문이다. 청년들에게 세상은 무한한 가능성의 공간이다. 마음껏 꿈을 꿀 수 있는 유일한 시기이며, 꿈을 향해 도전할 수 있는 용기와 열정 또한 가득하다. 그 도전이 무모하면 무모할수록 대한민국을 넘어 세상을 깜짝 놀라게 만들 수 있다. 상상하는 모든 것들을 현실로 만들어낼 수 있는 것이 바로 청춘인 것이다.

하지만 안타깝게도 우리 사회는 청년들에게 획일화된 성공의 잣대를 드리우고 있다. 이제 막 알에서 깨어난 무한한 가능성의 존재들이 고작 일류대학과 대기업, 공무원에 목매는 현실이 안타깝다. 저마다 다양한 꿈을 갖고 다채로운 미래를 만들어간다면 좋으련만 현실에 치중한 그들의 모습은 어떤 의미에서 가엾고 슬프기까지 하다. 물론 남이 걷지 않았던 길 위에서 성공을 거둬낸다는 것은 결코 쉬운 일이 아니다. 치열한 경쟁사회에서 획일화된 성공의 프레임에 자신을 맞추는 것 또한 쉽지 않다. 어느 것 하나 쉽지 않은 세상이기에 우리의 청년들은 같은 자리를 맴돌며, 답보 상태로 청년기를 놓쳐버리고 있는 것이다. 이런 일들이 지금 우리 청년들에게 벌어지고 있다.

그런 의미에서 정태현 대표의 『청춘이 스펙이다』는 참으로 훌륭한 책이 아닐까 싶다. 부딪히고 깨지는 것이 청춘의 특권이라는 그의 말에 크게 공감한다. 그의 말대로 청춘이라면 단 한 번뿐인 인생, 실패조차 두렵지 않은 꿈이 있다면 안전한 길을 찾아 누군가의 뒤를 쫓는 것보다는 창조적인 시각으로 나만의 길을 찾아 다이내믹함을 즐겨볼 필요가 있다. 청춘만이 누릴 수 있는 특권을 마음껏 누리며, 실패 앞에 당당해져야 한다. 실패가 없는 삶보다 위험한 것은 도전이 없는 삶이기 때문이다. 도전하지 않는다면 성공도 이룰 수 없다. 청년들의 도전이 멈춘다면 전 세대들이 일궈놓은 모든 결과물들은 의미가 퇴색한다.

힘들고, 어려워도, 또 월급이 적고 사회적 인지도가 낮더라도 자신의 가슴을 뛰게 하는 일이라면 주저하지 말고 도전해야 한다. 성공은 가슴이 시키는 일을 할 때 이루어지기 때문이다. 정태현 대표의 생각처럼 '청춘이 곧 스펙'인 것이다.

청년들 모두가 좋아하는 일에 열정을 쏟아붓는다면 대한민국의 미래는 눈부시게 발전할 것이다. 머지않아 대한민국이 세계의 중심이 될 것이라는 정태현 대표의 바람은 청년들이 다채로운 빛을 내며 스스로 만족해할 수 있다면 이는 현실이 되리라 믿는다. 청년들 모두가 젊음의 에너지를 폭발시켜 자신의 삶에 주인이 되는 것이 애국하는 길이라는 뜻이다.

『청춘이 스펙이다』의 마지막 페이지를 덮은 지금, 나 역시 대한민국 청년들에게 인생의 선배로서 말해주고 싶다. 사회가 정한 우선순위에서 자유로워진 뒤 가슴이 시키는 일을 할 수 있다면 이미 최고의 스펙을 가진 것이다. 그러니 이 책을 통해 대한민국 청년들이 젖은 날개를 말리고, 깃을 가다듬어 저 높은 창공으로 날아오르기를 기원한다.

끝으로 청년들을 진심으로 사랑하는 마음으로 멋진 원고를 만들기 위해 한 자, 한 자 정성껏 써 내려갔을 정태현 대표의 노고와 새로운 도전에 박수를 보낸다.

GNOMON GROUP 송영우 대표

전 Arthur D.Little 글로벌 파트너/부사장

옛 어르신들이 하신 말씀 중에 무릎을 치며 옳다고 생각하는 고사성어가 있다. 바로 운칠기삼運七技三이다. 혹자는 기술 삼三이 별것 아니라 생각한다. 하지만 이는 성공의 필수조건이다. 이게 없으면 운이 오더라도 잡을 수가 없기 때문이다. 나머지 칠七에 해당하는 운도 세밀하게 따져보면 크게 타이밍과 네트워크라고 볼 수 있다. 타이밍은 신의 영역이지만 네트워크는 부지런하면 가질 수 있는 인간의 노력의 영역임을 기억해야 한다.

결국 관건은 시간이다. 청년문제의 근본을 파헤쳐보면 결국 타이밍, 즉 시간의 아이러니가 자리하고 있다. 대학교를 졸업하고 내가 누구인지 내 안에 무엇이 있는지 아무것도 모를 때 내가 가야 할 직장을 정해야하고 정해진 부서를 다녀야 하니 과연 내가 있는 이곳이 내가 인생의 승부를 걸어야 하는 곳인지 아닌지 잘 모르는 방황이 찾아오는 것이다. 이때 요구되는 것은 치열한 고민과 냉철한 판단이지만, 막상 직장을 다니다 보면 내 몸에 어떤 기가 막힌 역량이 살아있는지 잘 모르고 지나치게 되고, 또한 천직이라는 착각 속에 살다가 좋은 타이밍 다 놓치기도 한다. 미치도록 열심히 일에 전념하는 것도 때론 독이 되는 것이다.

이제 회사가 나를 끝까지 돌봐줄 것이란 생각을 버려야 한다. 이는 아주 어리석은 자가당착적 생각이다. 거칠게 표현하자면 능력을 키워 회사가 나를 자르기 전에 내가 내 가치를 키워서 내가 먼저 자르고 다닐 수 있어야 한다. 소속된 직장에서 역량을 인정받고 훌륭한 인재로 성장하는 길도 존재하지만, 내가 정말 어느 분야에 전문가가 되고자 한다면 여러 경험을 하면서 돌아다니는 것도 바람직하다고 할 수 있다.

나 또한 격렬하게 나의 삶과 환경을 보다 유연하게 가꿔왔다. 비 스카이 출신으로 A.T.Kearney 다국적 경영컨설팅社에 입사하여 벤처기업사장을 거쳐 Arthur D. Little 글로벌 파트너가 된 것은 나 자신을 믿고 두려움 없이 정면 승부를 거듭한 결과다. 이런 직선적인 내가 진정한 기업인으로서 맘속에 담고 있는 분이 한 분 있다. 바로 환경설비 전문제조기업인 에어릭스의 정태현 대표이다. 이 분이 요즘 젊은이들을 위해 책을 쓰신다고 하니 관심을 두지 않을 수 없었다.

저자인 정태현 대표님의 이번 글은 젊은이들에게 뻔한 상식선의 인생역정을 전하는 것이 아니라, 실제 청년시절 경험을 바탕으로 청년의 시선으로 글을 써내려갔다는 점이 다른 책들과 구별된다. 이 책은 개인의 인생사 이전에 현재 신세대에게 들려주는 청춘 메시지이며, 앞으로의 대한민국을 이끌어 갈 그리고 각 개인의 인생을 시작하는 젊은이들이 읽고 고민해 볼 수 있는 다양한 경험담이 담겨있어 그 의미가 깊다. 한 젊은이가 시대적 역동기를 치열하게 살아오면서 겪은 가슴 벅찬 이야기들, 대한민국의 경제 근대사와 함께했던 국가대표기업 포스코의 과거와 현재를 관통하며 세계최고의 글로벌 기업으로 발돋움하는 데 일조한 한 청춘의 이야기는 사회생활을 시작하는 세대들이 한 번쯤 귀를 기울이고 들어보면 좋지 않을까 싶다.

이제 영원한 청년 정태현이 들려주는 청춘 이야기를 한 번 들어보자. 그리고 책을 읽기 전에 스스로의 잠재력을 가볍게 보지 말고 한 번 목숨 걸고 끝까지 갈 때까지 가보자는 생각을 해보자. 생각보다 내가 많을 것을 잘할 수 있음을 알게 될 것이다. 이 책의 내용이 그것을 증명한다.

Ⅰ.
청춘의 현실

꿈과 현실, 그 경계를 재정의하라

청춘을 누려라

겨우내 꽁꽁 얼어붙은 땅을 깨고 조심스럽게 고개를 내미는 새싹을 보면, 참으로 기특하고 대견스럽다. 작은 비바람에도 쓰러질 듯 위태로워 보이지만, 녀석들의 생명력은 놀라우리만치 강인하다. 볕이 잘 들지 않는 곳이라 해도 불평불만 없이 뿌리를 내리고 향긋한 꽃을 피워내니 말이다. 꽃과 나무가 더없이 사랑스러운 이유이다. 그래서일까? 나는 아기의 속살처럼 보드라운 초록의 풀잎을 보노라면, 싱그럽고 풋풋한 청춘의 군상이 엿보인다.

지금은 비록 여린 싹에 불과하지만 비와 바람과 햇살 속에서 아름드리나무로 성장하게 될 무한한 가능성을 품고 있는 나이가 바로 청춘일 테니까.

은빛 머리칼을 드리운 예순의 나이가 되고 보니, 지나온 청춘이 한없이 그립다. 하지만 오늘날 대한민국 청년들의 모습을 본다면 지난날 내가 누렸던 낭만과 청춘이 사라져버렸음을 느낀다. 배불리 먹는 게 소원일 만큼 헐벗고 가난했던 내 어린 시절보다 풍요로 물든 21세기 청년들의 모습이 더 안타까운 이유가 무엇일까?

물론 지난 시간을 반추해 본다면 풋풋한 나이라고 해서 그 길이 향기롭기만 했던 것은 아니다. 젊다는 건 무한한 가능성을 품고 있지만 동시에 끊임없이 불확실한 미래를 고민해야 하기 때문이다. 그 무렵 나는 참된 행복과 고귀한 삶의 의미를 깨닫고자 노력했다. 오랜 방황 끝에서 찾아낸 해답은 참고 인내하는 것이었다. 사사롭고 그릇된 욕심 탓에 마음이 요동친다면 금은보화에 둘러싸여 있어도 행복할 수 없다. 반면에 꿈을 이루기 위해 인내하며 한 걸음씩 앞을 향해 나아갈 수 있다면 필시 마음에 평화가 찾아올 테고 결국 고귀한 삶으로 귀결된다고 믿었다. 대학을 졸업하고, ROTC 13기로 군복무를 마치면서 내 꿈은 하나로 정립되었다. 국가와 민족에 보탬이 되는 삶을 살며 부모님의 자랑스러운 아들이 되는 것이었다. 그 길에서 겪는 고통은 행복으로 가는 열쇠였다. 그러나 오늘날 청년들이 겪는 고통은 말 그대로 삶을 피폐하게 만드는 고통일 뿐이다.

자로 재어놓은 듯 규격화된 성공의 프레임에 청년들을 끼워 넣고, 이에 맞지 않을 때 주저 없이 실패한 삶이라고 단정 짓는 것이 보편화된 사회정서다. 그로 인해 청년들 역시 일곱 빛깔 무지개처럼 각기 다른 빛을 내려 하지 않고 복제인형처럼 스스로의 삶을 획일화시킨다. 안타깝지만 나는 이 모든 원인이 어머니의 무릎 교육에서부터 시작되었다고 본다. 유럽 어버이는 "친구를 배려해야 한다."라고 말하고, 일본 어버이는 "친구에게 피해를 주면 안 된다."라고 말하지만 대한민국의 어버이는 "무조건 이겨야 한다."라고 가르치기 때문이다. 이는 포스코에서 젊은 시절 오랜 세월 동안 유럽의 주재원으로 근무하면서 보고 듣고 느끼며 깨닫게 된 사실이다. 다시 말해 오늘날 대한민국 청년들의 현실이 피폐해지는 것은 첫 단추 즉, 어렸을 때부터 잘못된 교육을 받으며 자란 결과라고 생각한다.

개성이 혁신을 이끈다

독일에서 주재원으로 있는 동안 나는 아이들에게 꿈을 꿀 수 있도록 허락해주는 독일 교육에 무척 감동했다. 독일에서는 유치원과 초등학교 교육과정에서 이미 한 아이의 미래가 결정된다. 초등학교 교사가 아이의 일거수일투족을 면밀히 분석해서 각각의 재능을 찾아주기 때문이다. 아이가 공부에 흥미를 느낀다면 인문계 고등학교(김나지움)에 진학시키고, 기술을 연마하길 원한다면 실업계 고등학교로 진학시킨다. 학부모는 교사와 아이의 뜻을 전적으로 따른다. 시쳇말로 엄마를 잘 만나야 좋은 대학에 갈 수 있는 우리네 현실과 너무나 대조적인 것이다. 덕분에 독일인들은 천문학적인 사교육비 없이도 꿈을 이룰 수 있고, 눈부신 청춘을 청년실업 따위로 신음하게 하지 않는다. 결과적으로 독일의 국가경쟁력은 지금 이 순간에도 여전히 성장하고 있다. 대학 등록금 때문에 신용불량자가 되는 일도 없거니와 오직 안정된 직장에 취직하기 위해 좁디좁은 고시원에서 청춘을 허비하는 일도 없다. 저마다 재능을 살려서 원하는 직업을 찾았으니 평생 동안 행복하게 일할 수 있는 것이다. 즐기면서 일하는 사람을 이길 수 있는 방법은 없다는데 전 국민이 자신의 일을 즐긴다고 상상해보자. 어찌 그 삶이 행복하지 않겠으며 국가가 발전하지 않겠는가.

일류 대학이 인생의 전부가 되어버린 대한민국 교육의 씁쓸한 현실을 보면서, 지혜로운 독일 교육을 본받고 싶은 건 나만이 아닐 것이다. 그림을 잘 그리면 화가를, 기계를 잘 다루면 엔지니어를, 요리를 잘하면 요리사를…. 저마다 다름이 있거늘, 그 사실을 인정하려 들지 않고 일류대학과 일류기업만을 인생의 목표로 삼고 있으니 말이다. 나 역시 한국에서만 살았다면 이러한 편견에서 자유롭지 못했을 것이다. 보고 듣고 느끼는 것을 통해 가치관이 형성될 테니까.

뒤셀도르프에서 살던 시절 이웃의 젊은 부부를 보고, 나는 적지 않게 놀랐었다. 아내의 직업이 치과의사인 데 반해 남편의 직업은 자동차 정비공이었다. 대한민국에서는 쉽게 상상하지 못할 남녀의 조합이니 당황스러울 수밖에 없었다. 그러나 머지않아 내 생각이 얼마나 편협했는지 깨달았다. 그들은 서로를 사랑했다. 부부의 연을 맺기 위해 필요한 조건을 완벽하게 갖췄던 것이다. 서로의 다름을 인정해야 한다고 말했던 내가 부부의 연을 맺기 위해서는 서로가 어울려야 한다고 생각했고, 그 어울림을 내 멋대로 규정하고 있었던 거다. 편협한 사고가 세상 바라보는 눈을 멀게 한다는 사실을 새삼스레 깨달았다.

죽는 날까지 하늘을 우러러 한 점 부끄럼 없이 남을 위해 봉사할 수 있기를 나 자신에게 다짐했던 이립而立의 각오가 나도 모르는 사이 제 빛을 잃어가고 있었던 것이다. 세상은 영원하다는 일원상一圓相 진리 앞에 죽음이란 새벽 이슬과 같고, 헌 옷 한 번 갈아입는 것이라고 생각했던 나 아닌가. 조국과 민족을 위해 이 한 몸 오롯이 바치겠다고 맹세했건만 세월의 흐름 속에서 세속에 물들어버렸으니 부끄러울 수밖에….

나를 비롯해 기성세대가 먼저 변하지 않으면 대한민국의 청소년들은 재능과 꿈 대신 일류대학만이 인생의 목표가 될 것이며, 졸업 후에도 청년실업에 또 한 번 신음해야 한다. 우리 사회는 직업을 보고 그 사람의 인격을 제멋대로 평가하고 있으니 재능과 흥미보다는 사회가 정해놓은 우선순위가 직업을 결정하는 핵심 요소가 되는 것이다.

독일의 미래학자 마티아스 호르크스는 한국식 교육의 한계를 정확하게 꼬집었다. 우리나라의 교육 환경을 일컬어 최고가 아니면 기회를 놓치고 낙오하는 시스템이라고 평가한 것이다. 부끄럽지만 우리는 그의 평가에 이렇다 할 반론을 제시할 수 없다. 획일화된 성공의 잣대가 대한민국 전역에 깊이 못 박혀 있기 때문이다. 그로 인해 아이들은 정형화되고 획일화된 삶을 강요당한다. 교육을 통해 새로운 영감을 부여받고, 창조적인 사고력을 통해 혁신을 만들어내지 못하게 되는 것이다. 끊임없이 혁신을 만들어내며 세상을 깜짝 놀라게 만드는 주인공은 될 수 없다는 뜻이다.

문제는 세상이 변했다는 사실이다. 주입식 교육만으로는 이 세상을 아름답고 따뜻하게 변화시킬 수 없다. 인류의 삶을 변화시킨 스티브 잡스도 대학교를 중퇴하지 않았던가. 대한민국의 잣대를 드리운다면 대학을 자퇴한 순간 그는 성공의 기회를 놓친 낙오자이다. 만일 스티브 잡스가 대한민국에서 태어났다면…. 어쩌면 우리는 편견이라는 틀에 갇혀 위대한 혁신의 싹을 '싹둑' 잘라버리는 실수를 범할지도 모른다. 생각만 해도 가슴이 철렁 내려앉을 일이다.

나는 대한민국 청년들의 무한한 가능성을 믿는다. 전 세계를 다니면서 깨달은 건 우리 민족처럼 성실하고 근성 있는 민족도 흔치 않다는 사실이다. 다만 일제강점기와 한국전쟁 등 비극으로 얼룩진 역사 속에서 사고의 유연성이 다소 경직되었을 뿐이다. 다행스러운 건 지구촌이 하나가 된 지금, 다양한 네트워크를 통해 청소년들의 사고가 유연해지고 있다는 것이다. 이는 기성

세대가 아이들에게 배워야 할 부분이다. 그로 인해 교사와 학부모가 지식 전달자를 넘어 한 아이의 미래를 멋지게 설계해주는 영혼의 나침반이 되어준다면 아이는 일류대학을 나오지 않아도 충분히 눈부시도록 아름다운 삶의 주인공이 될 수 있다. 나는 그 사실을 청년들에게 말해주고 싶다. 대한민국이 정해놓은 성공의 프레임에 갇혀버린다면, 드넓은 세상의 주인공이 될 수 없다는 진리를 말이다.

화합이 행복의 통로를 만든다

군복무 시절 나는 아카시아 향기 그윽한 산정에서 한가히 명상에 잠기곤 했었다. 뻥 뚫린 도로 위를 시원스럽게 질주하는 자동차들을 보며, 나의 미래 또한 막힘없이 앞을 향해 달릴 수 있길 간절히 바랐다. 아울러 자연에 순응하고 살아가는 농부들의 구슬땀을 보며, 그들처럼 열심히 살겠노라고 다짐했다. 이는 내 마음이 즐거울 때 가능하다는 걸 세월의 흐름 속에서 자연스럽게 알게 되었다.

다행히 나는 엔지니어로서 자부심을 갖고 30년이라는 긴 시간 동안 포스코와 대한민국을 위해 헌신했다. 땀 흘림의 가치를 알고 있었으니 농부의 마음으로 내 마음 밭과, 인생 밭을 열심히 가꾸어올 수 있었다. 이제 나는 그동안의 시간을 교훈 삼아 청년들의 마음 밭과 인생 밭을 보다 풍요롭게 가꾸어주고 싶다. 아버지의 마음으로 이 시대 젊은이들의 상처와 고통을 보듬고 감싸 안아주고 싶기 때문이다.

"스스로 인생의 주인공이 되길 바랍니다. 무언가를 선택할 때는 반드시 자신의 결정을 믿으세요. 누군가의 강요는 진정한 행복을 안겨주지 않습니다. 성공의 유무 역시 자신이 판단해야 합니다. 지금 이 순간 행복하다면 그것만으로도 성공의 길 위에 서 있는 것입니다. 한 가지 바람이 있다면 이기심과 나만의 틀에서 벗어나야 한다는 것입니다. 나 혼자만 행복한 삶이 아니라 더불어 모두가 행복해질 수 있는 삶을 선택해야 합니다. 참된 행복은 나와 당신 그리고 모두가 행복해지는 것이니까요."

이는 내 부모님의 가르침이다. 나는 그분들에게서 자애로운 스승의 참모습을 보았고 인생 농사를 짓는 방법도 배웠다. 덕분에 지난 시간을 되돌아보며, 행복했다고 미소 지을 수 있게 되었다. 이제 나의 꿈은 마음과 인생 밭에 풍요의 씨를 뿌리고 가꾸는 방법을 청년들에게 가르쳐주는 것이다. 그리고 한국의 중소기업이 세계 속의 '강소기업'이 되도록 그동안의 경험과 네트워크를 전해주는 것이다. 이는 내게 주어진 소명이자 의무라고 굳게 믿는다.

스펙이 아닌

경험을 쌓아라

호랑이 담배 먹던 시절의 옛날이야기 같지만 내가 어렸을 적에만 해도 서로에 대한 인사가 "재건합시다."였다. 재건이라는 단어에서 유추할 수 있듯 가난한 환경 탓에 초등학교를 졸업하고 중학교를 다닐 수 없는 아이들이 많았다. 나라가 가난했으니 너나 할 것 없이 생활전선에 뛰어들어야 했던 것이다. 그랬던 우리가 불과 반세기 만에 놀라울 정도로 발전했다. 전체 청소년 중 80퍼센트가 대학에 진학하고 있지 않은가. 배움의 기회가 모두에게 고루 돌아간다는 건 무척 고무적인 일이다. 그러나 어찌된 일인지 청년들의 어깨가 더욱 무거워지고 있다. 학력이 평준화되었다는 것은 대학교 졸업장이 곧 취업으로 연결되던 시대가 끝났음을 의미하기 때문이다. 여전히 비싼 사교육비와 대학등록금이 가정의 행복을 위협하고 있는데도 말이다.

이를 해결할 수 있는 방법은 반값등록금에 앞서 사고의 전환이다. 대학을 졸업하고, 대학원에 유학까지 다녀와도 취업이 안 되는 것이 작금의 현실이지 않은가. 더 이상 대학 졸업장이 성공을 가리키는 나침반이 아니라는 뜻이다.

졸업유예를 택하는 소위 'NGno graduation족'이 늘어나고 있다는 기사를 봤다. 올해 1학기 서울 시내 15개 대학 9학기 이상 등록생 현황을 분석해보니 9학기 이상 등록자가 지난해 졸업생 대비 40%에 육박했다고 한다. 어떤 대학교에서는 졸업연기자가 졸업생보다 더 많아진 경우가 있었다고 한다.

우리나라 최고의 대학인 서울대 역시 마찬가지다. 이렇게 NG족이 늘어나는 이유는 '취직이든, 대학원이든 졸업생보다 재학생이 유리하다.'는 판단 때문이라고 한다. 이들 대부분이 취업이 여의치 않아 '울며 겨자 먹기'로 9학기를 등록하는 것이다. 백수가 될 바엔 차라리 대학 5학년이 되겠다는 학생들은 이 사회가 낳은 또 다른 병폐가 아닌지 싶어 걱정스럽다.

예나 지금이나 수많은 이력서와 마주하게 된다. 포스코에 근무했을 때는 부장이나 임원으로서 면접에 참여했고, 대기환경 플랜트 전문기업 에어릭스에 새롭게 둥지를 틀게 된 지금은 대표이사로서 함께 일할 사원을 채용한다. 산더미처럼 쌓인 이력서를 보노라면 우리나라에 훌륭한 젊은이가 많다는 사실을 피부로 느낀다. 토익과 토플 점수로는 우열을 가릴 수 없을 만큼 외국어 실력도 뛰어나다. '이 많은 이력서 가운데 과연 어떤 학생을 직원으로 채용해야 하는 것일까. 종이 한 장으로 그들의 잠재능력을 가늠한다는 것 또한 성급한 판단이 아닐까. 화려한 스펙을 가지고 있으면서도 입사시험에서 탈락해야 하는 청년들의 답답함은 또 어찌해야 좋을까.' 고민이 이만저만이 아니다.

반면에 기업에서는 훌륭한 인재가 없다고 아우성이다. 글로벌 회사의 대표인 나조차 이 엉뚱한 괴변에 동감하고 있는 걸 보면, 수요와 공급이 어긋나고 뒤틀린 것만은 틀림없다.

기업의 수장으로서 내가 깨달은 바는 이렇다. 대한민국의 교육 수준은 현저하게 높아졌다. 대다수의 젊은이들이 훌륭한 것 또한 사실이다. 그러나 이는 어디까지나 학교에서의 상황일 뿐이다. 사회에 나왔을 때 그들은 걸음마를 시작한 아이들처럼 아무것도 하지 못하고 허둥댄다. 스펙 쌓기에 연연해 경험을 쌓는 데 소홀했기 때문이다. 아울러 사회가 정해놓은 틀에 억지로 자신을 끼워 맞춘 결과이기도 하다. 목적의식 없이 학력만 높인 뒤 정작 무엇을 해야 좋을지 몰라서 갈팡질팡하는 청년들이 부지기수이다. 뜻하지 않게 칠흑 같은 미래와 맞닥뜨리게 되는 것이다. 이를 눈부시게 빛나는 청춘으로 변화시키려면, 청년들 스스로 생각을 바꿔야 한다. 이는 자신의 선택을 믿고 존중해야 한다는 의미이다. 예를 들어 엔지니어로 성공하고 싶다면 실업계 고등학교에 진학하는 것도 효과적이다. 이십 대를 지나 서른이 되었을 때는 이미 꿈을 이루어 나가는 어엿한 사회인이 될 수 있기 때문이다. 그 과정에서 전문적인 이론교육이 필요하다고 느낀다면 그때 대학교에 진학해도 좋다. 우리나라도 유럽처럼 대학 진학이 다양한 길 가운데 하나가 된다면 청년들은 천편일률적인 스펙 쌓기에서 벗어나 자유롭게 직업을 찾고 자격증을 취득할 수 있게 되는 것이다. 생각해보면 굉장히 쉬운 일인데도 불구하고 좀처럼 현실화되기 어려운 것 또한 사실이다.

언젠가 신문에서 대기업을 박차고 나온 엔지니어의 성공 스토리를 읽었다. 기계조립에 관심이 많았던 그는 고등학교를 졸업한 뒤 기계공학과를 선택했다. 유럽이었다면 실무경력을 쌓기 위해 현장에 나갔겠지만, 앞서 이야기했듯 아직까지 대한민국에서 대학 진학은 호불호의 문제가 아니다. 어찌 되었든 그는 대학을 졸업한 뒤 대기업에 취직했으나 그 자리를 박차고 나왔다. 대기업에 취직하는 것이 목표인 청년들에게는 이해할 수 없는 선택일 테지만, 각기 다른 생김새처럼 꿈의 모양도 제각각 다른 것 아니겠는가.

결과적으로 그는 숱한 실패를 거듭한 끝에 13개의 특허기술을 개발했고 결국 성공한 사업가가 되었다. 나는 그의 성공이 아니라 용기 있는 선택에 박수를 보내고 싶다. 화려한 스펙보다 경험을 더 소중하게 여겼기 때문이다. 꿈을 이루기 위해 사업을 시작한 순간부터 그의 삶은 실패와 좌절의 연속이었을 것이다. 그러나 그는 눈부시게 성공했다. 도전하지 않았다면 절대 누릴 수 없는 영광이다. 한마디로 경험보다 값진 보물은 없다는 뜻이다.

하루가 지나면 희망찬 또 다른 하루가 시작된다. 폭우를 쏟아 붓던 짓궂은 하늘도 어둠이 걷히면 거짓말처럼 밝은 해님이 고개를 들고 나온다. 그럴 때면 나는 살아있음을 과시하듯 의기양양하게 온몸으로 햇살을 만끽하며 앞을 향해 나아간다. 살아오면서 겪은 숱한 경험을 기억한다면, 내 미래는 영원히 밝을 것이라고 믿기에 늘 당당할 수 있는 것이다.

청년들 또한 마찬가지이다. 눈부신 청춘 동안 다양한 경험을 쌓았을 때 영원히 밝은 미래를 만들어갈 수 있다. 물론 그 길 위에서 뜻하지 않게 소나기를 만날 때도 있지만, 그때는 소나기를 피하는 방법을 배우게 된다. 이는 폭우 앞에 서 있지 않았다면 절대 배울 수 없는 값진 경험이다.

올바른 가치관이 성공을 부른다

요즘 들어 부쩍 젊은 시절의 나를 되돌아보는 시간을 갖는다. 힘들고 괴로울 때면 역경을 이겨낸 친구들을 부러워하며 애꿎은 날씨만 탓하기도 했던 것 같다. 원망해야 할 대상을 찾아야 했으니 말이다. 하지만 바쁜 오늘을 보내면 반드시 보람찬 내일을 맞이한다는 사실을 배웠다. 숨 가쁘게 달려온 어제가 있었기에 한

가로운 오늘을 만끽할 수 있는 것이다. 오늘의 승리는 어제 흘린 땀방울과 인내의 산물이기 때문이다. 그렇게 생각하다 보면 내 어깨를 무겁게 내리누르던 고통도 하늘의 뜻이라고 여길 수 있게 된다. 물론 생각처럼 쉽지 않지만 세월의 흐름 속에서 성숙한 어른으로 성장한다면 역경조차 축복으로 받아들일 수 있게 되리라 믿는다. 청춘은 눈부시도록 아름답지만 나이 드는 것 또한 멋스럽다는 뜻이다. 그럼에도 청춘이 그리워지는 걸 보면, 젊다는 건 그 자체만으로도 축복인 모양이다.

하지만 사회에 첫발을 내딛었을 때의 나는 여느 젊은이들처럼 늘 긴장했었다. 온통 신경이 곤두서는 두려움과 공포감마저 느꼈었다. 문제 하나를 해결하면 또 다른 문제가 생겨났으니 그야말로 첩첩산중에 버려진 것처럼 고독하기도 했었다. 그럴 때면 말없이 어깨를 다독여주는 선배들의 따뜻한 말 한마디에 잃어버렸던 길을 찾곤 했었다. 대수롭지 않은 위로가 내게 '할 수 있다.'는 희망을 샘솟게 해주었던 것이다. 지금껏 살아오면서 보고, 듣고, 느끼며 깨달은 걸 글로 써 내려가기로 결심한 것 역시 아파하는 청춘들의 어깨를 다독여주고 싶은 바람 때문이다. 살얼음판을 걷는 듯 위태로운 청춘을 무사히 건너면 생각보다 멋진 인생이 기다리고 있다는 사실을 말해주고 싶다. 이는 젊음을 허비하지 말고 더 열심히 일하고, 땀 흘려야 하는 이유이기도 하다.

은빛 머리칼을 드리운 인생 선배로서, 오랫동안 대기업과 글로벌 기업의 임원으로 일해 온 직장 선배로서 조언하자면 스펙이 곧 능력으로 대변되는 시대는 지났다는 것이다. 화려한 스펙보다 더 중요한 것은 실무 능력이다. 혼나고 실수하고 깨지는 과정에서 자연스럽게 쌓인 실력이야말로 전문가로 가는 밑거름이다. 따라서 나는 이력서에 나와 있는 스펙보다 입사자들의 가치관을 중요하게 생각한다. 몇 글자밖에 안 되는 학벌보다는 면접을 통해 내면의 목소리를 듣기 위해 노력하는 것이다. 일류대학을 나온 뒤 잔꾀를 부리는 사원보다 대학 졸업장이 없어도 자신의 능력 이상으로 일할 수 있는 사원이 훨씬 훌륭하다는 걸 30년의 세월이 가르쳐주었다.

아울러 살인적인 등록금 문제를 해결할 수 있는 방법을 제안하고 싶다. 꿈을 이루기 위해 무언가를 선택할 때 돈이 장애가 되는 건 슬픈 일이다. 그러나 등록금을 인하할 수 있는 여러 가지 방법들이 있음에도 불구하고 이해관계가 얽혀 있어 쉽지 않은 것이 현실이다. 그렇다면 미국의 성숙한 시민의식을 본받아 보면 어떨까? 미국은 졸업생이 모교에 기부금을 내고 있다. 학생 때는 선배들의 후원을 받고, 사회인이 되었을 때는 소득에 상관없이 후배들을 위해 기부하는 것이다. 대학 역시 기부금을 통해 효과적으로 학교를 운영할 수 있게 될 테니 교육의 질 또한 높아지게 된다.

나는 대한민국을 사랑하고 대한민국 국민이라는 것이 자랑스럽지만 외국인들의 성숙한 시민의식은 반드시 본받아야 한다고 생각한다. 이기적인 욕심에서 벗어나 기꺼이 자신의 것을 나누는 그들의 넉넉한 마음이 사회를 따뜻하게 만들고 양극화라는 고질적인 병폐를 치유해준다고 믿는다. 그래야 대학은 꿈을 이루어가는 길 가운데 하나가 될 수 있다. 대학 졸업장에 연연하지 않는 사회가 되었을 때 비로소 대한민국도 진정한 의미의 선진국 반열에 오를 수 있는 것이다. 이미 대한민국은 트리플 1조 달러 시대에 진입했다. 국내총생산GDP, 무역규모, 주식시장 시가총액이 각각 1조 달러를 넘어섰다는 뜻이다. 하지만 외환위기를 극복하는 과정에서 승자독식의 사회가 초래되었고, 학벌조차 세습되고 있다. 여전히 대학졸업장에서 자유로울 수 없다는 뜻이다.

지금의 현실이 잘못되었다고 느낀다면 나부터 변해야 한다. 세상을 변화시키는 주인공은 거창한 누군가가 아니라 바로 나와 당신이기 때문이다. 열심히 일하면 행복해지는 사회, 차별 없이 꿈을 이뤄나갈 수 있는 사회, 누구도 소외당하지 않는 사회, 공정한 기회가 주어지는 투명한 사회…. 나는 교육 문화가 바뀌었을 때 이 모든 꿈이 가능해진다고 믿는다.

부담스러운 대학 등록금과 청년실업은 비단 이십 대만의 문제가 아니라 전 세대가 힘을 합쳐 해결해야 할 문제일 테니, 나부터 생각을 바꿔야겠다. 한 기업의 대표로서 내 어깨가 무거워질수록 청년들의 어깨가 가벼워진다면 기쁜 마음으로 그 길을 가련다. 그 길이 바로 나의 꿈을 이뤄주는 길이기도 할 테니까.

프로는
계산하기 전에

행동한다

    델포이의 아폴론 신전 기둥에는 "너 자신을 알라."는 격언이 새겨져 있다. 그리스의 철학자 소크라테스는 유독 이 말을 좋아했다고 한다. 자신의 무지를 자각했을 때 경거망동하지 않고 올바른 행동을 할 수 있기 때문이다. 나 역시 이 말을 항상 기억하려고 노력한다. 내가 나를 모를 때, 자칫 오만해질 수 있을 테니 말이다. 하지만 상대에게 "네 분수를 알라."고 조언한다면 불쾌해할 수도 있다. 자신이 큰 사람이길 바라는데 "당신의 그릇은 생각보다 작습니다."라고 말한다면 언짢지 않겠는가. 그러나 이는 옳지 못한 자세이다. 자신의 크기를 인정했을 때 더 큰 사람으로 성장할 수 있으며 분수를 알 때 현명하게 살아갈 수 있게 된다. 청년들이 방황하는 이유 역시 높은 이상과 달리 현실은 초라하기 때문이다. 사회 전반에 뿌리 깊이 박힌 부조리와 모순도

간과할 수 없는 문제이지만 동시에 자신을 알지 못해서 불행해
진다는 뜻이다.

쉬운 예로 청년실업이 사회 문제인데도 불구하고 중소기업 및
제조업계는 직원이 없어서 비상이다. 편안함에 길들여진 청년들
이 힘든 일을 꺼려하는 것이다.

"운이 나빠서 그렇지 나는 그런 일을 할 사람이 아니야."

가끔 이렇게 말하는 청년들을 보면 여간 불편한 게 아니다. 대
다수의 청년들이 대기업과 고액연봉을 꿈꾸지만 그 꿈이 헛된 꿈
일 때는 과감히 현실에 순응하는 법을 배워야 한다. 이는 원대한
꿈을 갖는 것이 아니라 현실을 부정하려는 안일함이기 때문이다.
한마디로 자기 자신을 모르는 무지에서 오는 어리석음이다.

순간의 잘못된 선택이 운명을 불행의 소용돌이 속으로 밀어 넣
는다. 매 순간 수없이 많은 기로에서 무엇을 선택하느냐에 따라
우리의 삶은 천국과 지옥을 넘나든다는 뜻이다. 극한 순간일수
록 여유를 찾고 자기 자신을 돌아봐야 하는 이유이다. 원대한 목
표를 이루고 싶다면 멍하니 앉아 행운의 여신이 찾아오길 바라
지 말고, 지금 당장 할 수 있는 일부터 시작해야 한다. 그 시간이
쌓이고 쌓였을 때 비로소 꿈에 가까이 다가갈 수 있다. 성공이란
하루아침에 이루어지는 것이 아니기 때문이다. 해군이 강한 영
국에는 "험난한 파도가 능숙한 선장을 만든다."는 속담이 있다.
이 말처럼 숱한 시련을 이겨냈을 때 목표를 향해 다가갈 수 있다

는 것을 명심해야 한다. 현실과 타협하지 않고 맹목적으로 이상만 좇는 것은 신념이 아니라는 뜻이다. 다시 말해 자신을 알고 현실을 인정했을 때 비로소 앞을 향해 나아갈 수 있게 된다. 대기업이 목표라고 해도 중소기업이 선택되었다면 중소기업에서 경험을 쌓고 실력을 쌓는 지혜가 필요한 것이다. 아무도 없는 빈방에 홀로 앉아 현실과 세상을 원망해봤자 달라지는 건 하나도 없다. 노력하지 않으면 행복해질 수 없다는 건 만고불변의 진리일 테다.

해가 질 때면 어쩔 수 없이 하루의 피곤함이 몰려온다. 하지만 고개를 들어 하늘을 바라보면 저녁노을이 온 대지를 아름답게 물들이는 걸 볼 수 있다. 하루 동안 쌓인 긴장감과 초조함이 한가로운 여유로 변하는 것이다. 지금 흘리는 땀방울이 훗날 아름다운 세상을 보여주는 디딤돌이 되어준다는 뜻이다. 예나 지금이나 나는 붉게 물든 하늘을 보면서 연이은 시련에 요동치던 마음을 가라앉힌다. 그리고 모든 것을 운명에 맡긴다. 운명론자여서가 아니라 시련과 슬픔을 담대하게 받아들이는 과정에서 호연지기를 기를 수 있다고 생각하기 때문이다. 그로 인해 현명하고 진취적인 정신을 갖게 된다. 꿈이란 막연한 기다림의 대상이 아니라 도전하고 쟁취해야 할 상대이기 때문이다. 더욱이 청춘이라면 머릿속 계산기가 아닌 두 발이 먼저 행동해야 한다. 시집 『80년 세월의 꼭대기에서』를 출판한 사무엘 율만이 말하길 청춘이란 인생의 어떤 기간이 아니라 마음가짐이라고 한다. 장미의 용모, 붉은 입술, 나긋나긋한 손발이 아니라 씩씩한 의지, 풍부한 상상력, 불타오르는 정열을 가리킨다. 따라서 두려움을 물리치는 용기, 안일함을 뿌리치는 모험심이 있어야 한다. 경이에 이끌리는 마음, 어린아이 같은 호기심과 탐구심, 인생에 대한 흥미와 환희가 있다면 예순을 넘어 여든이 되어서도 영원히 청춘인 것이다. 나는 그가 내린 청춘의 정의에 백 퍼센트 공감한다. 인생의 시계가 이십 대를 가리킨다 해도 헛된 꿈에 젖어 지금 이 순간을 무의미하게 보낸다면 죽을 날만 기다리는 노파처럼 희망 없는 삶에 갇히게 된다.

반면에 나는 시계 바늘이 예순을 가리키고 있음에도 내 자신이 청춘이라고 느낀다. 비록 얼굴 위로 굵은 주름이 하나둘씩 드리워졌지만 여전히 나는 안일함 대신 불타오르는 정열을 가슴에 품고 있다. 소년처럼 영원히 꿈꿀 수 있고, 그 꿈을 이루기 위해 어제와 오늘 그리고 내일도 최선을 다해 쉼 없이 달리고 있기 때문이다.

열정으로 안일함을 경계하라

나는 인생의 멘토이자 포스코posco(포항종합제철주식회사)와 대한민국의 역사를 새롭게 쓴 박태준 회장에게서 영원한 소년의 모습을 보았다. 그는 국가와 민족을 위해서라면 주저하지 않고 자신을 희생했다. 헌신적인 노력 덕분에 그가 대표로 있던 대한중석은 1960년대 유일하게 외화를 벌어들인 국영기업이 되었다. 정부의 뜻에 따라 1968년 포항종합제철을 설립한 뒤에도 25년이라는 짧은 시간 동안 포스코를 세계 3위의 철강업체로 키워냈다.

포스코에 입사해 반평생 가까이 박 회장을 보필하며 느낀 것은 그가 이루어낸 모든 기적이 결코 우연이 아니라는 사실이다. 그의 열정과 신념 그리고 지칠 줄 모르는 도전이 철강 산업에 전무했던 대한민국을 세계 3위의 철 생산 국가로 성장시킬 수 있었던 것이다. 나라와 국가를 위해 헌신하겠다던 원대한 꿈을 이룬 박 회장이야말로 진정한 인생의 승리자요, 영원한 청춘이었다고 생각한다.

위대한 기적을 만들어내기까지 그가 걸어온 길이 순탄하지만은 않았을 테다. 수없이 좌절해야 했고 때론 지독한 고독에 눈물지었을지도 모른다. 그러나 그는 오늘의 고통이 내일의 승리로 돌아온다는 사실을 믿고 있었다. 아울러 자기 자신을 잘 알고 있었다. 국가와 민족을 위해서라면 쉽게 쓰러지지 않는다는 사실을 말이다. 그의 모습 속에서 나는 국가와 민족을 위해 헌신하는 삶의 모습이 어떤 것인지 배웠다. 그런 의미에서 포스코는 내게 무척 은혜로운 곳이다. 인간 정태현이 성공을 향해 나아갈 수 있도록 도와주었고, 국민의 한 사람으로서 국가와 민족을 위해 일할 수 있도록 허락해주었으니까.

　서툴기만 했던 사회 초년생 시절이 엊그제 같은데, 시간이란 활시위를 떠난 활처럼 빠르게 흐른다. 그 시절 나를 비롯해 우리 동료들을 힘들게 했던 건 일본어였다. 매일 오후 5시 개최되는 건설 공정工程회의에 일본인이 참여하고 기술자가 일본인이었으니 기술을 배우려면 밤을 새워서라도 일본어를 익혀야 했다. 사회의 빛과 소금이 되어야 한다고 결심했던 나이기에 개인의 출세보다 대한민국을 위해 한시라도 빨리 기술을 배우고 싶었다. 청춘이 끝나지 않는 한 육신의 안일을 피하고 배움에 정진해야 고결한 희망을 품을 수 있다고 믿으며 굳게 마음먹으면 안 되는 일 또한 없다고 생각했다.

　1977년 7월 12일, 포스코 입사 후 1981년까지 제선공사부에서 제철소의 심장이라고 불리는 용광로의 제3고로와 제4고로 공장 그리고 고로 개수공사 건설 현장을 구석구석 누비고 다녔다. 덕분에 전 설비 과정에 나의 땀방울이 아롱아롱 맺혔으니, 포항제철소만 떠올려도 가슴이 뭉클해져 온다. 포항 역시 내게 제2의 고향처럼 정겹고 따뜻한 곳이다. 에어릭스 대표로 있는 지금도 포항과 서울에서 근무하고 있으니 말이다.

　포스코맨들의 부단한 노력 덕분일까. 대한민국은 이제 전 세계를 다니며 우수한 철강 기술을 전해주는 위치가 되었다. 경험만큼 중요한 것은 없기 때문이다. 예를 들어 포스코건설 해외담당 임원으로 근무할 때였다. 인도 국영제철인 SAIL의 IISW 제철소 고로공장 건설 계약 최종협상 당시, 50년 넘게 국영제철소를 운영해온 기술 담당부사장과 CFO에게 포스코의 제철소 운영 기술 장점을 부각시킨 결과 계약을 완성할 수 있었다.

이러한 사실에 나는 가슴이 벅차오른다. 대한민국이 눈부시게 발전했으며, 그 초석에 나의 땀방울이 스며있다고 생각하면 가슴이 뭉클해지고 눈시울이 붉어지는 것이다. 오늘의 대한민국은 젊음 하나로 민족의 비극과 지긋지긋한 가난을 견디고 이겨낸, 어버이들의 투지와 열정이 이룩한 산물이라고 생각한다. 그것만으로도 이 시대의 어버이는 청년들에게 자랑스러운 인생 선배임에 틀림없다.

그때의 우리처럼 지금의 청년들 역시 그 어떤 보석보다 반짝반짝 빛난다. 나는 그 빛이 불가능을 가능으로 만들어줄 것이라고 믿는다. 살아가는 데 있어 젊음만큼 강력한 무기는 없으니까. 나는 이제 빛나는 보석이 아니라 겨레의 흥망성쇠를 묵묵히 지켜보던 우직한 산을 닮고 싶다. 조용히 그러나 굳건하게 제자리를 지키며, 비와 바람을 온몸으로 막아내 주고 싶은 것이다. 각박한 현실에서 빛을 잃어가던 젊은이들이 다시금 싱그럽게 빛나길 간절히 바라며….

메이드 인 코리아의

희망

   청년실업이 문제라지만 거리에서 마주치는 대한민국의 청년들은 수백만 원을 호가하는 브랜드의 가방을 대수롭지 않게 메고 다닌다. 신문기사에서도 루이비통과 구찌 백을 서울시내에서 3초에 한 번씩 볼 수 있다고 하니 명품은 이제 일상용품이 되어버렸다. 명품을 통해 부를 과시하고 싶어 하는 그릇된 욕망과 이를 소유함으로써 상위계층에 속하게 됐다는 어리석은 특권의식이 명품 소비를 부채질하고 있다. 명품의 노예가 되어버린 대한민국을 우롱하기라도 하듯 각각의 브랜드들은 가격인상을 마케팅 전략으로 활용하고 있으니, 여간 걱정스러운 일이 아니다. 가격이 오르면 수요가 줄어드는 것이 정상인데 오히려 비쌀수록 잘 팔리는 시장의 역설이 벌어지고 있으니 말이다.

   설상가상으로 허황된 욕망이 비극을 부르기도 한다. 명품을 사기 위해 범죄를 저지르는 청년들이 늘고 있으니 이는 심각한 사회 문제임에 틀림없다. 자신감이 부족하고 불확실한 미래 탓에 가방 따위로 자신의 가치를 드러내는 것 아니겠는가. 지나친 외모 지상주의도 문제이다. 아름다움의 기준을 오로지 겉모습에서만 찾으려고 하니, 덩달아 명품소비가 증가하는 것 아닌가. 아름다움을 정형화시켜 순위를 결정하는 미스코리아 등의 미인 찾기 선발 대회도 시대착오적인 발상이다. 저마다 자신만의 개성과 아름다움이 있고 이를 존중할 때 세상은 보다 풍요로워지기 때문이다. 개인적인 바람이 있다면 아름다움의 기준도 새롭게 바뀌는 것이다. 지나치게 마른 몸은 건강에 해롭다는 걸 기억해야 한다.

반면에 서로의 다름을 인정해주는 유럽의 경우 명품의 본고장이라는 타이틀이 무색할 만큼 청년들에게서 명품을 찾아 보기 어렵다. 그들의 옷차림은 청바지와 운동화 그리고 배낭이 전부이다. 겉모습을 화려하게 꾸미기보다는 꿈을 이루고 올바른 가치관을 만들기 위해 노력한다. 명품에 눈이 멀어 소중한 시간을 허투루 낭비하고 있는 대한민국 청년들이 그들과의 경쟁에서 승리하려면 명품이 곧 자존심으로 이어진다는 그릇된 편견에서 벗어나야 하는 것이다.

절제로 단련하고 실력으로 승부하라

유럽의 도시를 거닐면 곳곳에서 그 나라만의 정취를 느낄 수 있다. 전통을 지키고 보존하려는 유럽인들에게서 나는 느림의 미학을 본다. 그들은 세계적인 건축가의 작품보다 자신들의 역사와 흔적이 고스란히 묻어있는 건축물을 훨씬 아름답다고 생각한다. 메이드 인 이태리Made in Italy, 메이드 인 저머니Made in Germany 등이 탄생할 수 있었던 이유가 바로 이러한 가치관 때문이다.

반면에 우리는 지나치게 '빨리 빨리'를 외친다. 옛것의 소중함보다는 새것이 주는 즐거움만 좇는다. 필요 이상으로 많은 물건 속에 파묻혀 살면서도 여전히 신상품을 사기 위해 혈안이 되어 있다. 나는 이러한 청년들에게 묻고 싶다. 명품으로 자신을 과시하기 전에 한 번이라도 명품 브랜드가 탄생하기까지 인고의 세월을 견디어낸 장인들의 땀방울을 생각해보았는가? 묵묵히 기술을 연마하는 장인이 있었기에 명품이 탄생할 수 있었다. 자신의 자리에서 최선을 다해 실력을 쌓는다면 스스로 명품이 될 수 있다는 뜻이다.

그러기 위해서는 첫째, 절제력을 길러야 한다. 미래의 영광은 얼마큼 절제된 삶을 살았는지에 따라 결정된다고 해도 과언이 아니다. 나태와 게으름을 경계했을 때 쾌락과 유흥을 절제할 수 있다. 술과 담배를 절제했을 때 건강을 지킬 수 있다. 물론 상대적으로 성숙하지 못한 이십 대가 절제된 삶을 산다는 건 쉽지 않은 일이다. 그저 배불리 먹는 것이 최고의 호사였던 시절, 절제 능력의 유무와 상관없이 우리는 절제할 수밖에 없었지만 풍요로 물든 지금은 지나칠 정도로 달콤한 유혹이 많으니 말이다. 그럼에도 불구하고 젊었을 때의 나 역시 많은 유혹에 흔들렸다. 한 예로 월급날이 되면 즐겁기보다는 짜증이 밀려오곤 했다. 금전에 얽매이는 건 청춘에게 어울리지 않다고 마음을 다스렸지만 힘들게 일한 노동의 대가치고는 너무 적은 금액 탓에 미래가 불확실하게 느껴졌고, 나아가 지방에서 퇴보하는 것만 같았다. 그럴 때면 조급해하지 말고 꾸준히 실력을 쌓아나가자고 나 자신을 다독였다. 돈과 권력도 좋지만 대쪽처럼 굳건하고 청렴한 선비를 동경했던 나 아닌가. 마음이 병들지 않는다면 훌륭한 사람이 되어 부모님의 자랑스러운 아들이 될 수 있다고 생각했다. 이는 나의 젊음을 오롯이 한국산업발전과 포스코에 바치는 길이기도 했다. 그 길만이 내 삶을 성공으로 이끌고 나아가 국가와 민족에 헌신하는 길이라고 믿었던 것이다.

스스로 명품이 되는 두 번째 방법은 잠들어 있던 애국심을 깨우는 것이다. 메이드 인 코리아에 자부심을 갖고, 나아가 메이드 인 코리아가 세계의 중심이 될 수 있도록 만들어야 한다. 이는 이 시대를 살고 있는 청년들의 몫이다. 메이드 인 이태리에 취해 청춘을 허비하지 않는 지혜가 필요한 것이다.

생산적인 일을 하는 것만큼 시간을 값지게 보내는 방법도 없다. 반평생 가까이 쉼 없이 일하면서 깨달은 것이 있다면 세상은 결코 우연한 성공을 허락하지 않는다는 사실이다. 값진 열매는 흘린 땀방울의 크기만큼 주어지기에 제조업만큼 정직한 일도 없는 것이다. 내가 제조업에 가치를 두는 이유 또한 여기에 있다. 이는 세계적인 명품 브랜드를 보아도 알 수 있다. 어느 드라마의 명대사처럼 장인이 한 땀 한 땀 정성껏 만들어낸 것이 바로 명품 아닌가. 나는 청년들이 명품에 열광하듯 제조업에 열정을 쏟길 간절히 희망한다. 제조업을 등한시하면 결코 메이드 인 코리아의 위상이 높아질 수 없기 때문이다.

스스로 명품이 되는 세 번째 방법은 실력을 쌓는 것이다. LG 구본무 회장 역시 스킬을 개발했을 때 세계 최고가 될 수 있다고 조언했다. 스킬이란 곧 숙련된 기술 또는 차별화된 능력을 가리킨다. 이는 자신의 가치를 높이는 방법이기도 하다. 자존심은 명품으로 대변되는 것이 아니라 자신의 일에 열정과 자부심을 갖고 있을 때 세울 수 있기 때문이다.

넷째, 자신의 가능성을 믿어야 한다. 잠재력을 이끌어내는 힘은 자기 확신과 자신감이다. 그로 인해 행복지수까지 높아진다면 안팎으로 성공한 삶을 살 수 있게 된다. 행복은 돈의 유무와 상관없이 스스로 가치 있는 사람이라고 느낄 때 찾아온다는 것을 명심하자.

만일 자신이 작고 초라하게 느껴진다면 하늘에 떠 있는 해를 바라보자. 삶은 어제와 오늘 그리고 내일로 이어져가는 시간의 연속이다. 비가 오나 눈이 오나 항상 자신의 자리를 지키고 있는 해처럼 멈추지 않고 계속해서 앞으로 나아간다면 반드시 목표를 이룰 수 있다.

끝으로 청춘이라면 눈동자에 그늘이 드리워져도 안 되지만 지나친 밝음 또한 경계해야 한다. 과유불급過猶不及이라는 말처럼 주워 담을 수 없을 만큼 넘쳐흐르면 겸손의 미덕을 잊고 자칫 오만해질 수 있다. 실패를 모르는 삶은 축복이 아니라 재앙일 수 있음을 항상 기억해야 하는 것이다. 나 역시 그늘도 싫지만 지나치게 밝은 양지 또한 달갑지 않다. 그저 낙화암 바위틈에 끼어있는 이끼처럼 고요하게 산다면, 이 한 몸 실낱같이 가냘프지만 눈서리 거친 바람도 이겨낼 수 있으리라 믿었던 것이다. 아마도 그러한 마음 탓에 사치와 향락에 물들지 않았으리라.

이렇듯 절제하고, 끊임없이 배우려는 겸손함과 근면 성실함만 잊지 않는다면 대한민국의 모든 청년들이 진정한 명품이 될 수 있다. 이를 믿기 때문에 메이드 인 코리아에서 희망을 볼 수 있는 것이다.

3D에서
Dream을

보다

  내 인생에서 가장 은혜로운 공간은 포스코이다. 용광로에서 뜨거운 열기를 내며 끓어오르는 쇳물은 나를 열정적으로 살아가게 만들어주었고, 단단하게 담금질 된 쇠는 숱한 좌절을 견디고 이겨내는 지혜를 가르쳐 주었다. 포스코와 함께한 세월만큼 나는 단단해졌고, 멀게만 느껴지던 성공 또한 손가락 끝에 닿았다. 내가 서 있는 자리에서 행복을 느끼고 나의 일에 자부심을 가질 수 있다면 그것이 바로 성공일 테니 말이다. 힘들고 지저분하다는 이유로 제조업을 터부시하고 있지만 나에게만큼은 제조업이 최고의 직업이었으니 포스코 역시 축복받은 공간 아니겠는가. 물론 제조업의 근무환경은 쾌적하지 않다. 즐비하게 늘어선 공장에서는 연일 매캐한 매연이 뿜어져 나온다. 그러다 보니 머리가 아프고 필요 이상으로 피로를 느끼며 잦은 감기에 시달리기도 한다. 그런데 참 이상한 일이었다. 나는 몸이 아플수록 근무환경을 탓하기보다는 내 자신의 불규칙한 생활이 부끄러워지기 시작했다. 몸이 나른하다면 평소보다 30분 일찍 일어나서 운동으로 체력을 단련해야 한다. 머릿속이 복잡하고 시끄럽다면 마음 밭에 잡념이 들어와 요동친다는 뜻일 테니, 바르고 긍정적인 생각을 하기 위해 노력해야 한다. 나이가 들어 육신이 쇠약해진 것이 아니라면 생활태도와 사고의 전환으로 충분히 건강을 회복할 수 있다고 믿었다. 아울러 자비로운 마음으로 보시布施를 베풀 수 있다면 세상은 지상낙원이 될 수 있다. 반대로 사리사욕에 눈이 멀어 움켜쥐려고만 한다면 제아무리 대나무 숲 속을 거닐어도 가슴속은 황량할 것이다. 어려운 현실을 극복하는 방법은 슬기로운 지혜와 매 순간 감사하는 마음밖에 없을 테니 말이다. 더욱이 젊다는 건 세상과 환경을 원망하는 것이 아니라 개척하고 변화시켜야 할 나이다. 내가 반평생 가까이 3D Dirty : 더럽고 Dangerous : 위험하고 Difficult : 어려운 일 업종이라고 불리는 제조업에서 꿈Dream을 볼 수 있었던 이유이다.

멈추지 않으면 꿈을 이룬다

제조업은 근로자뿐만 아니라 사장에게도 골치 아픈 업종이다. 제품을 생산하려면 그에 필요한 자금이 필요하지만 피드백은 상대적으로 늦다. 생산된 제품이 판매되어 수익으로 돌아오기까지 시간이 많이 소요되기 때문이다. 혹여 그 과정에서 자금이 부족하면 기업의 사활은 풍전등화風前燈火 신세로 전락한다. 그러니 위험부담이 큰 제조업을 꺼리게 되는 것이다. 그럼에도 불구하고 제조업은 절대로 등한시해서는 안 되는 분야이다. 나는 제조업에 종사하는 사람들이 진정한 애국자라고 과감히 말하고 싶다. 제조업이 성장해야 국가 경쟁력 또한 성장한다. 철강왕이자 대한민국 제조업의 지평을 연 선각자 박태준 회장이 없었다면 대한민국의 국가 경쟁력은 지금처럼 높아지지 않았을 것이다. 그의 희생 덕분에 대한민국은 조선, 반도체, 철강, 자동차, 석유화학, 기계, 섬유 등 7대 주요 제조 산업을 가진 나라로 성장할 수 있었다.

만일 기업인들이 힘들고 어렵다는 이유로 제조업에 투자하지 않는다고 가정해보자. 메이드 인 코리아가 없어진다는 것이니, 대한민국 산업 전반이 모래 위에 쌓은 성처럼 위태로워지게 된다. 그런 의미에서 제조업에 종사하는 근로자와 기업인 모두가 애국자인 것이다. 희생정신이 없다면 더럽고 위험하고 어려운 일을 어찌할 수 있겠는가.

도산 안창호 선생이 말씀하시길 "너의 몸과 마음가짐이 이 나라의 운명을 결정한다는 걸 알라."고 하셨다. 이는 곧 나의 국가관이기도 하다. 내 몸과 마음이 대한민국의 운명을 결정한다고 생각하기에 공장 굴뚝에서 뿜어져 나오는 시커먼 연기 속에서도 밝은 미래를 꿈꾸고 주어진 하루 동안 최선을 다해 땀 흘릴 수 있었던 것이다.

　연이어 계속되는 유로존 위기 속에서도 독일은 해마다 성장하고 있다. 그 이유를 나는 제조업의 발전에서 찾는다. 독일은 제조업을 일컬어 3D 업종이라고 부르지 않는다. 손재주가 좋다면 자연스럽게 제조업의 근로자가 되는 것이다. 기업인 역시 대를 이어 제조업을 발전시킨다. 그로 인해 100명 이하의 중소기업이지만 100년 이상의 역사를 가진 세계 최고의 강소기업이 1,450여 개 있다. 예를 들어 오랜 역사와 전통을 자랑하는 독일의 만네스만 삭스는 1890년대에 제조한 주상 크레인을 지금까지 사용하고 있다. 이는 그들의 기술력이 정교하고 위대하다는 것을 말해준다. 독일의 제조업이 성장할 수밖에 없는 것이다. 그러나 18세기 중엽 전 세계에 불어 닥친 산업혁명 때만 해도 독일의 제조업은 영국에 비해 훨씬 뒤쳐져 있었다. 독일은 이를 극복하고자 마이스터 즉, 장인정신을 앞세워 사회 전반에 제조업 시스템을 만들었고, 오늘날 세계 최고의 기술력을 자랑하는 제조강국으로 변모했다. 한마디로 제조업을 터부시하지 않는 사회 분위기와 제조업의 중요성을 알고 있는 기업인들이 독일 경제를 일으켜 세운 것이다. 나아가 힘들고 어려운 일을 하면서도 불평불만 대신 밝은 미래를 그려나가는 독일 젊은이들의 미소에서 나는 건강한 정신을 보았고 진한 애국심을 느꼈다. 주재원 시절 잠시 머물던 나라였지만 독일은 내게 대한민국이 나아가야 할 청사진을 보여주기에 충분했다.

『희망 특강』『수업 컨설팅』 등의 저자인 조벽 교수는 교사와 학생을 일컬어 화가와 캔버스, 피아니스트와 건반, 정원사와 꽃밭, 불과 초 같다고 표현했다. 참 낭만적이고 멋진 비유가 아닐 수 없다. 화가의 뛰어난 드로잉이 없다면 캔버스는 그냥 종이에 불과하다. 피아니스트의 멋진 연주가 없다면 건반 역시 스틱에 불과하다. 나는 국가와 제조업도 이와 같은 관계라고 생각한다. 국가의 적극적인 지원과 성숙한 시민의식이 없다면 제조업은 말 그대로 더럽고 위험하고 어려운 업종일지도 모른다. 그러나 정부와 국민이 한마음으로 희생한다면 제조업은 국가와 민족의 미래를 발전시키는 초석이 된다. 이는 모두가 애국심을 고양시켜 한마음 한뜻으로 오늘의 시련을 담대하게 이겨낼 때 가능해진다.

장인정신이 정성으로 이어진다

예로부터 대한민국 국민은 손재주가 좋은 편이었다. 이번 런던 올림픽에서 한국 여자 양궁 단체부문 7연패의 쾌거를 이룩했을 때 미국의 분석가들은 한국 여성의 젓가락 사용과 김치처럼 직접 손으로 요리하는 음식들을 접하는 등 생활에서 길러진 미

세한 손재주가 한국 양궁의 거듭되는 승리의 원인이라 꼽기도
했다.

민족적인 특성 때문인지 한국에는 각 분야별로 장인이 많았던
편이다. 하지만 날이 갈수록 이러한 장인의 숫자가 줄어들고 있
다. 장인이라는 낱말 속에는 뛰어난 손재주와 외길 인생이라는
뜻이 담겨 있지만 동시에 힘들고 가난하다는 의미도 내포되어 있
기 때문이다. 일본과 유럽에서는 장인의 지위가 인정받고 있지만
대한민국의 현실은 이와 큰 차이가 있다. 시쳇말로 박봉에 시달
려야 하고 업무 환경도 초라하다. 따라서 현존하는 장인들의 전
통기술을 전수받고자 하는 젊은이들이 없어지고 있다. 머지않아
전통기술의 맥이 끊기는 초유의 사태가 벌어질지도 모른다. 전통
이 사라진다는 것은 한 나라의 역사가 사라진다는 뜻이니, 참으
로 심각한 문제가 아닐 수 없다.

이를 개선하기 위해서는 기술자와 엔지니어를 홀대하는 그릇
된 사회풍토가 사라져야 한다. 나는 전 세계에 혁신의 바람을 몰
고 온 애플의 근로자와 엔지니어를 존중한다. 엔지니어의 손끝
에서 제품이 탄생하고 이는 곧 소비자의 만족으로 이어지기 때
문이다. 그러나 대한민국의 현실은 어떠한가. 앞서 말했듯 우리
는 엔지니어와 장인을 홀대한다. 현실적으로 봤을 때 작업 환경
은 쾌적하지 못하고, 일은 고되지만 급여는 상대적으로 적다. 청
년들이 3D 업종을 꺼리는 현상을 그들만의 문제로 치부하지 말
고 사회가 앞장서서 잘못된 사회 풍토를 바로잡아야 한다는 뜻

이다. 이른바 화이트칼라라고 불리는 사무직만 존중해왔던 우리
의 잘못이 대한민국 사회에 직업의 귀천을 만들고 다양성을 사
라지게 만들었으니 말이다.

　엔지니어가 스스로 자부심을 갖고 일하게 될 때 자연스럽게
장인정신도 빛을 발하게 된다. 장기근속자는 우대하고, 실력이
뛰어난 근로자는 그에 따른 대우를 받아야 한다. 일본의 중소기
업처럼 소유와 경영 그리고 노동이 일직선 상에 놓인다면 다양
성을 인정하고 땀 흘린 만큼 보상받는 사회가 만들어진다는 뜻
이니 엔지니어를 마다할 이유가 어디 있겠는가.
　첨언한다면 장인정신으로 똘똘 뭉친 기업은 위기에서도 성장
을 멈추지 않았다. 미국의 철강기업 팀켄사가 대표적인 사례이
다. 1980년대 철강 산업에 불황이 닥쳐 수많은 제철소가 쇠퇴의
길을 걷고 있을 때 팀켄사는 과감한 행보를 하며 더 많은 돈을
투자했다. 제2차 세계대전 이후 미국 내에 최초로 통합 제철소
를 설립한 것이다. 결과적으로 8년 뒤 세계에서 가장 효율적인
제철소로 거듭났다. 1톤의 철을 생산하는 데 걸리는 시간이 2시
간이었으니 경쟁사에 비해 무려 5시간이나 빨랐던 것이다.
　팀켄사의 성공을 나는 장인정신에서 찾는다. 리더와 엔지니어
가 혼신의 노력을 기울인 덕에 존폐 위기의 철강회사가 세계적
인 기업으로 성장했으니 말이다. 엔지니어와 장인이 곧 제조업
이고, 숙련된 기술자의 노련한 솜씨가 곧 장인정신이기 때문이

다. 이를 보면서 절망과 희망을 찾는 건 오롯이 자신의 몫이라
는 것을 알았다. 나폴레옹이 프랑스의 영웅이 될 수 있었던 것도
희망을 버리지 않은 결과였다. 전쟁에서 패하고 모두가 절망에
빠져있는 순간조차 그는 "나에게 아직도 비장의 무기가 남아 있
다. 그것은 희망이다."라고 소리쳤다고 한다. 덕분에 그는 전쟁
에서 승리할 수 있었다.

　나의 희망은 엔지니어와 장인으로 대변되는 제조업이 3D가
아닌 꿈의 직업이 되는 것이다. 그로 인해 직업의 귀천이 없어지
는 사회, 다양성이 존중되는 사회, 청년들이 재능과 개성을 살
려 꿈을 이루어나가는 사회가 만들어질 것이라고 믿는다. 이는
오늘날 대한민국을 위협하는 문제가 사라지고 있다는 뜻일 테니
상상만 해도 기쁘지 않은가.

나만의 지도를 만들어라

포스코에 입사한 뒤 나는 일본어 삼매경에 빠졌다. 처음에는
일본 엔지니어에게 기술을 배우기 위해서였지만 점점 시간이 지
날수록 더 넓은 세상을 바라보고 있는 나를 만났다. 내가 뛸 수
있는 무대가 대한민국을 넘어 세계로 넓어졌기 때문이다. 영어
와 일본어를 시작으로 해외 주재원 시절 현지어인 독일어와 불
어 그리고 인도 오리사주의 말을 배우게 되었으니, 세계 어디를
다녀도 크게 불편하지 않게 되었다. 지금도 낯선 나라로 출장을
가게 될 때면 그 나라에서 자주 사용하는 문장 20개는 반드시
외운다. 이는 그 나라와 미팅에서 만나게 될 사람들에 대한 예의
이기도 하다.

"당신과 이야기를 나누고 싶습니다. 나는 당신의 나라와 기업
그리고 당신에게 관심이 많습니다. 그 마음을 보여주기 위해 이

렇게 언어를 배워왔습니다."라는 뜻이 내포되어 있기 때문이다. 어설프지만 노력하는 내 모습에 그들도 무척 감동한다. 그러면 서 정이 쌓이고, 비즈니스도 순조롭게 진행된다. 나는 이 방법을 직원들에게 적극적으로 권하고 있다.

20개의 문장은 비행기 안에서 조금만 집중하면 생각보다 쉽게 외울 수 있다. 그리고 현지에 도착해서 매우 유용하게 사용할 수 있다. 작은 노력으로 상대의 마음을 얻는 최고의 방법인 것이다. 아울러 이 같은 노력이 새로운 파이를 찾아준다고 믿는다. 정해 져 있는 파이를 나눠먹기 위해 치열한 경쟁을 하기보다는 숨겨져 있는 파이, 아무도 모르는 나만의 파이를 찾아낼 수 있다면 자신 이 걷는 길이 곧 역사가 될 것이다. 이 얼마나 멋진 일인가.

혈기 왕성한 청춘이라면 더더욱 자신만의 길을 만들어야 한 다. 누군가의 길을 따라가는 삶은 다이내믹한 청춘과 어울리지 않는다. 독일의 문호 괴테가 말하길 "하룻밤 울어 본 경험이 없 는 자와 더불어 이야기하지 말라."고 했다. 눈물 젖은 빵을 먹어 보지 않은 사람과 인생을 논하지 말라는 격언처럼 슬픔과 좌절 을 겪어야 성숙한 인간이 될 수 있다는 뜻이다. 새로운 길을 개 척한다는 것은 고통스럽지만, 나만의 지도를 만들 수 있고 나아 가 그 과정에서 성숙한 사람이 된다는 뜻이니 적극적으로 도전 해볼 것을 권한다. 안전하고 평범한 길만 가는 것은 청춘으로서 누릴 수 있는 특권을 스스로 포기하는 것일 테니까.

청춘일 때나 지금이나 나는 당장 죽어도 후회 없는 삶을 살고 싶었다. 그래서 부딪히고 깨져도 나만의 길을 만들기 위해 노력했다. 덕분에 영어를 비롯해 일본어, 독일어, 불어 등을 구사할 수 있게 되었으니, 지난날 흘린 땀방울이 탐스러운 과실이 되어 돌아온 것이리라. 모두가 터부시하는 제조업에서 새로운 길을 찾는 것도 방법이다. 스티브 잡스처럼 혁신을 통해 새로운 파이를 찾는 것도 좋지만 기존에 있는, 그러나 누구도 가려하지 않은 산업에서 나만의 길을 만드는 것도 효과적이다. 왜냐하면 대한민국의 제조업은 이제 제2의 전성기를 누리고 있기 때문이다. 삼성전자는 애플과 구글이 갖추지 못한 최고의 제조기술을 보유하고 있으며 현대기아차 역시 경쟁사보다 훨씬 빠른 시간에 제품을 생산해낼 수 있다. 결과적으로 제조업이 우리나라의 경제를 선도할 것이란 전망이 지배적이다. 어렵고 힘든 일이지만 충분히 밝은 미래를 만들어갈 수 있다는 뜻이다. 뿐만 아니라 유럽도 지금의 경제위기를 극복할 수 있는 열쇠를 제조업에서 찾고 있다. 제조업의 중요성을 깨닫고, 정부차원에서 제조업과 엔지니어링 사업 특히 부품산업을 부흥시키기 위해 노력하고 있는 것이다.

새로운 파이를 찾아라

미래 경제를 논하면서 인도와 중국을 빼놓을 수 없다. 두 나

라 모두 넓은 땅과 많은 인구를 보유하고 있다. 그들은 세계 각
국으로 진출해 글로벌 리더로 자리매김하며 자국의 우수성을 알
리고 있다. 우리나라 국민들도 세계 곳곳에 터전을 잡고 성공의
깃발을 세우고 있다. 비록 영토가 좁고 인구도 많지 않지만 한국
인만의 근면 성실함과 강인한 근성은 세계 속에 한국을 만들어
내기에 충분했다. 포스코 역시 인도로 진출해 제3제철소를 세울
계획이었다. 추진반장으로 임무를 부여받은 나는 제철소 건설을
성공적으로 이루기 위해 철저한 인도인이 되기로 결심했다. 인
도의 전통 의상을 입고 콧수염을 길렀으며, 그들의 문화와 관습
을 배우기 위해 노력했다. 그러나 인도 입성기는 생각처럼 쉽지
않았다. 인도에 위치한 경쟁회사에서 외국 회사인 포스코를 달
가워하지 않았던 것이다. 그러던 중 나는 철강종합잡지인 『메탈
브리튼Metal Bulletin』에서 주관하는 델리 국제회의의 기조 연설
자Keynote Speaker로 초대되었다. 그 자리에서 포스코의 인도 진
출 목적과 인도 철강 산업의 미래에 대해 발표하는 기회를 갖게
되었는데, 그들의 싸늘한 반응 탓에 내 자신이 적지에 홀로 들어
간 군인처럼 느껴졌다. 나는 설명에 앞서 적대적인 분위기를 바
꿔야겠다고 결심했다.

　"여러분, 박수를 쳐보세요. 하나, 둘, 셋. 여러분의 손바닥은
오장육부와 연결되어 있어서 시원하게 박수를 치면 건강에 이롭
습니다. 자, 이제부터 10초 동안 박수를 쳐보세요. 박수를 치는
횟수가 곧 여러분의 수명을 의미합니다."

시작 소리와 함께 700~800명이 모인 장내는 박수 소리로 가득 메워졌다. 10초 후에 "동작 그만! 여러분 몇 번 쳤습니까?" 물어보자 제각각 답변이 나왔다.

"다시 10초 드리겠습니다. 이번엔 박수를 몇 번 치는지 한 번 세어보겠습니다. 시작!"

이전보다 훨씬 더 크게 박수소리가 울렸다. 나는 마무리 멘트를 던지며 행사를 진행시켰다.

"잘하셨습니다! 여러분께서는 방금 손뼉 친 숫자만큼 즐겁고 건강한 인생을 살 수 있습니다. 박수로 환영해주셔서 감사합니다."

나는 매서운 눈으로 포스코를 경계하는 경쟁업체 리더들 앞에서 담대한 듯 행동했다. 상대를 설득시키려면 적개심이 아닌 동질감을 끌어내야 한다고 생각했던 것이다.

"여러분, 박수를 치는 동안 저와 여러분은 한마음이 되었습니다. 짧은 시간이었지만 분명 우리의 생각은 하나로 모아졌으니까요. 포스코도 여러분과 하나가 되길 바랍니다. 포스코가 가진 최첨단 기술력을 통해 인도에 최고의 제철소를 건설해 인도와 인도 철강 발전에 기여하고 나아가 세계 인류를 위해 기업의 사명을 다하고자 합니다."

조금 전까지 나를 차갑게 바라보던 이들의 눈빛이 따뜻하게 변하는 것을 느꼈다. 진실한 마음은 언어를 뛰어넘어 상대의 가슴에 닿기 때문이다. 그렇게 조금씩 나는 인도사람들과 동화하며 인도인이 되기 위해 노력했다. 그 과정에서 딸에게 희생을 요구하기도 했다. 인도에서는 가족 구성원 모두가 인도로 왔을 때, 그를 받아들인다. 가족을 한국에 두고 온다면 머지않아 자국으로 돌아갈 사람이라고 단정 짓기 때문에 나 역시 가족을 동반하고 인도에 가야했다. 딸아이는 자신의 꿈을 접고 나를 따라 인도에 와주었고 그곳 대학에 진학했다. 아버지의 꿈을 위해 한국 대학 진학을 포기해주었으니 미안하고 고마울 따름이다. 다행히 인도 델리 대학을 졸업한 뒤 영국의 LSE에서 하고 싶어 했던 공부를 하고 있으니, 마음의 짐을 조금이나마 덜 수 있었다. 우여곡절이 많았지만 결과적으로 포스코는 철광석이 풍부한 인도 동부 오리사주에 총 120억 달러를 투입해 1,200만 톤 규모의 제철소를 짓기로 결정했다. 하지만 포스코가 신청한 광산탐사권 승인이 지역 업체와의 소송 문제로 지연되고, 부지확보 과정에서 지역주민과 마찰이 계속되는 등 난항을 겪고 있어 제철소를 짓겠다던 꿈이 지연되었으니 아쉬움이 남는다.

이제는 포스코를 떠나 에어릭스의 대표가 되었지만 인도에 제철소를 짓겠다던 꿈은 여전히 내 가슴속에 남아 있다. 에어릭스와 제철소, 전혀 다른 분야 같지만 나는 이를 동일선 상에 놓는다. 포스코의 최대 경쟁상대는 동종 업체가 아닌 제너럴일렉트릭이라고 정의했던 세계적인 석학 플립 코틀러 박사의 의견처럼 급변하는 시장 환경을 리드하려면 사고의 전환이 필요하기 때문이다. 작금의 시대에는 역발상이 새로운 파이를 찾아주는 원동력이 되어줄 것이라고 믿는다.

하루해는 어김없이 저문다. 아침에 신문쪽지만 한 작은 바람도 저녁이 되면 한낱 물거품처럼 사라져버린다. 삶을 힘들게 만드는 잿빛 그림자도 이처럼 해가 지고 달이 떠오르는 순간 살며시 꼬리를 감추고 사라진다고 믿는다. 내 꿈이 언제쯤 현실이 될 수 있을까, 대답할 수 없지만, 스스로 유희를 절제하며 욕망을 다스릴 수 있게 된다면 반드시 가능해진다는 뜻이다. 즐비하게 늘어선 공장굴뚝에서 연기가 뿜어져 나온다 해도 다가올 시대의 주역이 되어 있을 나를 상상하면 끝없이 펼쳐진 푸른 하늘을 보는 것처럼 즐거울 것이다.

열악한 환경, 부족한 능력, 나이는 꿈을 이루는 데 걸림돌이 될 수 없다. 열정을 갖고 쉼 없이 달릴 준비만 되어 있다면 말이다.

Ⅱ.
청춘의 특권

끊임없이 변화하고 도전하라

더 넓은
무대 위로

떠나라

　　우리는 컴퓨터 앞에 앉아 있으면 지구 반대편에서 일어나는 소식까지 실시간으로 알 수 있는 시대에 살고 있다. 말 그대로 지구촌이 하나가 되었다. 공상과학 영화에서 보았던 일들이 현실이 되고 있으니, 기술의 놀라운 발전과 이를 실현시키는 인간의 위대한 능력에 경의를 표한다. 그런 걸 보면 상상력이야말로 인류를 발전시키는 에너지인 것 같다. 미지의 세계를 현실로 구현시키는 힘이 곧 상상력일 테니까.

　　나는 대한민국이 세계의 중심이 되어 있는 모습을 상상하곤 한다. 선조들이 말씀하시길 금강산의 기가 맑고 강해 머지않아 세계 역사가 금강산을 중심으로 쓰인다고 예언했다. 혹자들은 미신이라 말하겠지만, 이를 간절히 바라는 나로서는 믿고 싶다. 강한 믿음이 곧 현실이 된다는 사실을 알기 때문이다. 그러기 위해서는 전 세계가 주목할 수 있을 만큼의 실력을 쌓아야 한다. 해외 투자 프로젝트를 진행하면서 느낀 점은 세상은 넓고 할 일 또한 많으니 꿈과 일을 찾아 외국으로 시선을 돌리는 것도 방법 이라는 뜻이다. 이 같은 나의 생각에 청년들은 반문할 것이다.

"외국에 나가고 싶지만 언어가 안 돼서 왠지 불안하고 두렵기 도 합니다."

이런 태도를 갖고 있는 사람들에게 나는 대답해주고 싶다.

"언어가 안 된다는 이유로 꿈을 포기하는 것만큼 어리석은 일 도 없습니다."

왜냐하면 외국에 가서 그 나라 사람들과 교류하다 보면 자연 스럽게 배울 수 있는 것이 언어이다. 열정만 있다면 언어를 배우 는 것은 생각처럼 어려운 일이 아니라는 것이다. 이는 독일, 벨 기에, 오스트리아, 인도 등 해외 주재원으로 근무하면서 깨달은 것이기도 하다. 독일어를 전혀 몰랐던 나는 독일 주재원 발령을 받고, 내심 걱정스러웠다. 하지만 직접 부딪히면서 독일인다워 지기 위해 노력하다 보니 어느 순간 그들과 대화를 나눌 수 있게 되었다. 외국에 살면서 그 나라 현지어를 못한다는 건 정상적인 생활을 할 수 없다는 뜻이기 때문이다. 인도로 발령이 났을 때 는 더욱 걱정스러웠다. 오랫동안 영국의 식민지로 있어왔던 터 라 영어권 국가라고 볼 수 있지만, 힌두교와 이슬람권 문화 아닌 가. 부끄럽지만 그때의 나는 무슬림에 대한 편견에 사로잡혀 있 었던 것이다. 의미 그대로 내가 가지고 있었던 편협한 생각들은 기우였다. 종교와 관습은 다르지만 인도인들은 매우 근면하고 성실했다. 사회는 투명하고 사람들은 선의의 경쟁을 통해 기회를 얻었다. 친구가 되는 데 걸림돌 따윈 없다는 것이다.

문득문득 찾아오는 고국에 대한 향수로 가슴이 시릴 때도 있었지만, 주재원 시절의 경험은 나를 보다 큰 사람으로 만들어주었다. 아는 만큼 보인다는 말처럼 세상을 바라보는 시선이 넓고 깊어졌기 때문이다. 서툰 언어실력이라 해도 꿈을 이루기 위해 외국생활을 시작하게 된다면 언어가 능숙해지는 것과 비례하여 꿈도 이룰 수 있게 된다는 뜻이다. 실력만 있다면 넓은 세상이 다 자신의 무대가 될 테니까.

2조 달러의 자산총액을 가진 세계적인 금융 기업 JP모간 체이스 앤 컴퍼니J.P. Morgan Chase & Co에서 미국 억만장자들의 돈을 굴리는 여인이 있다. 그녀의 이름은 제니 주, 바로 한국인이다. 1955년생인 그녀는 약대를 졸업하고 미국 센추리플라자 호텔에서 근무했지만 동양인의 한계를 느끼게 되어 금융으로 방향을 전환했다. 그리고 JP모간의 전무가 되어 전 세계를 무대로 활동하고 있다. 이는 용감하게 미국행을 택하지 않았다면 결코 누릴 수 없는 영광이다. 보다 큰 무대에서 새로운 일을 하고 싶다던 갈망이 성공을 안겨주었으니, 빛나는 사람이 되기 위해서는 두려움 앞에 움츠려들지 말고 도전해야 하는 것이다.

국민연금 뉴욕사무소의 오영수 초대소장 역시 고등학교 1학년 때 아버지를 따라 조기유학을 가면서 인생이 변하기 시작했다. 매사추세츠 대학에서 경영학을 전공한 그녀는 국민연금의 해외주식 운용파트에서 일하게 되었다. 세계 4위의 큰손인 국민연금의 자산이 그녀에 의해 운용된다고 생각하니, 대한민국 국민의 한 사람으로서 든든해진다. 우리가 조금씩 낸 국민연금이 아름드리나무로 성장할 수 있을 테니 말이다.

이처럼 세계를 무대로 눈부신 성공을 거둔 한국인들을 보면 나는 가슴이 뜨거워지고 눈시울이 붉어진다. 대한민국 국민이라는 사실이 자랑스러워지는 것이다. 나는 이러한 마음이 바로 애국심의 시작이라고 생각한다. 유럽인들만의 리그였던 수영에서 금메달을 획득한 박태환 선수, 피겨의 역사를 새로 쓴 김연아 선수를 보며 감동하고 진심으로 박수쳐줄 수 있는 마음이 나라를 사랑하는 마음일 테니 말이다. 물론 대한민국을 세계인들에게 각인시켜준 그들은 진정한 애국자이다. 넓은 세계를 무대로 활동하며 꿈을 이루고 나아가 국가경쟁력을 드높여주는 사람들이야말로 이 시대가 원하는 진정한 애국자이며, 나라의 보배인 것이다.

이제 청년들이 뛰어야 할 무대는 대한민국이 아니다. 뛸 수 있는 무대가 훨씬 넓어졌다는 것만으로도 얼마나 기쁜 일인가.

포스코에 처음 입사했을 때 나는 언제까지 그 좁은 시골에서 일해야 할까 걱정스러웠다. 넓은 세상으로 나가고 싶었지만 사실 그 세상은 서울이었고, 대학원 진학이었다. 세계가 나의 무대가 되길 갈망하면서도 감히 꿈도 꾸지 못했다. 대학원에 진학한 것만으로도 새로운 세계가 펼쳐진 것 같아 흐뭇하고 행복했다. 눈앞에 펼쳐진 길이 제아무리 험난해도 근성과 의지가 있으니 전혀 두렵지 않았다. 시간은 째깍째깍 흘러가는 시계 초침처럼 붙잡을 수 없는 것이기에 단 일초라도 허투루 보내면 안 된다고 생각했다. 덕분에 막연하게 넓은 세계로 나가고 싶다던 바람이 뜻을 이뤄 유럽과 아랍 그리고 동남아시아까지 활동무대를 넓혔으니 매 순간 최선을 다한다면 기회는 반드시 찾아온다는 사실을 나 스스로 증명해 보인 셈이다.

크리에이티브와 테크놀로지의 컨버전스

엔지니어라고 하면 우리는 기술자를 연상한다. 그리고 기름때 묻은 작업복을 떠올린다. 흰 와이셔츠를 입고 펜을 굴려야 멋진 일이라고 생각하던 고정관념에서 본다면, 엔지니어는 분명 매력적인 직업이 아니다. 그러나 이는 제 이름 석 자 하나 제대로 쓸 수 없었던 암울했던 시절의 이야기이다. 이제는 대다수의 학생들에게 배움의 기회가 주어지기 때문에 적성과 재능에 따라 엔지니어가 될 수도 있고, 사무직이 될 수도 있다. 나는 반평생을 철강 분야의 엔지니어로 살아오면서 한 번도 그 선택을 후회하지 않았다. 전 세계를 뛰어다니면서 다양한 경험을 쌓은 결과 글로벌 리더가 되는 초석을 마련할 수 있었기 때문이다.

철강 산업은 산업화 이후 1880년대까지 영국, 1960대년 초까지 미국, 1980년대까지 일본이 주도했고 향후에는 중국이 주도하게 될 것이라고 한다. 나는 그 자리가 대한민국이길 희망한다. 박태준 회장의 헌신 덕분에 오늘날 대한민국의 철강 산업이 세계적인 수준에 다다랐으니 충분히 가능하다고 믿는다. 철강 산업에 종사한다는 것만으로도 세계를 무대로 활동할 수 있게 된다는 뜻이다. 물론 철강 산업은 여전히 노동집약적이고 금융, 유통, IT 산업 등에 비해 상대적으로 부가가치가 낮지만 새로운 산업과 접목시킬 수 있다면 고부가가치를 창출할 수 있다. 끊임없이 창조적인 생각을 하고, 최첨단 기술을 개발하기 위해 노력해야 한다. 그 길에서 대한민국을 넘어 세계로 나아갈 수 있게 되는 것이다. 세상은 넓고 할 일은 많다고 하지 않았던가. 진정한 성공이란 자신의 힘으로 만들 수 있다는 것을 기억하자. 스스로의 가능성을 믿고 젊음을 투자해보라는 것이다. 개방과 개혁이 곧 세계화를 의미할 테니, 글로벌 리더를 꿈꾼다면 자신을 개방하고 사고를 개혁해보자.

싱그러운 청춘이라면 두려울 것도 무서울 것도 없어야 한다. 두려워 말고 앞만 보며 달려가는 패기, 그것이 바로 청년들이 답답한 현실을 뛰어넘는 법이기 때문이다.

변화를

리딩하라

　박태준 회장의 삶은 한마디로 변화무쌍했다. 여섯 살 때 일본으로 건너가 와세다 대학 기계학과에 입학했고, 광복을 맞아 학업을 중단한 뒤 육군사관학교에 진학해 육군 소위로 임관했다. 6·25전쟁에 참전했고 오늘날 포스코를 설립해 초대사장으로 취임한 뒤 회장과 명예회장을 역임했다. 그리고 정계에 입문하여 국회의원과 국무총리를 지냈으니 그의 삶은 드라마틱하고 역동적이었다. 하지만 변화무쌍한 삶 속에도 단 한 가지 변하지 않는 확고한 신념이 있었다. 그것은 애국심이었다. 평생 동안 그를 움직이게 했던 좌우명이 바로 '짧은 인생 영원 조국에'였기 때문이다.

　암울했던 일제강점기를 보내며 조국의 소중함을 뼈저리게 깨달았던 그는 국가를 위해 자신의 전부를 불태웠다. 그 과정에서 불세출의 영웅이 되었으니, 애국심이 자신과 국가 그리고 민족의 운명을 변화시킨 것이다.

여기서 잠깐, 포스코가 철강 산업의 황무지였던 대한민국을 세계 굴지의 철강국가로 만들어낸 저력이 무엇일까. 이 모든 기적은 꼭 성공해야 한다는 임직원 모두의 뜨거운 열정과 애국심의 산물일 테지만 혁신적인 품질경영기법 '6시그마'를 도입하여 포스코형 6시그마를 실천한 덕분이기도 하다.

6시그마는 100만 개의 제품 중 불량품이 차지하는 비율을 수학적으로 표시해 제품의 완성도를 거의 완벽에 가깝도록 하는 것이다. 포스코는 이를 품질에만 국한하지 않고 기업 문화를 바꿔 인재를 개발하는 데 초점을 맞췄다. 기업의 문화를 바꿨을 때 진정한 리더를 만들어낼 수 있다고 생각했던 것이다. 이는 변화관리 리더십Trans-formational Leadership을 의미한다. 완벽한 제품을 만들어내고 문제를 개선하는 데 있어 중심이 되어야 할 것은 툴Tool이 아니라 사람이라고 생각했던 것이다.

나는 포스코의 품질과 문화를 완벽에 가깝도록 만들기 위해 6시그마의 창시자인 마이클 해리의 연구소와 애리조나 주립대학교에서 6시그마 챔피언 리더십 과정을 마쳤다. 마이클 해리에게 직접 강의를 듣고 보니, 챔피언으로서의 임무와 역할을 명확히 인식할 수 있었다. 변화를 주도해 회사의 경영목표를 달성하고 수익 창출에 매진해야겠다는 각오도 다졌다. 특히 인도 프로젝트를 앞두고 6시그마 챔피언 리더십 과정을 배울 수 있었던 것은 큰 행운이었다. 리더의 역할이 얼마나 중요한지 다시금 깨달았기 때문이다. 여기서 말하는 리더란 임원을 의미하는 것이 아니다. 지위고하를 막론하고 자신과 기업의 문화를 스스로 변화시킬 수 있는 사람을 가리킨다.

리더가 되는 6시그마 법칙

① **열정** : 열정이란 우리를 움직이게 하는 에너지이다. 열정은 경쟁에서 승리할 수 있게 도와주고, 나아가 자신과의 싸움에서 이길 수 있게 해준다. 성공은 해박한 지식이 아니라 뜨거운 열정을 통해 만들어지는 것이다. 아울러 열정이 있을 때 시련과 좌절을 교훈 삼아 한 단계 더 성숙해질 수 있다.

② **긍정** : 긍정은 그늘을 양지로, 어둠을 밝음으로 변화시켜 희망찬 내일을 선물해준다. 역경 속에서도 긍정적인 면을 찾아낼 수 있을 때 완벽에 가까운 결과를 만들어내며 행복한 삶의 주인공이 된다.

③ **변화** : 변화를 거부한다면 평온하지만 무미건조한 삶을 살아야 한다. 그러나 변화를 받아들이는 사람은 언제나 사회의 중심이 될 수 있다. 변화는 새로운 것을 창조하고 혁신을 이끌어내기 때문이다. 변화가 없는 삶은 성장이 없는 삶을 뜻하니, 매 순간 새로운 모습으로 자신을 변화시키기 위해 노력해야 한다.

④ **주인정신** : '내가 사장이다, 내가 주인이다.'라고 생각한다면 과다한 업무 앞에서도 콧노래를 부를 수 있다. 일을 즐긴다는 뜻이니 성

과 역시 눈부시게 빛날 수 있다. 반면에 주인정신이 결여되면 불성
실해지고 책임감 또한 없어진다. 실패할 수밖에 없게 되는 것이다.

⑤ **소통** : 21세기는 소통의 시대이다. 서로의 의견을 존중하고 정보
를 교류한다면 보다 지혜롭고 현명한 대안을 찾아낼 수 있다.

⑥ **리더십** : 리더십은 반드시 리더에게만 필요한 덕목이 아니다. 신입
사원이라 해도 열정을 갖고 매 순간 최선을 다한다면 주인이자 리
더인 것이다. 능동적으로 변화에 대처하고 자신과의 경쟁에서 승
리할 수 있다면 이미 성공의 길목에 서 있는 것과 다름없다.

고통이 열매를 낳는다

고통이 없으면 얻는 것도 없다No Pain, No Gain고 한다. 변화 역
시 고통이 따르지만 그 결과는 보석보다 값지다. 따라서 나는 늘
책을 가까이 했다. 모든 욕망을 억제해가며 책을 읽다 보면 변화
를 리딩할 수 있다고 생각했다. 이제는 책 이외에도 다양한 채널
을 통해 스스로를 변화시킬 수 있게 되었다. 고통을 감내할 수만
있다면 누구나 꿈꾸는 희망찬 미래를 만들어갈 수 있다는 뜻이
다. 나는 이것이야말로 오늘날 청년들이 누릴 수 있는 최고의 특
권이라고 생각한다. 그러니 그 기회를 마음껏 누리고 활용해야
한다. 도전하는 자에게 더 큰 기회를 열어주기 때문이다.

세계 3위의 반도체 업체인 일본의 엘피다가 삼성과 하이닉스

에게 패배해 법정관리에 들어간 사실만 봐도 변화가 얼마나 중요한지 알 수 있다. 지난 1983년 삼성전자가 64KD램을 개발하며 반도체 사업에 뛰어들었을 때 일본은 삼성이 성공할 수 없는 다섯 가지 이유를 발표했다. 그러나 지나친 자신감 탓에 엘피다는 변화를 거부했고 결국 추락하고 말았다. 소니 역시 마찬가지이다. 아날로그 시절 '걸어 다니며 음악을 들을 수 있는 워크맨'을 통해 절대 강자의 자리를 지켰지만, 2000년대 디지털 혁명에 신속하게 대응하지 못한 결과 참담한 적자의 늪에서 헤어나지 못하고 있다. 이처럼 변화의 기로에서 안일함을 선택한다면 세계 1등이라 해도 위기를 만나게 된다. 끊임없이 변화하고, 그 과정에서 겪게 되는 고통을 즐겨야 리더가 될 수 있는 것이다.

삼성전자가 반도체뿐만 아니라 박판태양전지 개발에도 박차를 가하고 있는 이유이다. 다가오는 2020년이 되면 박판태양전지 시장의 규모가 27조 원으로 급성장한다고 한다. 따라서 10년 뒤를 내다보며 IT 융복합 기기용 핵심 시스템 반도체 사업에 집중하고 있으니, 영원한 1등은 없다는 말이 무색할 만큼 1등 자리를 고수할 수 있는 것이다. 이를 통해 우리는 매 순간 변화해야 하지만 그 시각은 원시안적이어야 한다는 걸 배울 수 있다.

예를 들어 전 세계가 새로운 일자리를 창출하기 위해 노력하지만 IT 업계는 심각한 구인난에 시달리고 있다. 특히 클라우드 개발자의 경우 인력이 부족하다 보니 몸값이 천정부지로 치솟고 있다. 여기서 잠깐, 클라우드가 무엇인지 모른다면 한 번쯤 자신을 되돌아보길 바란다. 이는 시대의 변화에 민감하지 않다는 뜻이기 때문이다. 클라우드란 각종 데이터를 서버 컴퓨터에 저장해놓고 필요할 때마다 내려 받아 사용할 수 있는 환경과 그에 따른 서비스를 의미한다. 국내 클라우드 시장은 지난 2010년 39조에서 오는 2014년 무려 109조로 증가할 것이다. 따라서 세계적인 IT 거장들도 앞다투어 시장에 진입하고 있으니, 충분히 도전할 가치가 있는 분야라고 믿어 의심치 않는다.

디지털 혁명 속에 승리하는 방법

스마트폰은 우리의 삶을 편리하게 변화시켰다. 덕분에 우리는 거리를 다니면서도, 식사를 하면서도 인터넷에 접속해 원하는 정보를 얻고, 자유롭게 소통할 수 있게 되었다. 혁신의 아이콘인 스티브 잡스로 인해 인류의 삶이 풍요롭고 윤택해진 것이다. 삼성 역시 디지털 시대를 이끈 주역이다. 세계적인 전자회사 노키아가 시대의 변화를 읽지 못해 몰락의 길을 걷는 동안, 삼성은 다가올 디지털 시대를 정확하게 예측하고 눈부시게 성장했다. 빠르게 체질을 변화시키고 혁신을 만들어낸 덕분에 전 세계 휴대전화 시장을 석권한 것이다.

그로 인해 완벽한 디지털 시대로 접어든 지금, 세상은 개미형 인재가 아닌 멀티플레이가 가능한 거미형 인재를 원하기 시작했다. 물론 개인적으로 나는 근면 성실함을 최우선 가치로 여긴다. 우등상보다 개근상에 더 큰 의미를 부여하는 것이다. 그러나 디지털 시대에 어울리는 인재는 거미형이다. 개성과 창의력 그리고 스피드로 무장한 인재 말이다. 개미처럼 부지런히 식량을 운반하는 것보다 거미줄을 치고 먹이를 기다리면서 또 다른 곳에 거미줄을 쳐 놓을 때 급변하는 세상에 대처할 수 있기 때문이다.

거미형 인재의 또 다른 특징은 스마트 워킹을 실천한다는 것이다. 그들은 근무시간에 얽매이지 않고 집중도가 높은 시간에 탄력적으로 일한다. 다양한 네트워크를 활용해 늘 소통하고 스스로 판단한다. 자유와 책임을 다하고 있으니, 상하 수직관계가 아닌 상하 수평관계를 형성할 수 있다. 말 그대로 똑똑하게 일하기 때문에 업무 효율성을 극대화시키고 만족도 또한 높일 수 있다.

나는 포스코에 근무할 당시 스마트 워킹의 효과를 직접 경험했다. 따라서 에어릭스에서도 직원들이 유연하게 일할 수 있는 문화를 만들기 위해 노력한다. 기업의 리더로서 오랫동안 지켜본 결과 능력 있는 사람은 자유가 주어질 때 책임감이 훨씬 높아진다는 것을 알게 되었다. 그들은 창조적으로 생각하고, 혁신을 만들어내는 무궁무진한 아이디어를 가지고 있다. 덕분에 나는 그들에게서 밝은 미래를 볼 수 있는 것이다.

금융을 알 때 성공이 보인다

부자를 꿈꾸는 현대인들은 너나 할 것 없이 재테크에 열을 올리고 있다. 땅과 부동산을 구입해 시세차익을 노리거나 주식이나 펀드 등의 금융상품을 이용하는 재테크까지 그 방법도 다양해지고 있다. 주식으로 하루아침에 벼락부자가 된 사람의 기사를 접할 때면 누구나 한 번쯤 그 주인공이 자신이 되길 꿈꾸게 된다. 하지만 주식 등의 금융상품은 양날의 칼과 같아서 전문 지식 없이는 섣불리 도전해서는 안 된다. 더욱이 나처럼 한평생 엔지니어로 살아왔다면 더더욱 금융을 만만히 봐서는 안 된다. 대신 뱅커 또는 애널리스트로 불리는 전문가에게 도움을 요청해야 한다. 나와 비슷한 생각을 가진 사람들이 많은 탓에 유능한 금융전문가가 되었을 때 전 세계에서 러브콜이 쇄도하고 연봉 또한 천정부지로 높아지는 것이다. 더욱이 세계 경제가 금융위기로 일대 혼란을 겪고 있는 지금, 금융전문가는 반드시 필요한 일꾼으로 급성장하고 있다.

대한민국에서 세계적인 금융전문가가 배출된다면 유럽을 떠난 글로벌 경제 권력이 대한민국으로 옮겨질 수 있도록 할지도 모른다. 상상만 해도 즐거운 일이다. 주어진 일에 최선을 다함으로써 국가 경쟁력을 높일 수 있다는 것은 무척 고무적인 일이다. 물론 뱅커를 꿈꾸지 않는다고 해도 금융은 공부해야 할 분야이다.

세계 경제의 상황과 흐름을 이해한다면 그 안에서 새로운 길을 모색할 수 있기 때문이다. 따라서 나는 청년들에게 금융을 알아야 성공이 보인다고 말해주고 싶다. 그래서 훌륭한 금융전문가가 많이 배출되길 희망한다. 그리고 헤지펀드와 같은 투기성 자본이 아니라 세계 경제에 도움이 되는 긍정적인 금융전문가여야 한다. 세계 경제가 지금처럼 대혼란을 겪게 된 이유는 투기성 자본의 규제를 소홀히 했던 미국의 영향이 크기 때문이다. 세계 공황의 악몽이 남아있던 미국은 1970년대를 넘어 금융 산업의 중심이 되자 이를 이용해 경제적 이득을 취하기 위해 세계금융시장을 적극적으로 개방했다. 그로 인해 신자유주의가 도래되었고 자본의 쏠림현상으로 인해 사회 양극화가 고조된 것이다. 가난한 사람이 더 가난해지는 사회는 결코 바람직하지 못한 모습이다. 사회적 강자에게는 약자를 보호해야 할 의무가 있기 때문이다. 그 길이 자신의 힘과 권력을 유지하는 최선책이기도 하다. 약자가 없으면 강자 또한 존재할 수 없다. 약자에게 주어진 행복권을 강제로 빼앗아 존엄성을 훼손한다면 그 순간 강자 역시 강자일 수 없게 되는 것이다. 그런 의미에서 나는 헤지펀드 등의 투기성 자본을 경계해야 한다고 조언한다. 청춘이라면 더욱이 돈에 얽매이지 말고 모두가 잘사는 나라를 만들기 위해 노력해야 한다.

이를 바꿔 말한다면 돈보다는 양심을 우선시하는 금융전문가가 돼야 한다는 뜻이다. 그로 인해 선택의 폭이 줄어들 수도 있으니, 미래 또한 완벽할 것이라는 환상은 버려야 한다. 그럼에도 불구하고 나는 금융을 알아야 한다고 조언한다. 금융을 모른다면 세계금융위기에 대처하는 방법 또한 모른다는 뜻이기 때문이다. 예를 들어 우리나라는 1997년 말 외환보유고가 204억 달러였다면 2008년 말 2,396억 달러로 증가했다. 제조업의 부채비율 역시 1997년 393.3퍼센트였다면 2007년 97.8퍼센트로 줄었다. 미국은 무역에서 적자를 보고 있지만 중국과 인도 그리고 중동은 흑자구조로 전환되었다. 이러한 흐름을 알 때 산업 분야를 막론하고 상황에 맞는 전략을 세울 수 있는 것이다.

첨언한다면 한덕수 전 국무총리는 현재 진행되고 있는 세계 금융위기의 문제는 금융시장의 경색, 실물경제의 침체, 상호의 존성 증대, 과도한 금융규제 및 보호주의, 시장에 대한 불신이라고 밝혔다. 이를 해결하는 방안으로 G-20의 협력 강화, 금융회사의 지배구조 개선, 세계 실물경제의 침체를 막기 위한 정책 공조 강화 등을 들었다. 위기를 정확하게 알고 있어야 그에 맞는 대안책을 만들어낼 수 있다는 뜻이다. 뱅커가 아니라도 그 못지않은 전문지식을 갖춰야 멀티플레이가 가능한 거미형 인재로 거듭날 수 있다는 것이다. 세상은 다방면으로 훌륭한 인재를 필요로 한다는 사실을 기억하자.

정의롭게 승리하라

　지난 2002년 대한민국 국민들은 한마음이 되어 열광했다. 태극전사가 월드컵 4강 신화를 만들어내며 우리에게 잊을 수 없는 벅찬 감동과 환희를 선물해 주었기 때문이다.

　대한민국 전역을 붉게 물들인 붉은 악마의 높은 함성이 내 가슴도 뜨겁게 만들었다. 그때처럼 전 국민이 하나가 되어 같은 목소리를 냈던 적도 없었으리라. 그때 나는 보았다, 대한민국의 저력을. 그때 나는 알았다, 때늦은 이념논쟁에서 벗어나 하나가 될 수 있다는 사실을. 인간은 본래 선하다는 성선설을 믿는 나이기에 언젠가는 반드시 그런 날이 오게 될 것이라고 믿는다. 물론 이는 쉽지 않은 일이다. 우리의 마음은 잔잔한 호수와 같아서 작은 바람에도 풍랑이 일고, 하늘에서 내리는 빗방울에도 파문이 번진다. 한목소리를 내기에는 개개인의 욕심을 잠재우기 어렵다는 뜻이다.

내가 에어릭스 직원들을 비롯해 청년들에게 제 마음을 다스릴 수 있어야 한다고 당부하는 이유이다. 요동치는 마음을 잠재우지 못한다면 그 누구와도 소통할 수 없게 되고 나아가 한목소리를 낼 수 없게 된다. 공공의 목표를 이룰 수 없게 되는 것이다. 만일 태극전사들의 팀플레이가 제각각이었다고 가정해보자. 서로를 믿지 못하고 헐뜯었다면 결코 승리의 기쁨을 만끽할 수 없었을 것이다. 여기서 바로 히딩크의 리더십이 빛을 발한다. 그는 대한민국의 오래된 병폐를 한 번에 뿌리 뽑았다. 그릇된 온정주의에 빠져 누군가의 기회를 빼앗지 않았던 것이다. 덕분에 신예였던 박지성 선수, 이영표 선수, 설기현 선수 등이 태극마크를 달고 세계를 누비며 대한민국의 축구 위상을 높일 수 있었다.

학연, 지연, 혈연에 연연했다면 그들 가운데 누군가가 자신의 소중한 기회를 빼앗기고 좌절했을지도 모른다. 결과적으로 대한민국 역시 4강 신화를 만들어낼 수 없었을지도 모른다. 온정주의를 경계한 탓에 모두에게 공평한 기회가 주어지고 선의의 경쟁이 이루어졌던 것이다. 한동안 대한민국 전역을 뜨겁게 달군 마이클 샐던의 저서 『정의란 무엇인가』처럼 온정에 치우치면 자칫 원치 않는 결과를 초래할 수 있기 때문이다.

이 책을 잠시 설명하자면, 정의에 대해 친절하게 설명해주는 대신 정의로운 판단이 무엇인지 가르쳐주고 있다. 그 대표적인 사례가 아프가니스탄 염소치기의 딜레마이다. 이는 실제로 2005

년에 일어난 일이다. 미 해군 특수부대 소속 마커스 루트렐 하사
와 몇 명의 군인들이 파키스탄 국경과 가까운 아프가니스탄에서
비밀 정찰 임무를 수행하고 있었다. 그러던 중 100여 마리의 염
소를 몰고 있던 두 명의 염소치기를 만나게 된다. 미군은 그들에
게 총부리를 겨눈 채 어떻게 처리해야 할지 고민하기 시작했다.
두 명 모두 무기를 소지하지 않았을 뿐더러 한 명은 열다섯 살
남짓한 어린 소년이었다. 선택할 수 있는 길은 두 가지였다. 죽
이느냐, 풀어주느냐. 죽인다면 양심에 가책은 받겠지만 탈레반
에게 미군이 숨어있는 기지가 노출될 염려가 없다. 반면에 풀어
준다면 도덕적으로 마음은 편하겠지만 탈레반에게 습격당할지
모를 위험에 처해진다. 그때 군인 한 명이 염소치기를 죽여야 한
다고 말하지만 루트렐은 그럴 수 없었다. 미군의 안전을 위해 총
의 방아쇠를 당겨야했지만 민간인을 죽인다는 건 도덕과 정의에
어긋났기 때문이다. 결국 루트렐의 강력한 주장에 따라 염소치기
를 풀어주었다. 그리고 정확히 한 시간 30분 뒤 무장한 탈레반이
그들을 포위해 총격전이 벌어졌다. 중상을 입고 산 아래로 굴러
떨어진 루트렐을 제외하고 대다수의 군인이 목숨을 잃었다. 훗날
간신히 목숨을 구한 루트렐은 염소치기를 살려준 걸 지금도 후회
하며, 그 일은 죽을 때까지 자신을 괴롭힐 것이라고 회고했다.

　나는 이 책을 무척 흥미롭게 읽었다. 내가 만일 루트렐이었다
면, 나 역시 그들을 풀어주는 길을 선택했을 것 같다. 모두가 더
불어 잘 살아가는 사회를 만드는 것이 나의 소원이거늘 어찌 약

자에게 온정을 베풀지 않겠는가. 하지만 그로 인해 벌어지는 후폭풍을 목도했으니 무엇이 과연 온정일까 자문해보지 않을 수 없었던 것이다. 한 가지 확실한 것은 정에 이끌려 대의명분大義名分을 소홀히 할 때 더 큰 화가 온다는 사실이다. 결정권을 가진 리더라면 더더욱 감정을 배제하고 원리원칙에 따라 판단해야 한다. 정이 아닌 원칙에 따라 움직이는 사회가 훨씬 투명하기 때문이다. 즉, 실력 위주로 선수를 선발한 히딩크의 판단에는 개인적인 감정이 배제되었으며 이는 완벽에 가까운 정의였다. 그 과정에서 탈락한 선수가 있다면 기회를 빼앗긴 것이 아니라 실력이 부족했음이다. 이는 스스로 결과에 승복할 수 있는 사회가 만들어졌다는 것을 의미한다.

히딩크 당신 말이 옳았소

언젠가부터 우리는 멀티플레이어라는 단어를 자주 사용한다. 보고, 듣고, 읽는 기능이 하나로 통합되었다는 뜻이지만 곰곰이 생각해보면 이는 히딩크가 키워낸 인재상이기도 하다.

수비와 공격 모두 가능할 때 상대선수를 압박할 수 있다는 전제 아래 히딩크는 수비와 공격의 경계를 허물어 이른바 멀티플레이어가 가능한 선수를 만들어냈다. 다양한 재능을 가진 거미형 인재 말이다. 히딩크가 선수들에게 요구한 또 다른 하나는 팀워크였다. 왜냐하면 선수들 개개인이 멀티플레이어가 된다 해도 팀워크가 깨지면 패배하고 만다. 반면에 넓은 축구장에서 눈빛만으로 서로의 목소리를 들을 수 있다면 정확한 패스가 이루어지고 나아가 승리를 결정짓는 득점으로 연결된다. 결과적으로 태극선수들의 완벽한 팀워크를 보면서 우리는 팀워크의 중요성을 다시금 깨달았다. 이러한 히딩크의 철학은 축구경기뿐 아니라 비즈니스 현장에서도 적용된다. 정보의 홍수 속에서 현대인은 자신의 재능과 적성이 한 가지에 국한되지 않는다는 사실을 알게 되었다. 노력 여하에 따라 다양한 장르를 넘나들며 끼를 발산할 수 있게 된 것이다. 쉬운 예로 아이돌이라고 불리는 어린 연예인들만 봐도 가수와 연기 그리고 뮤지컬 등에 도전하며 다양한 색을 보여주고 있다. 나이는 어리지만 끊임없이 자신을 변화시키기 위해 혼신의 노력을 다하는 모습에서 나는 프로다운 근성을 보았다. 자신의 분야에서 최고가 되었을 때 비로소 멀티플레이어에 도전할 수 있게 된다는 것도 알았다.

수비도 엉망이면서 골을 넣고 싶어 안달이 난 수비수가 있다고 가정해보자. 그 선수 한 명으로 인해 팀워크가 와해되고 결국 게임에서 패배하게 된다. 그는 멀티플레이어가 아니라 시쳇말로 사람 잡는 선무당인 것이다. 그로 인해 실수를 저지르는 것을 방지하려면 서로의 의견을 존중하고 대화를 통해 문제를 해결해야 한다. 히딩크가 커뮤니케이션을 중요시 여긴 이유가 여기에 있다. 감독과 선수, 선배와 후배 간의 자유로운 의사소통이 가능해진다면 명령에 의해 움직이는 상하 수직관계가 아닌 평등한 관계가 만들어질 수 있다. 그 과정에서 자신이 멀티플레이어인지 선무당인지 판단할 수 있게 되는 것이다. 이러한 문화를 만들어낸 힘이야말로 히딩크에게 배워야 할 부드러운 카리스마이다. 히딩크의 말이 전적으로 옳다고 생각하는 나이기에 직원들과 평등한 관계를 만들기 위해 노력한다. 쉬운 일은 아니지만 하고자 하면 어려운 일도 아니다.

포스코 인디아에 근무할 당시 모든 것을 총괄해야 했던 나는 항상 긴장의 끈을 놓을 수 없었다. 그러던 어느 날 미국에서 MBA를 마친 어느 과장이 30분이면 족히 끝날 일을 2시간이 넘도록 해결하지 못하고 있었다. 나는 그가 게으름을 피우는 것인지 업무능력이 부족한 것인지 생각하고 또 생각했다. 그러다 보니 짜증이 밀려왔다. 불러서 호되게 야단을 쳐주고 싶었지만, 내 마음을 다스리기 위해 애썼다. 나는 30분 만에 끝낼 수 있지만 그는 내가 아니지 않는가. 그렇게 생각하다 보니 어느덧 거짓말처럼 마음이 누그러졌다. 표현하지 않았지만 마음속으로 짜증을 낸 것이 오히려 미안해졌다. 내 조바심을 꾸짖기라도 하듯 얼마 뒤 그는 완벽하게 일을 끝마쳤다. 그때 화를 참지 못하고 그에게 호통을 쳤다면 그는 내 앞에서 점점 더 작아졌을지도 모른다. 가지고 있는 능력을 제대로 발휘하지 못했을지도 모른다. 리더의 행동이 기업의 문화를 바꾸고 나아가 직원들의 잠재 능력을 세상 밖으로 이끌어낼 수 있다는 뜻이다. 만일 히딩크가 한국에서 개최되었던 월드컵 50일 전에 개최되었던 프랑스와의 친선게임에서 5:0으로 패한 태극전사들을 질타했다면 그들은 패배의식에 사로잡혀 능력을 발휘하지 못했을지도 모른다. 아울러 벤치를 지키는 후보 선수들까지 일일이 챙겨주었으니, 그들의 가슴에 열등감이 아닌 희망의 싹이 피어날 수 있었던 것이다. 나는 기업의 리더가 히딩크처럼 냉정과 열정을 갖추길 바란다. 그래야 청년들의 무거운 어깨가 한결 가벼워질 수 있다. 그 아래서 청년들은 꿈을 위해 끊임없이 도전해야 한다. 부딪히고 깨지더라도 이는 청춘만이 누릴 수 있는 특권이라고 생각하자. 젊다는 건 도전할 수 있는 기회가 무한하다는 뜻이며, 넘어져도 다시 일어설 수 있을 만큼 강인하다는 뜻일 테니까.

믿음이 있다면 언제든지 해낸다

히딩크가 이끌었던 2002년 한·일 월드컵에서 대한민국이 4강 신화를 이룩할 때 팀의 '주장'이었던 홍명보가 이번 런던 올림픽에서 '감독'으로 또 한 번 우리 국민들에게 감동을 안겨줬다. 한국 축구역사상 최초로 올림픽 4강에 진출한 것이다. 축구 강호로 이름난 영국을 꺾었으며, 3 4위전에서 숙적 일본을 보기 좋게 2:0으로 완승하고 동메달을 거둔 쾌거이다.

홍명보의 리더십은 이른바 '형님 리더십'으로도 불리며, 선수들의 가슴속에 뜨거운 불을 심어주는 것으로 유명하다. 실상 한국 축구계에서 홍명보의 위상은 크고 위대하다. 그의 이름 석 자만으로도 태극전사들의 가슴이 뜨거워질 정도다. 홍명보는 여느 감독과는 다르다. 불처럼 뜨거운 카리스마도, 물처럼 유연한 성품도 아니다. 짜증 낼 시간에 선수들과 눈을 한 번 더 맞추고 등 한 번 더 두드려준다. 믿음과 소통을 가장 중요시 하는 형님같은 감독인 것이다.

런던 올림픽 아시아 최종 예선에서 그는 카타르와 격전을 준비하는 선수들 앞에서 이런 말을 했다. "내 가슴 안에는 칼이 있다." 의아해 하는 후배 선수들에게 그는 이런 말을 덧붙인다. "그게 다른 사람을 해치는 칼이 아니다. 너희가 다칠 것 같으면 나 스스로를 죽이는 칼이다. 너희는 팀을 위해서만 뛰어라." 팀의 성적에 관계없이 모든 책임을 그가 짊어지겠다는 발언이었다. 그런 그의 결의를 접한 선수들은 당연히 뜨겁게 불타올랐다.

또한 그는 표현이 빠른 감독이다. 그는 그 자리에서 칭찬을 하는 것으로 유명하다. 뛰어난 플레이, 헌신적인 플레이를 보인 선수에게 달려가 즉각 머리를 쓰다듬고 칭찬해준다. 이러한 선수와 감독의 즉각적인 교감은 곧바로 믿음으로 이어진다. '나를 믿어 주고 있다.'는 확신이 선수를 진화하게 만든다.

멕시코와의 1차전에서 부진한 움직임을 보여주었던 박주영과 김보경은 언론에서 논란거리가 됐다. 축구팬들 또한 야유하며 엔트리에서 제외하라는 악평을 쏟아냈다. 하지만 홍명보 감독은 스위스와의 2차전에서도 그 둘을 기용하며 이렇게 말했다.

"사람들은 선수가 가장 잘할 때만 기억한다. 중요한 건 좋을 때가 아니더라도 믿음을 주면 선수는 언제든지 해낸다는 것이다."

과연 박주영과 김보경은 나란히 골을 터트리며 스위스전 2대 1 승리를 이끌어 낸다. 홍명보의 믿음이 적중하여, 웅크려있던 거인을 일깨워 낸 것이다.

준결승에서 만난 브라질에게 안타깝게 패배하기는 했지만, 뒤이어 일본과의 3,4위 결정전에서 또 한 번 홍명보 감독의 마법이 펼쳐졌다. 박주영에 대한 신뢰와 믿음이 통쾌한 선제골을 만들었으며, 두 번째 골 역시 무한 신뢰의 대상이던 구자철의 발끝에서 터져 나온 것이다. 2002년 월드컵 이래 거듭된 패배와 기대치에 못 미쳤던 성적으로 사람들의 관심사에서 멀어졌던 한국 축구는 다시 한 번 거세게 불타올라 세계 속의 한국 축구를 입증해냈다.

홍명보의 리더십은 선수들에 대한 절대적인 지지, 그로부터 빚어진 믿음에 있다. 소통을 통해 믿음을 나누고 놀라운 상승효과를 일으키는 리더십은 실제 회사나 사회에서도 통용이 되는 것이다. 내가 평사원으로 포스코에 입사했을 때의 일이다. 어떤 한 직원의 실수로 거래선과 오류가 발생해 부서 직원들 전원이 일주일 동안 퇴근도 하지 못하고 비상근무에 시달려야 했다. 나는 그 직원이 회사에서 잘릴 줄 알았다. 하지만 회사 측에서는 도리어 비상근무 노고를 치하한다며 특별휴가를 보내줬다. 그날 이후 더 이상 우리 부서에서는 작은 실수조차 발생하지 않았다. 또한 실수를 했던 그 직원은 당시 문제가 불거졌던 협력사의 전문가가 되어 거래를 전담하고 주도하는 중역을 맡게 되었다. 그후 내가 계장으로 승진하여 각종 서류를 인계받다가 당시의 기억이 떠올라 살펴보니 놀랍게도 그 실수가 있었던 달의 성과가 가장 훌륭했던 것으로 나타났다. 실수를 보완하는 것을 넘어서 모든 것을 재정리하게 되어 이전의 누락되어 있던 건들도 일괄적으로 처리되었던 것이다.

가장 힘들었을 때, 가장 큰 성과가 나왔다. 내가 누군가에게 믿음을 주고 있기 때문에 그 믿음을 위해 뭔가를 보여줘야 한다는 의식이 생겨, 부진했던 과거를 잊고 놀라운 미래를 만들 수 있었다.

이제 이 놀라운 믿음의 힘을 청춘에게 돌려줘야 한다. 부모 세대들이 청춘을 질타하고 꾸짖고 손가락질하는 오늘의 현실이 바뀌지 않는다면 그들 또한 계속 그대로 굳어버릴 것이다. 하지만 홍명보 감독처럼, 머리를 쓰다듬고 어깨와 등을 두드리며 "괜찮다. 나는 널 믿는다."라고 믿음을 준다면, 그들도 변하게 될 것이다.

힘든 청춘이지만, 가장 큰 성과, 가장 큰 변화를 만들 수 있는 것도 청춘이다. 그래서 우리는 그들을 믿어야 한다. 그 믿음이 있는 한 그들은 언제든지 해낼 수 있다.

청년들 자신도 '할 수 있다.'는 믿음 아래 자신 있게 도전해보자.

전진하라

　우리는 종종 우스갯소리로 "나를 따르라."라고 말한다. 이는 내가 장교 교육을 받을 때 광주 상무대에서 쓰던 표어이기도 하다. 언뜻 보면 큰 의미 없어 보이지만 군대에서는 굉장히 중요한 말이다. 지휘관의 선택이 전쟁의 승패와 부하들의 생사를 결정하기 때문이다. 강한 확신과 신념이 없다면 쉽사리 대장의 지휘를 맡지 말아야 하는 것이다. 군대에서 나는 그 사실을 배웠다. 리더의 능력이 그 부대의 운명을 만든다는 것을 말이다. 리더가 무에서 유를 창조할 수 있는 능력과 자신감이 없다면 스스로 지휘권을 내려놓아야 한다. 이는 자신을 따른 부하의 목숨을 지킬 수 없다는 뜻이기 때문이다. 반면에 내가 부하일 때는 지휘관의 명령을 절대적으로 따라야 한다. 부하가 지휘관을 섬기지 않을 때 그들은 어떤 전쟁에서도 승리할 수 없다. 물론 지휘관의 선택이 백 퍼센트 정답일 수는 없다. 때론 잘못된 선택으로 인해 모두가 자멸하는 위기에 놓이게도 된다. 인간은 실수를 통해 현명해지고 성숙해지기 때문이다. 이때는 지휘고하를 막론하고 올바른 대안을 제시해야 한다. 만일 대안이 없다면 리더의 선택을 존중해야 한다. 대안 없는 비판이야말로 모두를 불행하게 만드는 것이다. 군대에서 한 부대를 통솔할 때도, 기업의 리더가 되어 조직을 이끌어갈 때도 이 사실을 항상 기억해야 한다. 따라서 나와 다른 뜻을 갖고 있다 해도, 대안을 제시한다면 나는 그들의 의견을 존중한다. 대안을 생각했다는 것만으로도 그는 이미 리더의 자격이 있다고 생각하는 것이다. 반면에 대안 없이 비판만 늘어놓는다면 나는 그의 목소리에 귀를 기울이지 않는다. 부정적인 사고 아래 불평불만만 늘어놓는 사람은 백해무익한 존재일 뿐이다. 오랫동안 지켜본 결과 그런 부류의 사람이 리더가 되는 일을 결코 보지 못했다. 누구도 그의 뜻을 존중해주지 않으니, 그의 뒤를 따르는 무리 또한 없어지게 된다. 대안 없는 비판가들의 또 다른 특징은 지나친 자만심이다. 그들은 자신만의 생각이 옳다고 착각한다. 세상은 보는 각도에 따라 다르게 보인다는 단순한 진리를 알지 못하는 것이다. 어리석게도 자신과 다른 것을 다름이 아닌 틀림으로 받아들인다.

나는 나이가 어린 젊은 사원들에게서 이 같은 모습을 종종 본다. 지나치게 풍요로운 집안, 부모의 과보호 속에서 미처 배우지 못한 배려, 실패를 경험해보지 못한 자만심 등이 다름을 틀림으로 규정하는 것이다. 세월의 흐름 속에서 자연스럽게 영글어 갈 테지만, 청년들의 이 같은 모습이야말로 풍요가 만든 비극이 아닐까 생각한다.

그럴 때면 나는 칭기즈칸의 이야기를 들려준다. 광활한 벌판을 달리며 천하를 통일했던 칭기즈칸은 매우 가난했다. 아홉 살 때 아버지를 여의고 마을에서 쫓겨났다. 들쥐를 잡아먹으며 목숨을 연명했으니 그가 겪었을 고통을 어찌 헤아릴 수 있겠는가. 그렇지만 칭기즈칸은 직업의 귀천을 논하지 말라고 조언했다. 자신은 언제 죽을지 모르는 전사였지만 그 일을 할 수 있는 것만으로도 감사했던 것이다. 굶어죽을 걱정에서는 해방되었으니까. 그는 배움이 부족하다는 이유로 꿈을 포기하는 사람들에게 말했다.

"배운 것이 없다고 힘이 없다고 탓하지 말라. 나는 내 이름도 쓸 줄 몰랐으나 남의 말에 귀 기울이면서 현명해지는 법을 배웠다. 너무 막막하다고 그래서 포기해야겠다고 말하지 말라. 나는 목에 칼을 쓰고도 탈출했고 뺨에 화살을 맞고 죽었다 살아나기도 했다. 적은 밖에 있는 것이 아니라 내 안에 있다."

나는 위대한 철학자의 조언보다 칭기즈칸의 이 말이 훨씬 감동적이다. 아름다운 미사여구로 치장하지는 않았지만 어떻게 삶을 대해야 하는지 명명백백히 가르쳐주고 있다. 성공이란 학벌의 높고 낮음, 부의 많고 적음이 아니라 꿈을 포기하지 않는 열정과 강인한 승부근성에 의해 결정되는 것이다. 작은 일에 일희일비하지 말아야 하는 이유이다. 마음이 요동친다면 각박한 현실을 초월할 수 없지 않겠는가. 아버지를 잃었을 때, 마을에서 쫓겨났을 때, 들쥐를 잡아먹을 때, 뺨에 화살을 맞았을 때마다 슬퍼하고 분노했다면 그는 전쟁 통에 굶어죽은 수많은 사람들 가운데 한 명에 지나지 않았을 것이다. 하지만 그 모든 역경을 이겨내고 줄기차게 꿈을 향해 달려갔으니 역사에 길이 남는 영웅이 될 수 있었다.

칭기즈칸의 삶을 엿본다면 지금 자신이 겪고 있는 고통은 조족지혈鳥足之血에 불과하다는 것을 알게 될 것이다. 적어도 우리는 제 이름 석 자는 쓸 수 있지 않은가. 21세기 대한민국은 들쥐를 잡아먹어야 할 만큼 헐벗고 가난한 나라가 아니지 않은가. 그것만으로도 우리는 칭기즈칸보다 훨씬 좋은 환경에서 축복을 누리고 있는 것이다. 무엇이 두렵고, 무엇이 괴롭단 말인가. 비싼 대학등록금에 허덕이며, 청년실업의 중심에 서 있다 해도 당당히 어깨를 펴고 꿈을 좇아 끊임없이 앞으로 나아가야 한다. 하룻밤 새워 울어본 적 없는 사람은 인생의 깊이를 헤아릴 수 없다. 눈물 젖은 빵을 먹어보지 못한 사람은 진정한 은혜로움을 알지 못한다. 때론 가난이 잠자고 있던 승부근성을 깨우고, 어둠을 빛으로 밝히는 지혜를 선물해준다. 이순耳順의 나이가 되면 이를 가슴으로 깨닫게 되지만, 청년들에게는 쉬운 일이 아니다. 그렇지만 모진 시련에 눈물지어본 적 없는 리더가 어찌 직원들의 신음 소리를 들을 수 있겠는가. 풍요로움 속에서 궁핍의 의미를 몸소 겪고 있는 청년들이 젊어 고생은 사서도 한다는 속담 속에 깃든 진리를 이해하길 바란다. 삶을 불행으로 이끄는 모든 것들 앞에 당당해지고 나아가 초월했을 때 꿈을 이룰 수 있다는 사실을 명심하자.

칭기즈칸의 성공비결

칭기즈칸의 리더십이 오늘날까지 회자되는 건 그가 불우한 환경을 극복했기 때문만은 아니다. 그는 역사상 최초로 종교의 자유를 허락한 왕이었다. 이는 서로의 다름을 인정해주었다는 뜻이다. 또 권력을 지키기 위해 발버둥 치는 리더가 아니라 진심으로 아랫사람을 배려하고 사랑했다는 증거이다. 두려움을 모르는 전사였지만 전쟁을 하기 전에 반드시 사신을 보내 협력관계를 이끌어내기 위해 노력했다. 전쟁보다는 평화가 모두에게 바람직한 선택이라고 믿었던 것이다. 전쟁을 해도 적국의 장수를 숙청하기보다는 포용했다. 그로 인해 각국의 유능한 장수를 거느릴 수 있게 되었다. 뿐만 아니라 전쟁에서 획득한 노획물은 공정하게 배분했다. 이보다 더 매력적인 동기부여가 어디 있겠는가. 군인들은 존중받고 있다는 사실만으로도 목숨을 건 전쟁터에서 즐겁게 싸울 수 있었다. 전투에서 능력을 발휘하면 신분에 관계없이 지휘관으로 발탁했으니 열과 성을 다해 전쟁에 임할 수 있었던 것이다. 이렇듯 진심으로 사람을 대해 동기를 부여하고 나아가 감동시키는 것이야말로 21세기가 원하는 부드러운 카리스마이다. 우리가 칭기즈칸의 리더십에 주목하는 이유이다.

디지털 혁명 속에서 세계가 하나가 된 지금 전쟁을 통해 영토를 확장하는 시대는 지났다. 하지만 세상은 여전히 소리 없는 총탄이 오고 가는 살벌한 전쟁터이다. 치열하게 경쟁하고 그 과정에서 살아남지 못하면 패망한 나라의 왕으로 전락한다. 모든 것을 잃어버리게 되는 것이다.

안일함 속에서 적군이 코앞까지 왔는데도 위험을 감지하지 못해 패망한 코닥을 보라. 1880년도에 설립된 세계적인 필름회사 코닥은 시대의 흐름을 읽지 못했다. 디지털 시대에 맞춰 변하지 않은 탓에 132년 만에 파산보호를 신청했다. 디지털 카메라가 일반화된 요즘 사진을 찍기 위해 필름을 구매하는 사람은 드물게 있으니 말이다. 세계적인 전자회사 소니도 마찬가지다. 워크맨을 통해 눈부시게 성장했지만 코닥처럼 시대 흐름을 감지하지 못한 결과 적자의 수렁에서 헤어 나오지 못하고 있다. 그 사이를 틈타 삼성과 LG가 세계 전자 시장을 석권하고 있으니 감사할 따름이지만, 중요한 것은 변화하고 도전하지 않으면 치열한 경쟁 사회에서 살아남을 수 없다는 사실이다.

칭기즈칸이 살았던 시대와 지금은 엄연히 다르지만 그의 도전정신만큼은 여전히 우리가 배워야 하는 것이다. 그로 인해 부드러운 카리스마를 갖춘다면 존경받는 리더가 될 수 있다.

젊은 시절 포스코에 입사했을 때 무척 귀감이 되는 상사가 있었다. 그는 제철소의 심볼 공장인 고로공장 건설에 참여했을 때 만난 황경일 건설반장님이다. 진실하고 성실하게 공사 관리 업무를 관장하던 업무방식과 태도는 지금 생각해봐도 존경스럽다.

그의 가르침 속에서 현장기술을 익힌 뒤 나는 일본어와 영어를 배우는 데 많은 시간을 할애했다. 리더가 되기 위해 웅변 실력도 쌓았고 건강을 지키기 위해 테니스도 부지런히 쳤다. 감성을 풍요롭게 만들기 위해 시집을 읽고 붓글씨와 음악 감상을 하는 데도 노력을 기울였다. 일에 쫓기다 보면 가끔 이 모든 것들이 귀찮고 피곤했지만 살기 위해 들쥐를 먹고 뺨에 구멍이 뚫리는 아픔 속에서도 희망을 놓지 않았던 칭기즈칸을 떠올리면 어린아이 투정에 불과하다고 느껴졌다. 덕분에 해가 바뀔 때마다 한 계단씩 올라갈 수 있었고 오늘날 에어릭스 대표가 될 수 있었다.

그래서일까? 칠전팔기의 정신으로 줄기차게 도전하는 이들을 보면 말을 타고 광활한 벌판을 질주하던 칭기즈칸의 용맹스러운 모습이 떠오른다. 가격혁명을 실현시키기 위해 전 세계를 누비는 이마트의 크리스토퍼 캘러한 상무의 기사를 신문에서 읽을 때도 그랬다. 그는 품질은 뛰어나지만 가격은 저렴한 자연송이를 사기 위해 티베트의 차마 고도에도 갔고, 원두커피를 사기 위해 브라질로 날아갔다. 그의 쉼 없는 발품이 우리에게 싸고 좋은 물건을 구매할 수 있는 기회를 준 것이다.

시멘트 없이 콘크리트를 만드는 데 성공한 기업도 있다. 콘크리트의 재료가 시멘트인데 무슨 말일까 의아스러울 것이다. 하지만 시멘트를 만드는 과정에서 이산화탄소가 대량 방출된다는 사실에 주목한 연구진들은 친환경 콘크리트를 만드는 일에 도전했고 결국 친환경 그린 콘크리트를 만드는 데 성공했다. 누군가의 끊임없는 도전이 결국 나와 우리 모두의 삶을 편리하고 풍요롭게 변화시켜주는 것이다. 이는 나의 도전이 인류의 삶을 변화시킬 수 있다는 뜻이기도 하다.

환경은 좌절하고 무릎 꿇어야 할 상대가 아니라 극복의 대상이다. 넘어지고 쓰러져도 다시 일어설 수만 있다면 누구나 역사의 한 페이지를 장식할 수 있다. 자신의 운명을 변화시키고 함께 살아가는 사람들에게 행복을 선물해 준다면 이미 눈부시게 아름다운 삶을 살아가고 있다는 뜻일 테니까.

나를
이기는 자가

승리한다

변화가 없는 삶은 안주가 아니라 퇴보를 의미한다. 어제와 오늘 그리고 내일이 똑같다면 지금의 자신을 점검해봐야 하는 것이다. 혹자들은 변화가 없는 삶을 일컬어 평화로운 일상이라고 말할 수도 있지만 그 사이 수많은 경쟁자들이 쏜살같이 앞으로 나아간다는 사실을 명심해야 한다. 이 같은 생각 탓에 젊은 시절의 나는 유난히 조바심이 많았다. 지금의 삶에 큰 불만이 없어도 작년에 비해 조금밖에 성장하지 않았다면 짜증이 밀려왔다. 나의 무능함이 만천하에 드러난 것 같아 부끄러웠고 부모님께 죄송스러웠다. 그럴 때면 세상에서 가장 이기기 어려운 상대가 자신이라는 사실을 새삼스럽게 깨닫는다. 변화에 실패했다는 것은 결국 자신과의 싸움에서 패배했다는 뜻이기 때문이다. 예를 들어 졸음이 쏟아진다면 잠이 아니라 자고 싶어 하는 자신과 싸워야 한다. 포기하고 싶을 때도 마찬가지이다. 편안하고 싶은 자신과 성장하고 싶은 자신의 싸움이다. 살아가면서 겪게 될 숱한 자신과의 싸움에서 매번 승리한다는 것은 불가능한 일이지만 번번이 패배한다면 절대 성공할 수 없다.

그럼 어떤 사람들이 자신과의 싸움에서 승리하는 것일까? 두말할 것도 없이 절제능력이 뛰어나고 승부근성이 강한 사람이다. 이는 우리 민족의 민족성이기도 하다.

세계 어디를 다녀 봐도 우리나라 국민들처럼 열심히 사는 사람을 볼 수 없다. 때론 지나칠 정도로 일에 몰두하지만 그 시간들이 쌓여서 오늘날 대한민국의 국가 경쟁력을 성장시켰다고 본다.

예를 들어 우리나라는 1971년 처음으로 고리 원자력발전소를 지었다. 그리고 40여 년이 지난 지금 세계 5위의 원전강국으로 급성장했다. 지난 2009년에는 200억 달러 규모의 아랍에미리트연합UAE 원전 사업을 수주했으니, 머지않아 원전 수출은 대한민국의 신성장동력이 될 것이다. 생각해보라. 일제강점기와 한국전쟁(6·25전쟁)을 겪으면서 우리 국민은 해외 원조를 받아야 목숨을 연명할 수 있을 만큼 헐벗고 가난했다. 그랬던 우리가 지금처럼 눈부시게 성장할 수 있었던 원동력이 어디서 나왔겠는가. 이는 뛰어난 리더 한두 사람으로 인해 만들 수 있는 기적이 아니다. 국민들 모두가 십시일반 힘을 보태고, 자신과의 싸움에서 승리한 결과 이루어낸 것이다. 물론 그 안에는 박태준 회장처럼 오롯이 자신의 삶을 국가와 민족을 위해 헌신했던 영웅들의 땀방울이 깃들어 있지만, 나라의 운명을 바꾸는 것은 오직 국민들의 열정과 희생이라고 생각한다.

선박해양 전문기업인 STX 그룹 역시 이라크 디젤발전 플랜트 프로젝트를 진행하고 있다. 이밖에도 전력, 석유, 가스 등 제품 생산을 위한 설비를 공급하고 공장을 지어주는 해외 플랜트 수주가 활발히 일어나고 있다. 청년들이 진출할 수 있는 분야가 새롭게 만들어지고 확대된다는 뜻이다. 이를 증명이라도 하듯 해외 수주 플랜트 관련 인력 쟁탈전이 치열하게 일어나고 있다. 뛰어난 기술력을 인정받아 잇따라 해외수주에 성공하고 있지만 이를 총괄해서 수행할 인원이 턱없이 부족하기 때문이다. 따라서 기업에서는 인력 유출을 막기 위해 퇴근 시간을 앞당기고 연봉도 20퍼센트 이상 올린다고 한다. 한쪽에서는 청년 실업에 눈물 짓고 있는데 다른 한쪽에서는 인력이 없어 아우성이라니, 일자리 창출에 앞서 어긋난 수요와 공급을 바로잡아야 하는 것이다. 이는 청년들 스스로 변화했을 때 가능해진다. 급변하는 세상의 흐름을 읽고 그에 맞춰 자신을 변화시켜야 하는 것이다. 눈높이를 낮추는 것도 효과적인 방법이다.

"눈높이를 낮추는 것이야말로 자신과의 싸움에서 지는 것 아닙니까?"라고 반문하는 사람도 있을지도 모른다. 나의 생각은 다르다. 물론 올라갈 수 없는 나무는 이 세상에 없다. 그러나 세상 모든 사람들이 한 그루의 나무에만 오르기 위해 몸부림치는 것은 어리석은 행동이다. 쉽게 올라갈 수 있는 나무 또는 오르고 싶은 나무를 찾아 올라가야 한다. 그 과정에서 실력이 쌓이면 또 다른 나무에 도전하는 것이 자신과의 싸움에서 승리하는 법이다. 무턱대고 세상에서 제일 좋은 것만 원하는 것은 포도나무에서 포도가 떨어지길 바라는 어리석은 여우와 다를 바 없다. 만일 여우가 "분명 저 나무에서 포도가 떨어질 거야. 그렇게 믿고 여기 앉아서 계속 기다리는 것이야말로 나와의 싸움에서 승리하는 거야."라고 말한다고 가정해보자.

이는 논리의 비약이 아니다. "나는 반드시 대기업에 취직할 거야. 눈높이를 낮추는 것은 나와의 싸움에서 패배하는 것이니, 어제처럼 계속 대기업만 바라보고 있을 거야."라고 말하는 것과 다르지 않다. 무모한 욕심, 헛된 희망만 좇는 어리석음에서 벗어나 현실과 타협하는 것 또한 자신과의 싸움에서 승리하는 것이다.

7급 공무원이 꿈이라는 청년들을 보며, 어른들의 걱정이 깊어지는 것은 직업의 좋고 나쁨의 문제가 아니라 안일함을 최우선의 가치로 삼는 청년들에게서 무기력함을 보았기 때문이다.

꿈과 재능을 무시한 채 고시원에 틀어박혀 있을 시간에 영어, 아랍어, 스페인어 등을 배운다면 해외 건설현장에서 진두지휘할 수 있다. 지금 이 순간을 어떻게 활용하느냐에 따라 자신의 미래가 무궁무진하게 변화되고 나아가 빛날 수 있다는 뜻이다.

과거의 유산을 청산하지 않고는 새로운 질서를 창조할 수 없다. 제너럴일렉트릭의 잭 웰치 회장은 이를 창조적 파괴 과정이라고 표현했다. 파괴가 창조를 낳는다고 하니, 창조가 어렵다면 먼저 기존의 것을 파괴하는 것도 방법이 될 것이다. 물론 이때는 나태한 자신, 고정관념에 사로잡힌 자신, 도전과 변화를 두려워하는 자신을 파괴시켜야 한다. 제너럴일렉트릭이 백 년이 넘는 세월 동안 세계 최강 기업으로 자리매김할 수 있는 것은 철지난 관료주의를 과감히 파괴했기 때문이다. 이론보다는 개혁의 의지와 실천을 최우선 가치로 생각했던 것이다.

잭 웰치 회장의 경영원칙 중에 내가 가장 좋아하는 말은 "과거에 집착하거나 당신이 바라는 대로 세상을 보려고 하지 마라."이다. 이는 직원들에게 강조했던 말인 동시에 이 시대 청년들에게 당부하고 싶은 말이다. 중요한 것은 과거가 아니라 현실이다. 또한 세상을 객관적으로 바라보았을 때 올바른 판단을 내릴 수 있다.

"내가 예전에 말이지….''로 말을 시작하는 사람 가운데 믿음직스러운 사람은 단언컨대 한 명도 없다. 과거에 훌륭했던 사람 또한 없다. 현재는 과거의 모습을 고스란히 비춰주는 거울일 테다. 아울러 세상을 자신의 입맛대로만 본다면 변화에 민감할 수 없다. 안일함 속에서 하루하루 무기력해질 뿐이다. 스스로 변하지 않으면 변화 당하게 되고 운명을 지배하지 않으면 누군가에 의해 지배당하기 때문이다.

30여 년 가까운 세월 동안 포스코에서 일하면서 이 사실을 단 하루도 잊지 않았다. 나뿐만 아니라 전 직원들이 최고 경영자들의 유지를 받들어 변화의 주체가 되었고 객관적으로 현실을 바라보기 위해 노력했다. 그 결과 자랑스러운 포철 신화를 창조한 것이다. 이제와 생각해보면 우리가 일구어온 역사는 그야말로 축복의 연속이었다. 직원들 한 명 한 명이 스스로 변했고 그 과정에서 운명을 지배하는 데 성공했으니 말이다.

근래 들어 신문에서 그래핀이라는 신소재에 대한 기사를 읽었다. 석탄이 18세기 산업혁명을 이끌었고 반도체가 20세기 정보기술IT 혁명을 주도했다면 앞으로는 그래핀이 신소재 혁명을 이끌 것이라는 내용이었다. 미래시장을 변화시킨다는 말에 호기심이 발동한 나는 그때부터 그래핀에 대해 공부하기 시작했다. 먼저 간단히 설명하자면 그래핀은 강철의 100배 강도인 꿈의 신소재로서 반도체, 디스플레이, 2차전지 등 적용분야가 무궁무진하다. 뿐만 아니라 우리나라는 그래핀 특허 출원 건수가 세계 2위에 오를 만큼 기술 강국이라고 한다.

만일 신소재에 관심이 많다면 지금 당장 꿈을 선회해 그래핀 분야에 도전해볼 것을 권한다. 이는 시대 흐름을 읽고 그에 맞춰 자신을 변화시켰다는 뜻이니, 10년 뒤 신소재 분야의 권위자가 되어있을지도 모른다. 성공은 운명을 개척하는 사람에게 돌아간다는 걸 기억하자.

예를 들어 우리나라에 인터넷이 처음 보급된 것은 1998년이었고 얼마 뒤 벤처 바람이 불어왔다. 이때 시류를 정확히 읽어낸 사람은 벤처기업가가 되어 운명을 개척하는 데 성공했다. 10여 년이 지난 지금 디지털 세상의 도래로 우리는 인터넷이 없는 삶을 상상할 수조차 없게 되었다. IT는 더 이상 새로운 분야도 아니고, 블루오션도 아니다. 거품처럼 불어닥쳤던 벤처기업의 열풍도 사라지고 내실 있는 기업만 살아남게 되었으니 말이다. 반면에 신소재로 불리는 그래핀 분야는 여전히 불모지와 같다. 시대 흐름을 읽을 수 있을 때 똑똑하게 변화할 수 있는 것이다.

아울러 운명을 지배하고 싶다면 스티븐 코비의 조언에 귀 기울여야 한다. 자기계발 전문가이자 『성공하는 사람들의 7가지 습관』의 저자 스티븐 코비는 "자신의 삶을 주도하라. 끝을 생각하며 시작하라. 소중한 것을 먼저 하라. 윈윈을 생각하라. 먼저 경청한 다음에 이해시켜라. 시너지를 내라. 끊임없이 쇄신하라."라고 당부했다.

나 역시 성공하는 사람이 되길 원하기에 스티븐 코비의 리더십 센터에서 두 번의 교육과정과 심화과정까지 마쳤다. 그 결과 퍼실리테이터Facilitator 자격증을 취득했다. 글로벌 기업의 대표로 있다고 해서 안주하기 시작하면 눈 깜짝할 사이에 도태되기 때문이다. 그 과정에서 성공하는 사람들은 습관부터 다르다는 사실을 다시금 깨달았다. 그들은 절대 자신과의 싸움에서 지지 않는다. 수없이 좌절해도 불굴의 의지로 오뚝이처럼 다시 일어선다. 그리고 마침내 원했던 일을 쟁취하고 만다.

하늘이 정해놓았다고 하는 사주팔자도 끊임없이 도전하고 변화하는 사람 앞에서는 무의미하다. 운명은 자신의 힘으로 충분히 개척하고 지배할 수 있다고 믿는다.

자, 운명에 지배당할 것인가 스스로 운명을 지배할 것인가. 선택은 바로 자신의 몫이다.

Ⅲ.
청춘의 자세

나는 행운아, 세상은 은혜로운 곳

心,
평화와 행복으로

디자인하라

　신문·방송을 보면 연일 끔찍한 사건사고들로 가득 채워져 있다. 세상이 날로 흉포해지고 있으니 참으로 걱정스럽다. 먹고살기 힘들었던 1960~70년대에는 담벼락이 없어도 걱정 없이 살았는데 말이다. 그런 걸 보면 범죄는 돈의 유무가 아니라 마음의 빈곤에서 발생하는 모양이다. 하나를 가지면 두 개를 가지고 싶어 하는 욕심이 죄를 짓게 하는 것이다.

　반면에 주어진 것에 감사하는 지혜를 가지고 있다면 가난해도 행복하게 살 수 있다. 예를 들어 우리 주위에서 나눔을 실천하는 이웃들을 보면 의외로 부자가 아니다. 그들이 나누는 것은 물질이 아니라 사랑인 것이다. 그래서 주는 사람과 받는 사람이 동시에 행복해진다. 포스코에 근무할 당시 나를 비롯해 직원들은 다양한 봉사활동에 직간접적으로 참여했었다. 솔직히 처음에는 귀

찮았지만 그 과정에서 나는 더불어 살아간다는 것의 의미를 배웠다.

나의 작은 배려가 누군가의 삶을 편리하게 변화시켜주고 나아가 행복을 선물해준다는 걸 알게 된 것이다. 지금도 나는 봉사활동에 시간을 할애하고 있다. 이는 의무가 아닌 동시에 반드시 실천해야 하는 의무 사항이다. 나에게 봉사활동을 강요하거나 지시하는 사람은 없지만 약한 사람을 돕는 것은 인간의 기본적인 의무라는 뜻이다.

아울러 서로 돕고 사는 사회를 만드는 것이야말로 끔찍한 범죄로부터 자신을 지키는 길이다. 각박한 사회에서 우리는 범죄의 피해자가 될 수도 있지만 상황에 따라서 가해자가 될 수도 있다. 이 모든 위험에서 우리를 보호하려면 서로가 믿을 수 있는 사회를 만들어야 한다. 따라서 자신의 마음만큼은 스스로 책임져야 한다. 요동치는 마음을 잠재우고 비극 속에 감춰져 있는 행복을 찾아낼 수 있도록 말이다. 이 세상에 백 퍼센트 행복한 일이 없듯 완벽하게 불행한 일 또한 없을 테니까.

행복을 수치로 환산한다는 것 자체가 어불성설이지만 영국의 심리학자 캐럴 로스웰은 행복산출 공식을 만들어냈다. 삶을 바라보는 개인의 성격과 관점, 건강과 경제적인 능력 그리고 자존감을 수치화한 것이다. 행복을 숫자로 환산하는 것 자체가 모순이지만 나는 그의 의견에 공감한다. 긍정적인 시선으로 세상을 바라볼 수 있다면 잿빛 어둠 속에서도 좋은 점을 찾아낸다. 반면에 부정적인 사람이라면 낙원에 있으면서도 불평불만이 끊이지 않는다. 행복은 돈의 유무가 아니라 삶을 바라보는 시선에 의해 결정되기 때문이다.

즉, 마음의 평화와 행복은 누구도 아닌 자신의 의지로 만들 수 있다는 뜻이다. 그러기 위해서는 끊임없이 마음을 통찰해야 한다. 괴로운 이유를 정확하게 알아야 극복할 수 있을 테니 말이다. 대체적으로 우리의 마음은 욕심과 분노, 원망 등의 부정적인 감정이 가득 찼을 때 괴로워진다. 그러나 제아무리 욕심을 내도 가질 수 없는 것이 있다. 분노한다고 해결되는 일도 없다. 원망 또한 마찬가지이다. 누군가를 원망한다고 해서 지금의 슬픔이 사라지지 않는다. 부정적인 감정은 문제해결에 도움이 되지 않는다. 어린왕자의 별을 파괴시키는 바오밥나무처럼 부정적인 감정은 마음 밭을 파괴하고 머지않아 인생을 송두리째 지옥의 나락으로 떨어뜨린다. 수시로 별을 다니면서 바오밥나무의 싹을 뽑은 어린왕자처럼 마음 밭에 나쁜 감정들이 뿌리를 내리기 시작하면 지체하지 말고 뽑아야 한다. 그래야 아름다운 꽃씨가 날아와 향긋한 장미꽃을 피울 수 있게 된다.

세계적인 우주물리학자 스티븐 호킹 박사는 온몸이 마비되고 위축되는 루게릭병에 걸렸다. 물리학자를 꿈꿨던 그는 스무 살 때 시한부 인생을 선고받았지만 일흔을 넘긴 지금까지도 우주탄생 과정을 연구하고 있다. 그럴 수 있었던 힘은 무엇일까. 아마도 마음 밭을 행복과 희망으로 가득 채웠기 때문일 테다. 실패라는 것을 모르고 자라온 사람이 루게릭병에 걸리고, 시한부 인생까지 선고받게 된다면 대체적으로 세상을 원망하면서 남은 시간을 슬픔과 원망으로 지새울 것이다. 그러나 스티븐 호킹 박사는 반대로 생각하고 행동했다. 주어진 시간 동안 최선을 다했고, 그럴 수 있다는 사실에 감사했다. 절망 속에서 행복과 희망을 찾아낸 것이다. 결과적으로 그는 위대한 물리학자가 되어 빅뱅과 블랙홀의 개념을 밝혀냈고, 은빛 머리칼을 드리운 일흔의 나이에도 행복을 느끼며 미소 짓고 있다. 마음이 평온하고 행복했을 때 사회적으로 성공하는 것은 물론 죽음까지 극복할 수 있다는 뜻이다.

마음을 평화와 긍정, 감사와 행복으로 물들여야 하는 까닭이다.

마음먹은 대로 이루어진다

한동안 대한민국에 바둑 열풍이 불었다. 바둑을 두면 성격이 차분해지고 집중력이 높아진다는 이유로 많은 엄마들이 아이의 손을 잡고 바둑교실을 찾았던 것이다. 언론보도에서 말하는 것처럼 바둑을 두면 마음이 가라앉는다. 나는 바쁜 일상 탓에 바둑을 즐기지는 못하지만 바둑을 통해 마음 밭을 풍요롭게 가꾸는 이창호 기사의 팬이다. 빠르게 변하지 못하면 뒤처진다고 불안해하던 나로서는 바둑돌 하나를 내려놓기 위해 수없이 고민하는 이창호 기사의 모습에서 느림의 의미를 배울 수 있기 때문이다. 천천히 움직이는 손과 조심스럽게 집을 짓는 바둑돌을 보며, 내가 서 있는 곳이 어디인지 되짚어 볼 수 있는 여유가 생긴다. 그로 인해 내가 가야 할 방향까지 깨닫게 된다. 지나치게 욕심내지 않을 때 한 수에 목숨을 거는 무모한 짓도 하지 않게 되는 것이다. 다시 말해 바둑은 흰 돌과 검은 돌의 집짓기 경쟁이 아니라 욕심, 후회, 분노, 원망 등의 감정을 스스로 절제하고 몰아낼 수 있도록 도와주는 마음운동인 것이다. 이창호 기사 역시 인터뷰를 통해 바둑은 참을성과 인내심을 길러준다고 전했다. 그 시간 속에서 사색을 즐기게 되고 깊이 있는 사유가 가능해지기 때문에 마음 밭이 풍요로움으로 가득 채워지는 것이다. 이를 바꿔 말한다면 마음먹은 대로 자신을 변화시킬 수 있다는 뜻이자 꿈을 이루는 방법이다. 긍정적이고 좋은 생각만 한다면 머지않아 미래 또한 생각처럼 이루어질 테니 말이다.

중국 사상의 하나인 도가의 장주는 남화경南華經을 통해 재미있는 이야기 하나를 들려주었다. 신이 지구에 내려와 인간을 돕고자 한 나라의 왕을 만난다. 자비롭고 친절했던 왕은 신의 얼굴에 눈과 코, 귀와 입이 없다는 것을 발견하고 이를 직접 만들어주기 시작했다. 그러나 하나씩 만들어질 때마다 신은 시름시름 앓더니 마침내 입이 완성되자 죽고 말았다.

이 말의 뜻은 이렇다. 화려한 것을 보았을 때 사람은 본성을 빼앗기게 된다. 달콤한 소리를 들었을 때도 향긋한 냄새를 맡을 때도 마찬가지이다. 끝으로 남을 욕하면 본성을 송두리째 잃게 된다. 여기서 말하는 본성이란 선한 마음을 뜻한다. 다시 말해 선한 마음을 지키지 못한다면 살아있어도 죽은 것과 같다. 또 이 글 속에는 지나치게 달콤한 것만 좇는 삶을 경계하라는 메시지도 담겨 있다. 입에 쓴 약이 몸에 좋다는 속담처럼 힘들고 어려워도 밝은 면만 보고 좋은 말만 한다면 미래를 풍요롭게 변화시킬 수 있다는 것이다.

청년들이여! 스스로 운명의 주인이 되어보자. 마음의 주인이 되어 감정을 다스릴 수 있을 때 미래 또한 의지대로 만들어갈 수 있다. 당당하게 가슴을 쭉 펴고, 두 팔을 활짝 벌린 채 세상을 다 가져보는 것이다.

아울러 지난날, 지친 나를 일으켜 세워주었던 노랫말이 있어 소개하고자 한다. 제목은 〈상생의 꽃, 평화의 꽃〉인데, 이 노래를 들을 때면 나약했던 나 자신을 돌아보게 된다. 그리고 할 수 있다는 희망을 선물해준다. 은혜로운 세상에서 모두가 함께 상생하며.

우리가 강하다고 자랑하지 말아요.

우리가 약하다고 포기하지 말아요.

꽃이 피면 다시 지고 꽃이 지면 다시 피니

돌고 도는 세상에서 겸손을 배우고

돌고 도는 세상에서 희망의 터를 가꿔요.

사랑해요.

감사해요.

우리의 손을 잡아요.

상생의 꽃을 평화의 꽃 피우는 그날까지.

언제나 할 수 있다 우쭐대지 말아요.

언제나 할 수 없다 슬퍼하지 말아요.

해가 뜨면 달이 지고 달이 뜨면 해가 지니.

변하는 세상에서 지혜를 배우고

변하는 세상에서 고운 꿈을 꾸어요.

사랑해요.

고마워요.

우리의 손을 잡아요.

은혜의 꽃 평화의 꽃 피우는 그날까지.

마음

공부

　나는 젊은이들에게 늘 마음공부를 해야 한다고 말한다. 그러면 대다수가 눈을 동그랗게 뜨고 눈을 깜빡거린다. 마음공부라는 말을 들어보지 못한 탓이다. 그도 그럴 것이 다람쥐 쳇바퀴 돌듯 스펙 쌓기에 정신이 없는 현대인들에게 마음을 들여다볼 시간이 어디 있겠는가. 누구보다 바쁘게 살아온 나이기에 그 마음을 충분히 헤아릴 수 있다. 어쩌면 그래서 더더욱 마음공부를 중요하게 생각하는지도 모른다. 자신의 마음을 들여다보지 못할 때 타인의 마음 또한 볼 수 없게 되고, 이는 인간 경시현상으로 이어진다. 그 결과 현대인들이 무방비 상태로 끔찍한 범죄에 노출되는 것이다. 마음공부를 범국민적인 운동으로 승화시키고 싶은 이유도 여기에 있다. 서로에게 보호받고 도움 받을 수 있는 사회야말로 우리가 만들어가야 할 이상적인 사회일 테니 말이다.

그렇다면 마음공부란 대체 무엇일까? 이는 편견 없이 나의 마음과 상대의 마음을 들여다보는 것에서부터 시작한다. 옳다 그르다 판단하지 말고 최대한 객관적으로 마음을 들여다볼 수 있을 때 자신과 상대를 이해할 수 있게 된다. 이는 자아실현이 가능해진다는 의미이기도 하다. 꿈과 이상을 좇아 무한한 잠재능력을 끌어내는 것 못지않게 내가 누구인지, 내 감정이 어디에서부터 생겨났는지, 내가 무엇을 하고 싶은지 정확하게 알 때 진정한 행복을 찾을 수 있기 때문이다. 반면에 상대의 마음을 들여다봐야 하는 이유는 이렇다. 그가 누구인지, 그의 감정이 어디에서부터 생겨났는지, 그가 무엇을 하고 싶은지 알 때 그를 이해하게 되고 나아가 사랑하게 된다.

마음공부를 게을리했을 때 범할 수 있는 가장 큰 실수는 자신에게 관대하고 타인에게 엄격한 이중성이다. 자신에게 관대한 것과 자신을 사랑하는 것은 엄연히 다르다. 자신을 사랑한다면 에고이즘에서 벗어나 자신에게 엄격해질 수 있기 때문이다. 반면에 자신에게 관대하다면 편하기 위해, 즐겁기 위해, 부자가 되기 위해 서슴없이 죄를 짓고 부끄러워하지도 않는다. 그로 인해 사회는 어둡고 혼탁해지는 것이다.

타인에게 관대하다는 것은 그의 마음을 헤아릴 수 있고 나아가 사랑할 수 있게 되는 것이다. 이보다 더 매력적인 사람이 어디 있겠는가. 마음공부를 열심히 했을 때 매력적인 사람으로 거듭날 수 있다는 뜻이다. 아울러 매력적인 사람에게는 늘 행운이

따른다. 밝은 미소와 너그러운 마음에 감동한 사람들이 그에게
행운을 선물해주는 것이다. 절체절명絶體絶命의 위기에서 기적처
럼 일어서는 사람들을 보면 늘 행운이 따른다. 선을 베풀어 다른
사람이 자신을 도울 수 있는 환경을 만드는 데 성공한 것이다.
이는 오랫동안 마음공부를 하면서 진심으로 타인을 사랑하게 된
결과이다.

마음공부로 새 삶 다시 시작하기

마음이란 인간사를 관통하는 단 하나의 화두이며, 삶의 전부
라 정의할 수 있다. 개인의 운명을 만들어가는 것도 마음이요,
세상의 역사를 빚어가는 것도 마음이기 때문이다.

즉, 물질 이전에 마음이 선행되어야 하며, 마음이 물질을 만들
어냈다는 것을 잊어서는 안 된다. 자연사를 제외한 모든 인류 문
명사의 주체가 마음이며 인간의 길흉화복과 운명을 결정짓는 것
도 마음일 테니 말이다. 그럼에도 불구하고 우리는 마음의 중요
성에 대해 잘 알지 못한다. 탐구하려고 노력조차 하지 않는다.
한마디로 작금의 사회에서 마음이란 방치의 대상이자, 무관심의
대상이며 때에 따라서는 학대와 조롱의 대상일 뿐이다. 고요해
야 할 마음이 식욕, 색욕, 재욕, 명예욕, 권력욕 등의 노예로 전
락했기 때문이다. 그 결과 마음이 주체가 되어 가꾸어야 할 이

념, 사상, 사유의 세계는 오염되어 묵정밭이 되고 말았다. 총체적으로 마음 밭이 황폐해지는 것이다.

이를 방지하기 위해서는 마음을 바로 잡고, 깊이 이해하고, 지키고 단련하며, 바르고 지혜롭게 쓰는 법을 익혀야 한다. 이것이 바로 앞서 말한 마음공부인 것이다. 마음의 원리를 이해하고, 그 원리에 따라 신념을 지키고 활용하는 것 말이다. 다시 말해 마음공부란 유념·무념을 단련하는 공부이며 주의력과 집중력을 향상시키는 훈련이라는 뜻이다.

그 안에서 새 삶을 다시 시작할 수 있다. 새 삶 운동을 간단히 설명하자면 '거짓이 없어야 한다, 죄를 경계하라, 우리는 하나임을 기억하라, 참 마음을 기르자, 감사보은하며 살자, 참 세계를 구현하자'라 정의할 수 있다.

마음을 다스려 새 마음, 새 몸, 새 생활을 이루고 그 결과 새 사람이 되어 새 가정, 새 마음, 새 나라, 새 세계를 만들어가자는 뜻이다. 거창한 것 같지만 어린 시절 부모님들께 배웠던 무릎교육과 크게 다르지 않다. 다만 나이가 들면서 점점 부모님들의 가르침을 잊고 욕심의 노예가 되어 마음 공부를 게을리 하는 것이다.

나 역시 갈대처럼 나약한 인간인지라 온갖 유혹에 시달린다. 그럴 때면 잠시 잊고 있던 새 삶 운동을 기억 속에서 꺼내어 본다. 그 옛날 새마을 운동이 우리 경제를 살렸다면 새 삶 운동은 물질만능주의 시대에 지치고 상처 입은 영혼을 치유해주기 때문이다.

이 사실을 항상 기억한다면 마음 밭에 늘 좋은 씨앗을 뿌릴 수 있다. 제아무리 씨앗이 좋아도 토양이 황폐하다면 향기로운 꽃을 피워낼 수 없지 않겠는가. 그만큼 마음 밭이 중요하다는 뜻이다. '나는 불행한 사람이야.'라고 원망하고 싶다면 그 전에 불행한 이유를 찾아보자.

가난해서 불행하다면, 신세를 한탄하지 말고 땀 흘려 일해보자. 그 과정에서 건강하다는 사실에 감사하게 될 것이다. 아울러 꿈을 향해 한 걸음씩 나아갈 수 있게 될 테니 보람과 긍지를 느낄 수 있다. 배움이 부족해서 불행하다면 주위 사람들의 목소리에 귀 기울여보자. 자신의 부족함을 알 때 세상 모든 사람들이 스승이 될 테니 이보다 더 감사한 일이 어디 있겠는가. 이렇듯 생각의 차이가 불행을 행운으로 변화시켜준다. 그래도 여전히 불행을 되뇌다 보면 머지않아 마음 밭에 불행의 나무가 빼곡히 자라게 된다. 그로 인해 마음 밭은 행복과 빛을 잃은 채 칠흑처럼 어둡고 음침한 공간이 되어버릴 것이다.

마음 밭에 따사로운 햇살이 비치고 환희와 희망이 넘쳐나길 바란다면 스스로 행운아라고 생각해보자. 그로 인해 행복의 씨앗이 민들레 홀씨처럼 마음 밭 곳곳에 뿌리를 내린다면 그야말로 매력적인 행운아가 될 것이다.

무심無心으로 행복

가꾸기

　우스갯소리로 과거는 묻지 말라고 한다. 이 말처럼 과거는 우리에게 무의미한 시간들일까? 나의 대답은 단호하다. 나는 과거를 중요하게 생각한다. 물론 과거보다는 오늘, 오늘보다는 내일이 훨씬 중요하지만 과거가 없는 현재란 있을 수 없다. 즉, 과거란 남녀의 지난 연애사가 아니라 살아오면서 깨달은 가치관과 철학인 것이다. 어제의 생각과 행동이 오늘의 결실을 만들고 내일의 꿈으로 이어진다고 믿기 때문이다. 나를 비롯해 예순 무렵에 선 어른들의 과거는 빈곤과 가난으로 얼룩져있다. 우리가 견디어온 보릿고개 설움은 젊은이들이 상상조차 할 수 없는 고통의 시간들이었다. 청년들에게는 고리타분한 소리로 들리겠지만 그때 우리는 땀 흘림의 가치를 알았고, 더불어 살아가는 따뜻한 마음을 가지고 있었다. 하루 종일 고된 노동에 시달렸지만 일을 할 수 있다는 사실과 그 뒤에 먹는 한 끼 식사에 감사했다. 생각해보면 그때 우리는 덧셈밖에 할 줄 몰랐다. 휴식은 사치라 여기며 연장 근무를 지원했고, 회사 측에서도 이를 요구했다. 한 시간 더 일한다는 것은 그만큼 돈을 벌 수 있고 생산량을 늘릴 수 있다는 뜻이니 직원과 사측 모두에게 원원win win이었던 것이다.

그러던 어느 날 우리 사회에 뺄셈법칙의 바람이 불어오기 시작했다. 휴일 없이 일했던 노동환경은 주 5일제로 바뀌었고 업무시간도 단축되고 있다. 먹고살기가 해결되었으니 문화를 즐기며 여유롭게 살고 싶다는 자아실현의 욕구가 생겨난 것이다. 나는 이 같은 변화를 무척 긍정적으로 바라본다. 한 회사의 대표로서 수주와 생산량이 증가하길 바라지만 우리 세대와 달리 청년들의 삶은 풍요롭고 행복하길 원한다. 아낌없이 줘도 또 주고 싶은 부모의 마음인 것이다. 어쩌면 지나친 경쟁에 병들어가는 청년들에게 진정한 휴식을 선물해주고 싶은지도 모른다. 과거 덧셈의 법칙으로 대한민국이 경제성장을 이루었다면 이제는 뺄셈의 법칙으로 청년들이 올바른 자아를 찾고 꿈을 이루길 바라는 것이다.

나의 진심 어린 사랑이 전해진 것일까? 포스코와 에어릭스에서 이 같은 근무환경을 조성해보았더니 무척 놀라운 결과가 나왔다. 삶의 질은 좋아졌고 업무 몰입도 역시 높아진 것이다. 이를 보면서 21세기는 뺄셈의 법칙 또는 심플함의 미학이 필요하다는 사실을 깨달았다.

일뿐만 아니라 머릿속도 심플하게 만들 때 마음 밭에 풍요의 씨앗을 심을 수 있다. 백해무익한 근심걱정을 머릿속에서 깔끔하게 정리하자는 뜻이다. 현대인들의 머릿속을 들여다본다면 근심걱정으로 가득 채워져 있을 것이다. 그러나 우리가 걱정하는 고민거리는 돌이킬 수 없는 과거의 일이며 앞으로 일어나지도 않을 미래의 일이다. 걱정한다고 해서 문제가 해결되지 않는다는 것이다. 설상가상으로 근심걱정은 마음 밭까지 어지럽힌다. 머릿속을 심플하게 비워야 하는 이유이다. 나는 이를 무심이라고 부른다. 머릿속이 심플해졌을 때 요동치던 마음도 잔잔해지고 이내 평화가 찾아온다. 걱정이 불행을 부른다면 무심은 행복으로 이어지는 것이다.

물론 이는 쉬운 일이 아니다. 급변하는 현대 사회에서 어찌 무심을 실천할 수 있겠는가. 더욱이 돈과 권력 앞에 나약한 인간의 마음은 무심이 아닌 욕심으로 가득 채워져 있다. 돈과 권력이 행복을 가져다주는 것 또한 대부분 사실이기 때문이다. 하지만 화무십일홍花無十日紅이라고 열흘 이상 처음처럼 붉은 꽃은 없다. 외부조건에 의해 행복을 느낀다면 그 행복은 언제 깨어질지 모르는 나약한 행복인 것이다. 오히려 돈과 권력에 취해있을 때 인간은 불행에 물들기 쉽다. 내려놓는 법을 모르니 빼앗길까 봐 전전긍긍하게 되는 것이다. 더 높은 곳에 오르고 싶다는 욕심, 지금의 자리를 절대 빼앗기고 싶지 않은 집착, 돈과 권력을 잃어버렸을 때의 분노가 실타래처럼 뒤엉켜 영혼을 갉아먹는다. 연일 언론보도에서 들려오는 권력층의 부도덕함이 이를 증명해준다. 정점에 올라섰음에도 불구하고 끊임없이 검은 욕심을 드러내고 있으니 말이다. 언제 깨어질지 모르는 위태로운 행복 앞에서 이를 지키기 위해 안간힘을 쓰는 모습이 애처롭게 보이는 건 비단 나만이 아닐 것이다.

반면에 욕심과 근심걱정을 버림으로써 얻게 되는 행복은 좀처럼 사라지지 않는다. 마음 밭에 심어진 행복과 평화의 씨앗은 외부환경에 흔들리지 않기 때문이다. 혹여 내려가야 하는 순간이 찾아와도 이를 자연의 섭리로 받아들이며 마음의 위안을 삼는다. 그리고 올라갈 때 미처 보지 못했던 아름다운 꽃과 나무를 두 눈 속에 담으며 새의 지저귐에서 행복을 찾아낼 수 있다. 이렇듯 참다운 행복은 밖이 아닌 안에서 우러나와야 하는 것이다.

일찍이 빈농 출신으로 태어나 1368년 몽골족이 지배하던 원나라를 멸망시키고 명明나라를 창건한 주원장朱元璋은 금으로 된 침대를 선물한 신하를 크게 꾸짖은 일화로 유명한 검소한 황제였다. 또한 그의 부인인 마황후는 주원장과 고난을 함께한 조강지처로서 죽은 후에도 주원장 옆에 묻힌 정숙賢淑한 황후였다. 명나라의 개국공신이자 주원장을 죽을 때까지 보좌했던 당대의 충신 상우춘은 상삼요桑三搖의 욕망에 관한 이야기로 우리에게 인간이란 누구나 권력욕과 성욕, 재물욕으로부터 자유롭지 못하다는 것을 일깨워 주었다.

명심보감에는 이런 구절이 있다.

"욕심을 절제節制로 다스려야 한다. 그렇지 않으면 반드시 화禍를 당하게 된다."

아무리 채우려 해도 채워지지 않는 인간의 욕심, 욕망의 포로가 되지 않기 위한 인간의 자기 성찰省察이 필요한 이유가 여기에 있다. 물질의 노예 생활을 면하기 위한 마음 공부의 목적도 여기에 있다.

마음의 욕망을 다스리고 검소함과 절제를 실천하는 마음공부. 평생 동안 이를 잘 기억하고 실천한 인물을 꼽는다면 단연 박태준 회장을 들 수 있다. 앞서 이야기했듯 그는 대한민국에 철강신화를 쓴 주인공이지만 오늘날 그의 명예가 더욱 드높아진 것은 무심을 실천해왔기 때문이다. 그는 자신이 설립하고 일으켜 세운 포스코의 주식을 단 한 주도 받거나 갖지 않았다. 시세차익을 노려 불법적으로 주식을 사고파는 여느 기업인들과 달리 청렴하고 강직했던 것이다. 불로소득이야말로 헛된 욕심을 낳는다는 사실을 알고 있었으니, 내 어찌 그를 존경하지 않겠는가.

우수한 학생들이 가난한 환경 탓에 대학에 진학하지 못하는 것이 가슴 아팠던 그는 1971년에 6,000만 원의 종잣돈으로 제철장학회를 설립하고, 나아가 1986년 포항공과대학교를 설립했다. 제철장학회는 이제 그의 호를 따서 포스코청암재단으로 거듭났으며 대한민국을 넘어 인도, 베트남, 방글라데시 등 개발도상국가 아이들의 꿈까지 이루어주고 있다. 무심으로 행복을 가꾼 그가 대한민국을 넘어 전 세계로 사랑의 씨앗을 심어주고 있는 것이다.

유일한 집 한 채마저 처분하여 아름다운 재단에 기부했으니, 그의 청빈한 삶과 나눔의 실천은 우리에게 많은 깨우침을 주기에 충분하다.

그는 겁없는 젊은 시절 공명심에 이끌리던 나를 올바른 길로 인도해주었고, 애국심을 일깨워주었다. 아울러 무심의 참뜻을 가르쳐주었으니 내 마음에 영원한 등불이자 평생을 닮아가야 할 스승이다. 그의 삶을 되짚어보는 지금, 인자했던 미소만 떠올려도 눈시울이 붉어지는 것은 여전히 그를 존경하고 나아가 사랑하기 때문이리라.

지금 이 순간이 꿈꾸는 미래이다

반평생 가까이 박태준 회장을 보필하면서 나는 그가 정말로 행복하다는 사실을 느낄 수 있었다. 늘 근면성실했던 그는 수확한 열매를 모두와 나누면서 진정한 행복을 찾았다. 그가 정의한 행복이란 땀 흘려 일한 뒤 나누며 살아가는 것이었다.

이렇듯 행복이란 스스로 만들 수 있는 것이다. "산은 산이요, 물은 물이로다."라던 성철스님의 가르침처럼 내 눈과 마음이 슬픔과 기쁨을 왜곡하여 제멋대로 받아들이는 것이다. 본질은 그대로인데 보는 사람의 시선에 따라 슬픔이 될 수도 있고 기쁨이 될 수도 있다는 뜻이다. 이는 현재를 넘어 미래의 삶까지 변화시킨다. 어제와 오늘 행복을 느꼈다면 내일 또한 행복으로 물들 수 있다. 반면에 어제와 오늘이 불행했다면 내일도 불행해지기 쉽다. 불행으로 얼룩진 삶 속에서 어찌 성공을 꿈꿀 수 있겠는가. 예순 가까이 살면서 불행을 입에 달고 사는 사람 가운데 정상에 오른 사람을 보지 못했다. 불행은 무기력으로 이어져 미래를 어둡게 만들기 때문이다. 무한한 미래가 펼쳐진 청춘이라면 고통 속에서도 반드시 행복을 찾아내야 하는 것이다.

이 자리를 빌려 청년들에게 인생 선배로 말하건대, 인생은 험난한 굴곡의 연속이다. 따라서 어둠과 고통 또한 자연스러운 삶의 한 조각이라고 받아들여야 한다. 그래야 이겨내는 방법도 깨닫게 된다. 삶이 칠흑처럼 어두워도 마음 안에서 빛을 잃어버리지 않는다면 천 길 나락으로 떨어지지 않는다. 반면에 밝은 빛속에 서 있다 해도 마음속을 밝히는 빛이 꺼져있다면 한 치 앞도 볼 수 없게 된다. 마음공부가 중요한 이유이다. 괴로움과 슬픔, 기쁨과 미움은 마음 안에서 생명을 갖고 자라나기 때문이다. 물론 슬플 때 감사하고 화날 때 이해한다는 것은 결코 쉬운 일이 아니다.

그러나 생사고生死苦라 하여 살아있는 한 고통이 뒤따르는 것이 인간의 숙명이라 하지 않았던가. 따라서 고통에서 벗어나는 길은 무심 밖에 없다. 무심이란 깨끗한 마음 즉, 청정심을 의미하니 부귀와 재물에 흔들리지 않게 되는 것이다.

한술 더 떠 싯다르타는 "사랑하는 사람도 만들지 말고 미워하는 사람도 만들지 말라."고 당부했다. 이래도 슬프고 저래도 괴로운 것이 인생이라는 것이다. 맞는 말이지만 나는 사랑하는 사람은 많을수록 좋다고 생각한다. 그로 인해 더 힘들어질 수도 있겠지만, 사랑을 몰라서 고독한 것보다는 사랑에 눈물짓는 삶을 택하련다. 무심은 무심이되 그 안에 사랑은 가득해야 하는 것이다. 단, 대가를 바라는 사랑은 안 된다. 이는 욕심이 들어왔으니 진정한 의미의 무심일 수 없다. 사랑해서 괴롭다면 자신의 마음이 무심이 아니라는 것을 깨달아야 한다. 마음공부를 게을리하고 있다는 뜻이니 다시금 요동치는 마음을 잠재울 수 있도록 마음공부에 전념하자. 뜨거운 열정을 가슴에 새기되 무심을 통해 욕심을 버리고 사랑은 충만하되 대가를 바라거나 집착하지는 말아야 하는 것이다.

마음공부가 너무 어렵다면 새벽의 고요 속에 자신을 맡겨보자. 어두웠던 세상을 밝게 물들이는 동녘 빛을 바라보면 이 세상이 얼마나 은혜로운 것인지 깨닫게 될 것이다. 촉촉한 새벽 향기를 느낄 수 있다는 것만으로도 축복임을 깨닫자. 멀게만 느껴졌던 행복이 사실은 자신 앞에 놓여있다는 사실을 알게 될 것이다. 행복을 찾았다면 더 이상 마음 밭에서 달아날 수 없도록 꽉 붙잡도록 하자. 가슴 벅찬 내일을 꿈꾸며, 희망을 노래할 수 있게 될 것이다.

맵시, 말씨, 마음씨

"깃발이 바람에 흔들린다. 아니다, 바람이 깃발에 흔들린다. 아니다, 나의 마음이 흔들린 것이다." 언젠가 사찰에서 스님에게 들었던 말씀이다. 이는 두고두고 내 마음에 남아, 살아가는 지혜를 가르쳐주었다. 더불어 나는 3가지 씨앗 맵씨(시), 말씨, 마음씨를 소중히 여긴다. 이는 서로가 사랑하며 살아갈 수 있는 상생의 씨앗이기 때문이다.

첫째 맵시는 아름답고 보기 좋은 모양을 뜻한다. 명품으로 치장한 화려한 겉모습이 아니라 늘 밝게 웃는 미소를 가리킨다. 나이가 들다 보니 직원들의 눈빛만 봐도 그의 성품을 헤아릴 수 있다. 제아무리 힘들어도 밝게 웃는 사람이 있는가 하면, 툭하면 불평불만을 늘어놓는 사람들도 있다. 그들의 업무 성과를 비교해 보면 그야말로 하늘과 땅 차이이다. 불가능한 일도 척척 해결하는 전자와 달리 후자는 잘되던 일도 엉망으로 만들어 버린다. 능력이 뛰어나도 긍정적이지 않다면 일을 그르치기 때문이다. 그런 이유에서 나는 직원들의 맵시를 중요하게 생각한다. 만날 때마다 반갑게 인사하는 활기찬 모습을 보면 저절로 기분이 좋아진다. 전화를 받을 때도 마찬가지이다. 목소리에서도 맵시가 느껴진다. 밝고 긍정적인 사람은 상대의 기분까지 즐겁게 만들어주는 것이다. 이쯤하면 맵시가 왜 상생의 씨앗인지 이해할 수 있을 게다.

다음은 말씨이다. 독일 속담에 보면 옷감은 염색에서, 술은 냄새에서, 꽃은 향기에서, 사람은 말투에서 그 됨됨이를 알 수 있다고 한다. 말씨가 곧 그 사람의 인격을 나타낸다는 뜻이다. 거칠고 천박하게 말하면 자신의 인격이 하찮고 낮다는 것이며 부드럽고 자상하게 말한다면 자애롭다는 것을 의미한다.

가끔 거리에서 어린 학생들의 대화를 들을 때가 있는데 거침없이 육두문자를 사용하는 것을 보면 참 걱정스럽다. 아직 영글지 못한 탓에 말씨가 곧 인격이라는 사실을 모르는 것이라 믿으며, 머지않아 말 한 마디 한 마디에 책임을 지는 어른이 되길 간절히 바란다. 말씨 또한 상생의 씨앗이니 말이다. 첨언한다면 칭찬을 하는 것도 매력적인 말씨를 갖는 방법이다. 칭찬을 해줌으로써 상대에게 행복을 선물할 수 있으니, 이처럼 쉽게 상생하는 방법이 어디 있겠는가. 칭찬은 고래도 춤추게 만든다는 말을 기억하고 적극적으로 칭찬을 해보자. 단, 이때는 진심이 담겨 있어야 한다. 가식적인 칭찬은 오히려 독이 될 수 있다.

이쯤하면 이렇게 질문할지도 모른다. 칭찬이 매력적인 말씨를 갖는 방법이라면 가식적으로라도 칭찬을 해주는 것이 낫지 않을까. 나이가 들면서 깨달은 것이 있다면 사람은 누구나 칭찬받을 점이 한 두 가지 이상 있다는 사실이다. 이는 찾고자 하면 쉽게 찾을 수 있다. 굳이 가식적으로 말하지 않아도 된다는 것이다. 그러기 위해서는 그 사람에게 좋은 감정을 품어야 한다. 이는 앞서 이야기한 맵시에서 결정된다. 맵시가 좋은 사람은 사람들에게 호감을 주기 때문이다.

세 번째 상생의 씨앗은 바로 마음씨이다. 마음 밭에 뿌리는 모든 감정이 마음씨에 해당한다. 긍정적으로 생각하고 남을 배려한다면 마음씨 또한 상냥하고 자상해진다. 우리나라 사람들은 따뜻한 마음씨를 가지고 있다. 더불어 사는 정다움을 알고 있는 것이다. 여기에 한 가지 더 추가하고 싶은 것이 있다면 성숙한 시민의식이다. 예를 들어 쓰레기는 반드시 휴지통에 넣어야 한다. 이는 청소부와 거리를 오가는 시민들을 배려하는 것이다. 하지만 우리는 상대의 얼굴을 모를 때 자칫 배려를 소홀히 하는 경향이 있다. 이는 정에 이끌려왔던 관습 탓일 테다. 이제 대한민국은 세계 속의 한국이 되어가고 있다. 지구 반대편에 있는 사람들까지 배려할 수 있는 성숙한 시민의식이 필요하다는 뜻이다.

이처럼 마음씨가 좋다는 것은 입을 통해 부드러운 말씨가 나오고 나아가 그 사람의 맵시 또한 아름다워진다는 뜻이다. 각각의 씨앗이 독립된 것처럼 보이지만 하나의 사슬로 연결되어 있는 것이다. 인격과 나의 모습은 마음씨와 말씨 그리고 맵시가 조화를 이뤄 만들어낸 산물이라는 것을 기억하자.

세상을 얻는다

나는 청아하게 울려 퍼지는 목탁 소리와 산사에서 들려오는 은은한 풍경 소리를 무척 좋아한다. 혈기왕성한 젊은 시절에도 음주문화에 흠뻑 취해 있는 친구들과 달리 홀로 산사에 앉아 나지막이 지저귀는 새소리를 벗 삼아 책을 읽고, 음악 또는 풍경 소리를 들으며 명상을 즐겼다. 그런 내 모습을 친구들은 따분하다 여겼지만, 예나 지금이나 떠들썩한 분위기보다는 고요 속에서 사색하기를 즐긴다. 땀을 흘리고 싶다면 달리기와 등산으로 대신한다. 여전히 술과 담배를 멀리하고 지나치게 달콤한 것 앞에서는 먼저 경계태세를 취한다. 달콤함에 취하면 자칫 악이 뒤에 있어도 이를 자각하지 못하기 때문이다. 악이란 나만의 이익을 좇는 욕심에서 비롯된다. 이는 우리 사회에 만연한 문제이기도 하다.

예를 들어 대기업과 중소기업의 경우를 보자. 국내 유수의 대기업이 대한민국의 국가 브랜드를 높이고 일자리 창출에 앞장서는 것은 사실이지만 그렇다고 해서 시장골목까지 잠식하는 것까지 옳다고 두둔할 수는 없다. 법정스님의 말씀처럼 우리 모두는 부자가 될 수 없기 때문에 서로의 가난을 나눠가져야 한다. 자신의 이익을 위해 상대를 짓밟는 행위를 해서는 안 되는 것이다.

어쩌면 이를 해결할 주인공은 청년들인지도 모른다. 부끄럽지만 덧셈의 법칙밖에 모르던 기성세대는 악착같이 모으는 방법은 알고 있지만 이를 현명하게 나누는 데에는 서툴다. 다행스럽게도 많은 청년들이 나눔의 기쁨을 알고 있으니 그들에게서 나는 희망을 엿볼 수 있다. 청년실업에 시름하고 있으면서도 기꺼이 시간을 할애해 자원봉사를 실천하고, 정을 나누는 모습이 감동적이다. 장애인과 비장애인, 약자와 강자가 손에 손을 맞잡고 더불어 살 수 있는 사회가 만들어지고 있으니 말이다.

하나의 씨앗이 나무가 되어 열매를 맺기까지 짧게는 사계절을 기다려야 한다. 이렇듯 우리의 생각도 조금씩 성숙해지고 있으니, 그저 감사할 따름이다. 세월의 무게가 내 어깨를 무겁게 눌러도 욕심에 눈멀지 않는다면 마음은 언제나 고요하고 깨끗할 테니, 나이 먹는 것 또한 두렵지 않다.

나는 이 자리를 빌려 약속한다. 오랜 번뇌 끝에 깨달은 것이 있다면 나 혼자만 행복한 것보다 모두가 행복한 사회가 나의 영혼을 풍요롭게 만들어준다는 것을 알고 있기에, 나누고 또 나눌 것이다. 내가 모범이 되어 이를 지킨다면 나를 믿고 따라주던 아이들과 직원들도 나눔을 실천하리라 믿는다. 지난날 몸소 나눔을 실천하던 박태준 회장이 보여주었던 그 모습을 이제는 내가 보여주고 싶은 것이다.

제너럴일렉트릭이 한 세기를 넘어서 오늘날까지 사랑받을 수 있는 이유도 나눔을 실천했기 때문이다. 인도의 대표적인 타타그룹도 마찬가지이다. 그들은 '위대한 기업이 되기 위해서는 반드시 좋은 기업이 돼야 한다.'는 믿음 아래 사회봉사를 실천하고 있다. 대만의 최대 해운회사를 보유한 창룽그룹의 장룽파 회장 역시 자신의 전 재산 1조 8,000천억 원을 사회에 기부하겠다고 밝혔다. 한평생 땀 흘려 일한 노동의 대가를 기꺼이 나누는 그들의 모습에서 나는 참된 사랑을 배웠다. 내가 박태준 회장을 존경하고 나아가 사랑하는 이유 또한 여기에 있다. 그의 모습에서 진정한 나눔의 의미를 배웠기 때문이다.

이렇듯 땀 흘려 일하는 것이 우리의 의무라면 나누고 베풀어 세상을 복되게 만드는 것은 책임이라고 믿는다. 물론 세상이 너무 풍요롭다 보니 상대적 빈곤과 박탈을 느낄 때도 있다. 나눔을 실천할 수 없을 만큼 허탈감이 생길지도 모른다. 그럴 때면 자신의 마음 밭을 살펴보자. 마음 밭에 욕심과 질투의 씨앗이 뿌리를 내리고 있는 것은 아닐까?

만일 그렇다면 이것저것 계산하기 전에 이웃을 위해 사랑을 나누어보자. 욕심과 질투가 사라지고 기쁨과 행복의 씨앗이 뿌려지게 될 것이다. 머지않아 향긋한 꽃내음 가득한 마음 밭으로 변화될 것이다.

성숙한 시민의식을 길러라

세상 모든 청년이 옥이고 금이고 꽃이니 좋은 결실을 맺자. 이 세상을 잘 살려면 살림살이가 풍부해야 한다. 살림은 첫째 자기 마음이다. 자기 자신을 알아야 한다. 무슨 일을 하든지 온전한 생각으로 하라. 둘째 몸이다. 자기 몸에 맞는 운동을 하고, 음식을 배부르게 먹지 마라. 셋째 경제 살림, 기술을 배워라. 나도 살 수 있고 내 가정도 이끌 수 있는 기술을 익혀라.

내가 좋아하는 법문집의 내용이다. 이 안에는 청년들의 힘든 어깨를 감싸 안아주고 싶어 하는 어버이의 따뜻한 마음이 담겨 있다. 나는 여기에 한 줄을 더 보태고 싶다. 나와 내 가정 그리고 내 나라를 이끌 수 있는 기술을 익혀야 한다고 말이다. 나라와 민족을 사랑할 때 나눔도 가능해지기 때문이다. 미국이나 유럽인들의 기부문화를 본받고 싶다는 뜻이다. 그들은 소득의 일정 부분을 반드시 기부한다. 부자라서가 아니라 소외된 약자를 보호하기 위해서이다. 또 일주일에 4~5시간씩을 자원봉사에 할

애하고 있다. 나는 미국이 여러 가지 악재에도 불구하고 세계를 진두지휘하는 힘이 여기에서 비롯되었다고 생각한다.

기부는 이제 우리나라에서도 낯설지 않은 풍경이 되었다. 물질뿐만 아니라 재능을 나누기도 하고, 시간을 할애해 자원봉사를 하는 사람들도 많다. 바람이 있다면 성숙해진 시민의식처럼 사회 분위기도 더 성숙해졌으면 좋겠다는 것이다. 대한민국의 장애인 수는 대략 250만 명에 이른다고 한다. 등록되지 않은 사람들까지 합친다면 우리나라 인구의 10퍼센트에 달한다. 하지만 장애인을 위한 편의시설은 선진국에 비해 턱없이 부족한 실정이다. 거리를 거닐면 마치 장애인이 없는 것처럼 비장애인과 그들의 눈높이 맞는 공공시설물이 디자인되어 있다. 근래 들어 여러 분야에서 장애인이 이용할 수 있는 접근로 및 시설들을 마련하고 있지만 아직도 많이 부족하다. 장애인이 거리로 나오지 못하는 것은 그들의 선택이 아니라 우리 사회의 무관심이 만들어낸 비극이라는 뜻이다. 따라서 성숙한 시민의식을 토대로 장애인과 비장애인이 차별받지 않는 사회, 더불어 살아가는 사회를 만들어야 한다.

포스코에서는 직원들이 자원봉사에 참여할 수 있도록 적극적으로 후원한다. 내가 처음으로 봉사활동을 갔던 곳은 음성 꽃동네와 서울 상일동에 위치한 주몽재활원이었다. 음성 꽃동네는 심신이 불편한 사람들이 모여 사는 곳이었지만 우울한 분위기는 좀처럼 찾아볼 수 없었다. 그 사실이 무척 놀랍고 또 감동적이었다. 예를 들어 뇌성마비에 걸려 시력을 잃고 하반신을 쓰지 못하게 된 여인을 만났는데, 그녀는 밝게 웃으며 행복하다고 말했다. 나는 그녀에게서 해탈의 경지에 오른 천사를 보았다.

그곳에서 나는 몸을 가눌 수 없는 어르신들의 기저귀와 빨랫감을 세탁했다. 솔직히 처음에는 지독한 냄새 탓에 저절로 얼굴이 일그러졌지만 차츰 익숙해지자 아무렇지도 않았다. 그 순간 내 마음이 부처를 닮아가고 있다는 생각이 들었다. 대소변 묻은 기저귀를 빤 것뿐인데 그 안에서 마음이 풍요로워졌으니, 이보다 더 복된 시간이 어디 있겠는가. 자원봉사는 그가 아닌 나를 위해 하는 것이라던 어느 스님의 말씀이 진리였던 것이다.

음성 꽃동네에서 가장 인상 깊었던 것은 수녀님의 옷차림이었다. 상의는 수녀님의 옷이었고, 하의는 스님의 바지였다. 서로 다른 종교의 옷이 멋진 슈트처럼 근사해 보였으니, 따뜻한 마음은 종교마저 초월하는 모양이다. 이념은 제각각 다르겠지만 나누고 베풀며 사랑하라는 큰 뜻은 하나일 테니 말이다.

음성 꽃동네가 어르신들의 보금자리라면 주몽재활원은 아이들의 쉼터였다. 가정으로부터 소외당한 장애아동이나 가정 붕괴로 집을 잃은 아이들이 대부분이어서 "너희 집은 어디니, 아버지는 무슨 일을 하시니?" 등의 질문은 금기사항이었다. 어린 나이다 보니 지금의 불행을 감당하기 힘들어했던 것이다. 초롱초롱한 눈망울 뒤로 보이는 슬픔과 불안이 내 가슴을 내내 아프게

했다. 주몽재활원이 아이들의 든든한 울타리가 되어주고 있으니 얼마나 다행인가. 우리의 작은 기부가 그 아이들에게 꿈과 희망을 선물해주는 초석이 되어주는 것이다. 나는 그곳을 다녀온 뒤 절실히 깨달았다. 우리의 작은 정성이 큰 힘이 된다는 사실을 기억하고 반드시 기부와 자원봉사를 실천해야 한다고 말이다.

아울러 복지시설이 지역 내에 설립되는 걸 맹렬히 반대하는 지역주민들의 이기적인 모습을 더 이상 볼 수 없기를 바란다. 번번이 님비현상 탓에 복지시설 설립이 무산되고 있지만 이는 건강하고 바른 청년들에 의해 뿌리 뽑힐 것이라고 믿는다.

현실에 너무 집착하지 않고 양심을 속이며 비굴하게 살지 않는다면 가능할 것이다. 동해바다처럼 깊고 푸르고 굳건한 기상만 있다면 청년들이 주체가 되어 더불어 잘살 수 있는 대한민국을 만들 수 있을 것이라 기대한다.

TIP 마음을 가라앉히는 좌선법

마음에 있어 망념을 쉬고 진성을 나타내는 좌선법은 몸과 마음이 한결같으며 정신과 기운이 상쾌하게 된다.

석가모니는 보리수 아래에 단정히 앉아 생각에 잠긴 끝에 깨달음을 얻었다고 한다. 잡념을 떨쳐버리고 고요히 앉아 있는 것만으로도 깨달음을 얻을 수 있다니, 이보다 더 반가운 일이 어디 있겠는가. 업무 스트레스에 시달릴 때면 나도 이처럼 홀로 앉아 생각에 잠긴다. 좌선을 실천하는 것이다. 그리고 깨달았다. 석가모니의 말처럼 고요함 속에 나를 맡기고 앉아 있으면 머리와 마음을 뒤흔들던 상념이 사라진다는 사실을.

그런 의미에서 청년들에게 좌선을 권하고 싶다. 마음이 복잡할 때 이보다 쉽게 편안해지는 방법도 없기 때문이다. 그로 인해 경거망동하는 일이 줄어들게 되고, 혈색과 기억력이 좋아진다. 인내심과 자제력도 생기니 번거롭고 바쁘더라도 꼭 좌선을 실천하길 바란다.

좌선하는 방법(단전주 선법)

① 좌복을 펴고 반좌盤坐로 편안히 앉은 후에 머리와 허리를 곧게 하여 앉은 자세를 바르게 한다.

② 전신의 힘을 단전에 주고 그 기운이 풀어지지 않도록 한다.

③ 호흡을 고르게 하되 들이쉬는 숨은 조금 길고 강하게 하며, 내쉬는 숨은 조금 짧고 약하게 한다.

④ 눈은 항상 뜨는 것이 효과적이지만 정신이 상쾌해 눈을 감아도 졸음이 쏟아지지 않는다면 감고 하는 것도 좋다.

⑤ 입을 다물어도 맑은 침이 혀와 이 사이로 흐르니 그 침을 입에 가득히 모아 가끔 삼킨다.

⑥ 정신은 고요한 가운데 총명해야 하니 망상이 들어온다면 정신을 차

려야 한다.

⑦ 좌선을 처음 하면 다리가 아프고 망상이 들어와 괴로우니 다리가 아프면 잠깐 바꾸어 놓는 것도 좋다. 망념이 망념임을 알면 스스로 없어지니 절대로 성가시게 여기지 말고 낙망하지도 말라.

⑧ 얼굴과 몸에 개미가 기어 다니는 것과 같이 가려울 수 있으나 이것은 혈맥이 관통되는 증거이니 긁지 말고 참아보자.

이상과 같이, 오래 오래 계속하면 필경 물아物我의 구분을 잊고 시간과 처소를 잊으며 오직 원적 무별한 진경에 그쳐서 심락心樂을 누리게 된다.

IV.
청춘의 이상

마음가짐이 리더를 키운다

나만의
아이덴티티로

자신을 브랜드화 하라

30년 가까운 세월 동안 나는 포스코에서 조국과 민족과 세계 그리고 최고의 엔지니어가 되기 위해 땀 흘려 일했다. 그 시간 동안 많은 것을 배웠고 소중한 추억을 쌓았으니, 포스코를 떠올리는 것만으로도 가슴이 따뜻해지고 기분이 좋아진다. 내가 포스코맨이었다는 사실 또한 벅찬 감동이자 자랑거리이다. 에어릭스의 대표이사가 되었지만 여전히 포스코는 나에게 고향이자 영혼의 안식처이다.

여러 가지 추억이 있겠지만, 포스코를 떠나고 보니 유독 처음으로 숙직을 서던 날이 생각난다. 밤을 새워본 적이 처음도 아닌데 어찌나 긴장이 되던지, 반복되는 하루하루에 가끔 느슨해질 때면 그날의 긴장감을 떠올려보곤 했다. 그때는 당직을 본사는 본사대로 제철소는 제철소대로 근무했다. 본사에서는 3명이 근무하면서 당직을 섰는데 14시간이라는 긴 시간 동안 나는 일본어를 공부하면서 간혹 신문도 읽었다. 긴장을 한 탓인지 정신이 또렷해서 공부에 전념할 수 있었다. 고요한 적막은 집중도를 높이기에도 좋았다. 숙직이 끝날 때쯤 나는 시간을 지배하는 방법을 어렴풋이 배웠다. 시간이란 누구에게나 똑같이 주어지지만 사람에 따라 24시간을 48시간으로 사용하기도 하고, 12시간으로 사용하기도 한다. 성공은 당연히 전자의 몫이다. 평소에 깊은 잠에 취해있을 시간에 홀로 깨어 외국어 공부를 하고 있으려니 내가 앞서가는 사람으로 변화되고 있다는 달콤한 착각마저 들었다. 그때 느꼈던 즐거움을 잊지 못해 종종 모든 사람들이 잠든 새벽 나만의 공부를 시작하기도 했다. 아마도 그 시간들이 쌓여서 오늘날 내게 대표이사 자리를 선물해 주었는지도 모른다. 공평하고 정직한 시간을 내 편으로 만드는 데 성공했기 때문이다.

이제 나는 처음으로 숙직을 서던 시절의 젊은 청년이 아니다. 서툴지만 부딪히고 깨지면서 성장하는 나이도 지났다. 다행히도 지난 시간 동안 쌓은 경험을 토대로 리더의 자리에 올라섰으니 감사할 따름이다. 하지만 함께 일했던 동료와 선후배들 중에는 퇴직 후에 방황하는 이들도 적지 않다. 여러 가지 이유가 있겠지만 대체적으로 시간을 지배하지 못한 결과일 테다. 하루 24시간을 12시간으로 사용한다는 것은 근무시간이 남들의 비해 50퍼센트밖에 안 된다는 뜻이니 업무 성과가 나쁜 건 당연한 결과 아니겠는가.

반면에 시간을 지배하고 정복한 사람들은 한 분야의 전문가가 되어 있다. 그들의 삶에 정년이란 없다. 취업을 고민하는 청년들에게 이보다 더 반가운 소식이 어디 있겠는가. 즉, 전문성을 갖는다는 건 취업을 목표로 하는 청년들과 퇴직을 두려워하는 직장인들에게 굉장히 중요한 과제이다. 이러한 전문성을 나는 정체성, 즉 아이덴티티Identity라고 한다. 언제, 어디에서도 변하지 않는 자신만의 색깔 말이다. 조금 과장해서 말한다면, 세상에서 나만이 할 수 있는 일을 만들어내야 한다는 뜻이다. 이를 토대로 자신이 곧 브랜드가 된다면 기업의 러브콜이 쇄도하게 될 것이다.

전前 크라이슬러 회장인 리 아이아코카는 평소에, 성공은 당신이 아는 지식이 아니라, 당신이 아는 사람들과 그들에게 비춰지는 당신의 이미지를 통해 찾아온다고 하였다. 남들에게 보이는 나의 이미지가 곧 아이덴티티이며 나아가 브랜드가 되는 것이다.

예를 들어 약속은 정확하게 지키는 사람이라는 이미지를 준다면 그의 아이덴티티는 근면, 성실, 신뢰 등으로 이어진다. 브랜드를 믿고 제품을 구매하듯 상사(클라이언트)는 그가 만들어낸 아이덴티티를 통해 그의 브랜드를 신뢰하게 되는 것이다. 개인도 이제는 자신을 브랜딩Personal Branding해야 하는 시대인 것이다. 화려한 스펙을 자랑한다 해도 자신을 나타낼 수 있는 아이덴티티가 없다면 이는 개인브랜딩에 실패한 것이다.

이는 나의 경험에서도 증명된다. 예나 지금이나 직원들에게 일을 맡길 때 스펙보다는 그 사람이 가지고 있는 이미지에 초점

을 맞춘다. 추상적인 이미지가 아니라 그동안 쌓아온 업무실적
과 행동을 보고 판단한 객관적인 이미지 말이다. 제아무리 경력
이 화려해도 말이 앞서거나 변명이 많은 직원은 신뢰하지 않는
데, 이는 개인브랜딩에 실패했기 때문이다.

전략적으로 이직하라

포스코는 나의 첫 직장인 동시에 혼신의 노력을 기울인 곳이
다. 회사의 목표가 곧 나의 목표였으니 청춘의 꿈이 깃든 터전이
었다. 특히 인도 프로젝트는 내게 그 어떤 일보다 가치 있고 소
중한 업무였다. 나는 제선, 제강, 압연의 세 공정을 모두 갖춘
일관제철소를 건설하기 위해 쉬지 않고 땀 흘려 일했었다. 포스
코 제3의 제철소 건설을 위해 포스코 인디아 법인을 오리사주에
설립하고 부사장으로 일할 때 역시 그 일에 사활을 걸었었다. 가
족 모두가 인도로 이사를 갔고, 완벽한 인도인이 되려고 노력했
던 시간들이 곧 내가 쏟은 열정의 산물이다.
그러던 어느 날 마른하늘의 날벼락처럼 갑작스럽게 포스코 건
설 해외담당 임원으로 발령을 받게 되었다. 그때 나는 포스코에
입사한 뒤 처음으로 깊은 고민에 빠져들었다. 인도 프로젝트를
반드시 내 손으로 성공시키고 싶었기 때문이었다. 하지만 선택
의 여지가 없었으니, 포스코 건설의 해외플랜트영업 상무와 전

무로서 3년 동안 60여 개국을 다니게 되었다. 중동과 아시아, 아프리카와 중남미 등 수없이 많은 나라를 다니면서 세상을 바라보는 시야가 훨씬 넓어졌고 100년 뒤를 내다볼 수 있는 혜안도 생겼다. 당시에는 갑작스런 발령이 못내 아쉬웠지만 지나고 보니 그 시간 동안 나는 조금 더 성장할 수 있었다.

그러나 또 한 번 시련이 찾아왔다. 내 뜻과 무관하게 포스코 건설을 떠나야 할 때가 온 것이다. 후배들을 위해 용퇴해달라는 부탁을 끝으로 나는 33년이 넘도록 동고동락했던 포스코 그룹을 떠났다. 솔직히 미련이 없다고 말한다면 거짓말이다. 무척 가슴이 아팠던 것 또한 사실이다.

고백컨대 그 전까지는 한 번도 이직을 고민하지 않았기 때문이다. 포스코에 뼈를 묻겠다고 결심했고 그러기 위해 일분일초도 허투루 보내지 않았던 것이다.

본의 아니게 포스코를 떠나야 했지만 한없이 슬퍼할 수는 없었다. 나는 평소의 소신대로 그동안 산업 현장과 건설 현장에서 쌓은 경험과 네트워크를 활용할 수 있는 곳을 찾았다. 이직을 해야 한다면 보다 전략적으로 해야 할 테니 말이다. 결과적으로 지금은 대기환경 플랜트 전문기업 에어릭스의 대표가 되었으니, 나의 선택이 옳았다고 믿기 위해서 지금보다 더 많이 땀 흘려 일해야 한다. 옳다, 그르다는 선택 그 자체로 평가하는 것이 아니라 그로 인한 결과로 판단하는 것일 테니까. 이제 나의 꿈은 에어릭스를 최강기업이자 세계적인 환경 토탈솔루션 회사로 만드는 것이다. 이를 위해 주어진 일분일초 최선을 다하고 있다.

포스코 그룹에서 에어릭스로, 전무에서 대표이사로 변화할 무렵 나는 진지하게 이직을 고려했다. 한 우물을 파야 성공한다는 말처럼 이직은 심사숙고할 대상이지만, 어쩔 수 없이 해야 한다면 보다 전략적으로 해야 하기 때문이다. 아울러 도산하는 회사가 줄줄이 나오고 있는 현실에서 이직은 선택이 아닌 필수가 되었다.

이쯤에서 내가 청년들에게 질문을 던져본다. "전략적으로 이직하려면 어떻게 해야 할까?"

"연봉이 높은 회사, 망할 염려가 없는 회사, 직원을 절대 자르지 않는 회사…." 등등 무수한 대답이 쏟아져 나올 것이다. 모두 맞는 말이다. 기왕이면 회사가 탄탄하고 연봉도 높으면 금상첨화일 테니까. 하지만 이 대답에는 가장 중요한 한 가지가 빠져있다. 바로 자신의 능력이다.

능력이 있다면 이직은 더 큰 세계로 나아가는 발판이 된다. 반면에 능력이 없으면 이 직장, 저 직장 전전긍긍하며 옮겨 다니는 책임감 없는 사람으로 비춰진다. 성공과 거리가 먼 인생을 살게 되는 것이다. 따라서 한 회사에서 적어도 3년가량 다양한 경험을 쌓으며 실력을 쌓아야 한다. 물론 3년이라는 짧은 시간 동안 개인브랜딩을 완성할 수 없으니 이미지를 만드는 시간으로 활용해야 한다. 이를 바꿔 말한다면 이직을 한다 해도 업무가 연장되어야 한다는 뜻이다. 이직할 때마다 업무가 바뀐다고 가정해보

자. 고작해야 그 분야의 경력이 3년에서 멈추는 것인데 어찌 전
문가가 될 수 있겠는가. 만일 다른 분야로 확장하고 싶다면 기
존의 분야에서 프로페셔널해진 다음이어야 한다. 아울러 이직을
결심했을 때는 반드시 더 큰 세상으로 나아가고 싶을 때여야 한
다. 연봉과 근무환경 때문에 이직을 결심한다면 후회하게 될 확
률이 높다.

정신세계를 확장해 돈을 지배하라

　직장인들에게 가장 중요한 것 중에 하나가 연봉이다. 우스갯
소리로 연봉과 프라이드는 비례한다고들 한다. 고액 연봉자가
사회에서 대접받고 있으니 틀린 말은 아니다. 하지만 연봉이 높
다는 것은 그만큼 전문적인 능력을 지니고 있다는 뜻이다. 고액
연봉자가 되기까지 그가 흘렸을 땀방울을 간과해서는 안 된다는
것이다. 아울러 연봉이 높을수록 업무가 힘들다는 사실도 기억
해야 한다. 막중한 책임감이 따르기 때문이다. 높은 위치에 올라
갈수록 고독해지는 이유이기도 하다.
　높은 위치, 고액연봉, 편안한 근무환경 이 세 박자가 맞아떨어
질 때 가장 좋겠지만 이는 사실상 불가능한 일이다. 면접을 볼
때 연봉에 민감한 직원들을 보면 그들의 성과가 대체적으로 입
사한 뒤에 제시했던 연봉에 못 미칠 때가 많다. 스스로 자신의

크기를 모를뿐더러 지나치게 돈을 좇기 때문이다.

물론 현대 사회에서 돈을 무시하기란 쉽지 않다. 하지만 돈의 노예가 된다면 싱그러운 청춘을 만끽할 수 없게 된다. 나아가 쉰을 넘어 예순이 되었을 때 정작 할 수 있는 일이 없게 되는 것이다. 반평생 가까이 일했는데 이보다 더 초라한 현실이 어디 있겠는가. 그러니 연봉 때문에 회사를 선택하거나 이직을 결정하지 않도록 한다. 지금의 선택이 10년 뒤 자신의 삶을 어떻게 변화시킬 수 있을지를 고민해야 한다. 자신을 브랜드화 하는 데 성공한다면 연봉은 자연스럽게 높아지게 될 테니, 무한한 가능성을 품고 있는 청춘이라면 돈이 아니라 꿈을 좇아야 하는 것이다.

그렇다면 어떻게 해야 돈의 노예가 되지 않을까? 이 또한 마음공부로 가능해진다. 정신세계를 확장해서 마음을 천국으로 만들어야 한다는 뜻이다. 예를 들어 소중한 것을 돈에만 국한시키지 말고 정신적인 영역에서 찾는 것이다. 삶을 풍요롭게 만들어주는 것은 돈 이외에도 얼마든지 있다는 것을 기억하자.

또한 입사를 할 때도, 이직을 할 때도 회사에 뼈를 묻을 각오로 일하자. 그 결과 자신만의 고유한 능력을 갖게 될 것이며 이는 곧 자신의 브랜드가 되어줄 것이다. 멋진 미래를 만들면서 고소득자 또한 될 수 있다는 뜻이다.

희생하고
충성할 때

성공한다

    나는 희생 없이 거룩할 수 없으며, 희생만큼 숭고한 정신 또한 없다고 생각한다. 나라와 민족 또는 기업을 위해 희생할 수 있다는 것은 욕심을 절제하고 나아가 통제할 수 있다는 뜻이기 때문이다. 단적인 예로 철강 산업의 황무지였던 대한민국이 세계적인 철강국가로 거듭날 수 있었던 것은 박태준 회장을 비롯해 포스코맨들의 희생정신, 그리고 잘살아 보겠다는 대한민국 국민들의 염원과 기대 덕분이다. 따라서 펄펄 끓는 용광로 앞에서 구슬땀을 흘리는 순간에도 우리는 행복할 수 있었다. 우리가 흘린 땀방울이 산업을 발전시키고 국가경쟁력을 드높인다는 사실에 가슴이 벅차올랐던 것이다. 한마디로 포스코는 36년간 나라를 빼앗긴 설움의 대가로 받은 대일청구권자금이 모태가 되어 설립된 회사인 만큼 국가산업의 초석을 다져야 했고, 이를 총체적으로 지휘하던 박태준 회장 역시 막중한 책임감과 애국심을 필요로 했다. 다행히 박 회장의 애국심은 타의 추종을 불허했으니, 나를 비롯해 직원들 모두가 충성할 수밖에 없었다.

그 시절 나는 박 회장의 목소리를 듣기 위해 귀를 곧추세웠고, 뜻을 헤아리기 위해 노력했다. 국가와 민족을 위해 헌신해야 한다던 그의 뜻이 곧 나의 뜻이었다. 나의 생명이 다하는 한 포스코와 함께 성장하겠다고 다짐했었다. 그러니 어찌 게으름을 피울 수 있었겠는가. 서툴고 부족해도 월급날만 기다리는 월급쟁이가 아니라 주인 정신으로 일했으니 훗날 임원이 되는 영광을 누릴 수 있었다.

대학을 졸업한 뒤 처음으로 입사한 회사에서 상무와 전무를 거쳐 글로벌 기업의 대표이사가 된 지금, 개인의 능력을 평가하는 기준은 뛰어난 학벌, 유창한 외국어 등의 스펙이 아니라 일에 대한 열정과 정보력 그리고 조직의 순응력이라는 결론에 다다랐다. 시대흐름을 읽고 변화를 앞서갈 때 혁신을 만들어낼 수 있기 때문이다. 이는 정보의 양에서 결정된다. 정보란 누구나 인터넷 검색을 통해 알 수 있는 가벼운 지식이 아니라 전문가가 아니면 이해할 수 없는 전문지식이어야 하며 그 폭 또한 넓어야 한다. 정보의 홍수에 살고 있는 지금, 트렌드세터Trend Setter가 되지 못한다면 시대를 앞서기는커녕 따라가기도 힘들어진다. 크리에이티브, 변화, 혁신과는 거리가 먼 삶을 살게 된다는 뜻이다. 그로 인해 성공과도 멀어진다.

적응성과 순응력이란 함께 일하는 동료 및 선후배들과 공동의 목표를 이루어나갈 수 있는 능력을 말한다. 예를 들어 지나치게 자신의 의견만 주장하는 사람이 있다고 가정해보자. 그는 머지않아 조직 구성원들에게 미움을 받게 된다. 경쟁사회에서 다 함께 뜻을 모아 힘을 합쳐도 어려운데 조직원들 간에 불협화음이 생겨난다면 결과적으로 공동의 목표를 이룰 수 없게 된다. 그래서 리더를 비롯해 조직은 너무 똑똑한 사람을 원치 않는다. 대체적으로 지나치게 똑똑한 사람들은 상대방의 의견에 귀를 기울이는 법을 배우지 못했다. 어려서부터 모두가 자신의 말에 주목해주었기 때문이다. 설상가상으로 그들은 대개 비판과 지적의 달인들이다. 냉철하게 분석한 뒤 날선 목소리로 비판의 강도를 높인다면 그를 좋아할 사람이 어디 있겠는가. 앞서 이야기했듯 대안 없는 비판은 조직을 좀먹는 악에 지나지 않는다. 어려서 보았던 애니메이션 〈스머프〉를 떠올려보자. 가장 똑똑한 스머프는 뿔테 안경을 쓰고 말끝마다 가르치려고 하는 똘똘이 스머프이다. 그가 똑똑하다는 것은 모두가 알고 있지만, 어쩐 일인지 그가 말을 시작하면 귀 담아 듣기는커녕 힘을 합쳐서 그를 마을 밖으로 집어던진다. 말끝마다 잘난 척을 늘어놓는다면 제아무리 혁신의 아이콘이라 해도 그의 목소리에 귀 기울여주는 동료가 없어지게 된다는 뜻이다. 조직생활을 하기에는 썩 좋지 않은 성격이다. 또한 똘똘이 스머프가 있는 조직은 화합과 신뢰가 깨지기 때문에 머지않아 삼류로 전락하고 만다. 직원 개개인은 일류인데 그들이 만들어낸 조직은 삼류가 되는 우스꽝스러운 일이 벌어지는 것이다. 이를 바꿔 말한다면 개개인이 삼류라 해도 서로 화합하고 순응한다면 일류 조직으로 거듭날 수 있다는 뜻이다. 이러한 순응력은 충성심과도 뜻을 같이한다. 리더와 회사에게 충성하지 않으면 승진의 기회를 얻기 힘들다. 충성하지 않을 때 희생도 할 수 없기 때문이다.

물론 여기서 말하는 순응과 충성 그리고 희생은 맹목적으로 자신을 버리라는 의미가 아니다. 오히려 자신을 사랑할 때 회사와 리더를 향해 충성할 수 있다.

함께 성장하고 싶은 간절한 마음이 없다면, 리더와 회사에 대한 믿음과 신뢰가 없다면 충성할 수 없다. 이처럼 서로를 불신하는 기업 문화 속에서 어떻게 꿈을 실현시키고, 신화를 만들어낼 수 있겠는가. 순응력과 그에 따른 충성심이 필요한 이유이다.

단, 리더는 직원들의 말과 행동이 아첨인지 충정인지 구분할 수 있어야 한다. 객관성과 중용에서 벗어났다면 이미 리더가 될 자격이 없다는 뜻이며, 그릇된 온정주의에 이끌려 다니고 있다는 증거이다. 아첨과 충정을 구분하는 방법은 그리 어렵지 않다. 비록 입에 쓰다 해도 회사의 경영철학과 가치를 최우선으로 생각한다면 이는 충정이다. 반대로 지나치게 달콤하지만 회사의 이익 또는 경영철학과 대치된다면 아첨일 가능성이 높다. 물론 이때는 10년 뒤를 내다볼 수 있는 원시안적인 접근이 필요하다. 참고로 오랜 마음공부가 중용을 지킬 수 있는 힘이 되어줄 것이다.

　월마트의 창업자인 새무얼 월턴 회장이야말로 혜안을 갖고 중용을 지킨 리더라 할 수 있다. 그는 후계자를 선정하는 과정에서 주위 사람들을 놀라게 했다. 대다수의 사람들은 경영의 천재라고 불리는 론이 후계자가 될 것이라고 예상했다. 그러나 그는 우직한 데이비드의 손을 들어주었다. 그 이유는 회사를 바라보는 그들의 시각이 판이하게 달랐기 때문이다. 냉철하고 합리적이었던 론은 자기 자신을 가장 신뢰했다. 손익계산에 따라 경영철학과 이념을 곧잘 무시했다. 눈에 보이지 않는 철학보다는 가시화된 수치에 초점을 맞췄던 것이다.

　반면에 데이비드는 론과 정 반대의 성향을 가지고 있었다. 주장을 내세우기 전에 상대의 목소리에 귀 기울였다. 리더에게 충성했고 조직에 순응했다. 눈앞에 이익보다는 회사의 경영철학과 리더의 생각을 존중했다. 두 사람 모두 뛰어난 능력을 가졌지만 스타일만큼은 확연하게 달랐던 것이다. 결과적으로 새무얼 월턴 회장의 선택은 순응력이 뛰어나고 상대의 의견을 경청하는 데이비드였다. 최고경영자가 된 데이비드는 은퇴할 때까지 회사의 연 매출을 열 배나 신장시키며 유통의 신이라는 전설적인 명성을 얻게 되었다. 이를 통해 합리적인 사고와 냉철함도 필요하지만 그보다 중요한 것은 순응력이라는 사실을 다시 한 번 확인할 수 있었다. 회사는 한 사람의 것이 아니라 개개인이 모여 조직을 이루고 공동의 목표를 달성해가야 하는 집단이기 때문이다. 아름다운 오케스트라의 선율처럼 모든 악기가 서로를 배려하며 조화를 이뤄야 하는 것이다.

성공한 비즈니스맨이 되려면 기업을 위해 희생하고 기업과 리더에게 충성해야 한다. 그렇다면 성공한 사회인이 되기 위해서는 어떻게 해야 할까? 두말할 것도 없이 국가를 위해 희생하고 대한민국 국민이라는 사실에 감사해야 한다. 이를 실천할 때 애국심도 고양되고 성숙한 시민의식 또한 싹트게 된다.

우리는 선조들이 흘린 피눈물 덕분에, 인권이 유린당하고 학살이 자행되는 끔찍한 고통에서 벗어날 수 있었다. 불과 100여 년밖에 안 된 슬픔이지만 이를 경험해보지 못한 세대로서 나라를 빼앗긴 설움과 고통을 제대로 알지 못한다. 우리가 당연하게 누리고 있는 자유가 선조들이 죽음과 맞바꾼 희망이라는 것을 기억하지 못하는 것이다. 이런 생각을 하면 마음이 숙연해지고 눈시울이 붉어진다. 동시에 국가경쟁력에 이바지하는 일꾼이 되겠다고 다짐하게 된다. 나라를 사랑하는 일은 거리에 휴지를 버리지 않는 사소한 일부터 이웃을 사랑하고, 자신의 일과 회사를 사랑하는 일이라고 믿는다. 포스코를 통해 국가경쟁력이 높아진 것처럼 나와 우리 회사가 세계적인 브랜드로 성장한다면 머지않아 대한민국도 세계의 주역이 될 수 있을 테니까.

물방울 마르지 않게 하기

석가모니가 제자에게 물었다.

"어떻게 하면 물 한 방울을 마르지 않게 할 수 있겠느냐?"

제자는 고민하기 시작했다. 한 방울의 물은 미풍에도 쉽게 마르기 때문이다. 그러자 석가모니가 웃으며 대답해주었다.

"바다로 보내면 된다네."

한 방울의 물은 쉽게 마르지만 바다로 나가는 순간 영원히 마르지 않는 바다의 일부가 되어 용솟음치는 파도를 만들어낼 수 있게 된다. 사람도 마찬가지이다. 혼자서는 아무것도 할 수 없지만 서로가 힘을 합치면 불가능을 가능으로 바꿀 수 있다. 그러기 위해서는 바다에 흡수된 물방울처럼 순응해야 한다. 오롯이 자신을 희생할 수 있을 때 바다가 될 수 있다는 뜻이다. 모난 돌처럼 조직에 순응하지 않는다면 물 위에 뜬 기름처럼 섞이지 못할 테니 말이다. 나를 비롯해 대다수의 리더들이 화려한 스펙보다 조직에 순응할 수 있는 능력을 최우선 가치로 여기는 이유이다. 어떤 의미에서 본다면 조직에서 성공하는 비결은 적응성과 순응성인 것이다.

물방울에서 바다까지, 나는 물이 참 좋다. 더러워진 몸도 물에 닿으면 깨끗해지고, 타는 듯한 갈증도 물 한 모금으로 완벽하게 해소되기 때문이다. 아프리카 아이들이 온갖 질병에 시달리는 이유도 물이 오염된 탓이다. 물이 곧 생명이라 해도 과언이 아닌 것이다. 물이 좋은 또 다른 이유는 어느 그릇에도 담길 수 있는 변화무쌍한 능력이다. 아울러 그릇의 용도에 따라 물의 역할도 달라진다. 세숫대야에 담겨 있을 때는 몸을 씻겨주고, 컵에 담겨 있을 때는 목을 적셔주지 않던가.

"세상에 물은 참 좋다."라고 자주 말씀하신 물 예찬론자였던 어머니 덕분에 물을 좋아하게 됐지만 물의 다채로운 쓰임을 보며 물과 같은 사람이 되길 꿈꿨다. 바다가 된 한 방울의 물처럼 어느 조직에서나 잘 적응하고, 조직이 원하는 사람으로 거듭나고 싶었다. 물처럼 꼭 필요한 사람이 되고 싶은 것이다.

청년들 한 사람, 한 사람도 영원히 마르지 않는 물방울처럼 다채로운 곳에서 제 역할을 다하길 바란다. 그리하여 반드시 거대하고 웅장한 파도를 만들어낼 수 있을 것이라 믿는다.

회사가
원하는 사람은

따로 있다

입사한 지 3~4년이 지난 서른 살 무렵, 나는 회사가 원하는 직원이 되고 싶었다. 그러나 어떻게 해야 회사에 필요한 사람이 되는지 구체적으로 알지 못했다. 막연하게 회사는 똑똑한 사람을 좋아한다고 짐작했었다. 그러나 포스코에 근무할 당시 나를 미소 짓게 했던 직원은 화려한 스펙도, 좋은 집안의 자녀도 아니었다. 뜨거운 용광로 앞에서도 게으름 한 번 피우지 않고 열심히 일하는 기술자와 엔지니어들이었다. 다가가 어깨를 두드려주고 싶을 만큼 대견스럽고 자랑스러웠다. 그들이야말로 대한민국이 낳은 작은 영웅이라고 믿었다.

그런 생각 때문일까. 예나 지금이나 자신의 일에 최선을 다하는 사람을 보면 기분이 좋아진다. 목청껏 고함을 지르며 물건을 파는 상인들에게서 활기찬 에너지가 느껴지고, 직업에 귀천이 없다는 사실 또한 깨닫게 된다. 아울러 대한민국이 머지않아 세계의 중심이 될 것이란 확신도 든다. 모두가 이처럼 열심히 일하는데 어찌 발전하지 않겠는가. 한마디로 회사가 원하는 사람은 화려한 스펙의 소유자가 아니라 매 순간 최선을 다하는 사람이었다.

이 사실을 내게 가르쳐준 사람은 35년 전에 만난 자전거 가게 주인이었다. 그 무렵 나는 자전거를 타고 출퇴근을 했었다. 자전거에 몸을 싣고 바람을 가르면 일주일 동안 쌓인 스트레스가 거짓말처럼 사라지고 상쾌함이 밀려온다. 수억 원을 호가하는 외제 승용차보다 훨씬 즐거웠으니, 행복이란 스스로 만족할 때 느낄 수 있는 것이다.

그러던 어느 날 자전거가 고장이 나서 가게에 맡겼는데, 찾으러 갈 때마다 문이 굳게 닫혀 있었다. 퇴근 시간보다 가게의 폐장 시간이 빨랐고 일요일 역시 휴무였던 것이다. 번번이 계획에 차질이 생기자 은근히 짜증이 밀려왔던 나는 힘겹게 만난 주인에게 다소 신경질을 부렸었다. 그러나 얼마 지나지 않아 감정을 조절하지 못했던 내 자신이 부끄럽게 느껴졌다. 환골탈태換骨奪胎 한 자전거를 보면서 주인의 정성과 노력의 흔적을 읽을 수 있었던 것이다. 자신의 일에 완벽을 기울이는 주인의 모습이 무척 멋있어 보였다. 손님에게 최선의 역량을 발휘하는 그가 진정한 의미의 상업인이라는 생각이 들었던 것이다. 끝으로 웃으면서 감사하다고 인사하는 그의 모습에서 나는 인자하고 행복한 부처의 모습을 보았다. 집에 오는 내내 기분이 즐거웠다. 대체 왜 이렇게 즐거운 것일까 스스로에게 물어보니, 정답은 하나였다. 자신의 일에 최선을 다하는 사람을 보면 저절로 기분이 좋아졌던 것이다. 그러니 내 어찌 게으름을 피울 수 있겠는가. 신입사원으로 입사해 순리대로 승진하고 전무의 자리에 올라설 수 있게 된 힘이 바로 이 같은 성실함이었다고 믿는다. 게으른 천재보다 노력하는 사람이 위대한 역사를 만들어낼 수 있지 않은가.

예를 들어 우리는 장맛이 변하면 그 집도 머지않아 망한다고 말한다. 장맛이 변했다는 것은 며느리가 게으르다는 뜻이다. 매일 아침저녁 장독을 깨끗이 닦아주었을 때 바람과 햇빛이 독 안으로 스며들어 장맛이 좋아지는데 게으른 며느리가 일 년 365일 항아리를 닦지 않는다고 가정해보자. 장맛이 변하고 나아가 썩게 되는 것이다. 즉, 게으른 사람들이 모인 집은 망할 수밖에 없다는 의미이다. 기업 또한 마찬가지이다. 게으른 직원들이 모여 있는 기업은 안타깝지만 도산할 수밖에 없다. 사회생활을 하는데 있어 근면 성실하다는 것은 플러스 요인이 아니라 기본적으로 갖춰야 할 사항인 것이다.

비범은 평범에서 시작한다

3평짜리 시골 창고에서 시작한 작은 회사 일본전산이 30년 만에 140여 개의 계열사를 거느린 거대 기업이 될 수 있었던 비밀은 평범함 속에서 비범한 능력을 쌓아낸 결과이다.

이는 나가모리 회장의 독특한 역발상에서 비롯됐다. 설립 당시 일본전산은 신입사원을 모집하는 데 애를 먹었다. 시쳇말로 삼류대학을 졸업한 사람들만 이력서를 냈기 때문이다. 문제는 그들도 일본전산에 취직하고 싶어 하지 않았다는 사실이다. 등 떠밀려 지원서를 제출했으니 열정도 없었고 꿈도 없었다. 한마디로 그들은 나가모리 회장이 가장 싫어하는 유형의 사람들이었다. 부족한 능력은 열정으로 대신할 수 있지만, 제아무리 능력이 뛰어나도 열정이 없으면 회사가 발전할 수 없다고 생각한 그는 기가 막힐 정도로 흥미로운 입사시험을 준비했다. 밥 빨리 먹기, 오래달리기, 화장실 청소 깨끗이 하기 등등이었다.

입사지원자들은 느닷없이 밥을 먹고, 달리기를 하고, 청소를 하면서 불평불만을 늘어놓았다. 그러나 그 순간에도 최선을 다한 사람들이 있었다. 상황이 어찌되었든 주어진 시험에 최선을 다했던 것이다. 결국 가장 밥을 빨리 먹고, 오래 달리고, 화장실을 깨끗이 청소한 사람들이 신입사원으로 뽑혔다. 나가모리 회장에게는 직원의 학벌이나 스펙 따윈 전혀 중요하지 않았던 것이다. 그 이유를 듣고 나는 그야말로 파안대소하고 말았다. "옳소. 당신 뜻이 옳소." 고개를 끄덕이며 연신 박수를 쳤던 것이다.

밥을 빨리 먹는다는 건, 위가 튼튼한 것일 테니 무슨 일을 시켜도 거뜬히 해낼 수 있다는 것이다. 오래달리기는 인내심을 볼 수 있다. 문제가 생겨도 포기하지 않고 계획했던 방향으로 밀고 나갈 수 있다는 뜻이다. 화장실 청소 또한 마찬가지이다. 가장 하기 싫은 일을 할 때도 최선을 다한다면 그는 반드시 성공할 수 있다는 것이다.

아울러 이 기막힌 시험에도 최선을 다하는 사람은 가슴속에 '긍정'을 새기고 살아간다는 증거이다. 그의 생각은 정확히 맞았다. 학벌이 낮아도, 머리가 나빠도, 경력이 부족해도 밥을 빨리 먹고, 오래 달리고, 화장실을 깨끗이 청소했던 직원들은 일본전산에 기적을 만들어냈다. 일본에서 가장 빨리 일을 끝내는 회사, 불가능한 일에도 주저하지 않고 도전하는 회사, 철두철미하게 애프터서비스를 실시해주는 회사로 거듭났다. 행운의 여신은 어설픈 정신상태의 일류 대신, 하겠다고 결심한 삼류에게 승리의 월계관을 씌워준 것이다. 삼류라 불렸던 직원들은 일본전산의 임원이 되어 진정한 일류로 자신을 변화시키는 데 성공했다.

물론 나는 나가모리 회장처럼 파격적인 입사시험을 할 용기는 없다. 포스코와 마찬가지로 에어릭스 역시 오랜 역사와 기술력이 있기 때문에 지나친 변화는 자칫 위험을 초래할 수 있다. 하지만 스펙보다 정신상태가 훨씬 중요하다는 것만큼은 확실히 배웠다. 사실 우리 주위에는 어설픈 정신상태의 일류가 종종 있다. 몸이 아닌 입으로만 일하려는 사람들이다.

이 글을 읽는 지금 자신의 모습을 진지하게 되돌아보길 바란다. 화려한 스펙 탓에 일류라 자부해왔다면 정신상태를 점검해보는 것이다. 혹시 아무도 인정해주지 않는 일류는 아니었을까? 반대로 자신이 삼류라고 생각한다면, 정신상태를 일류로 변화시켜보자. '할 수 있다, 반드시 해 보겠다.'의 신념만 있다면 충분히 가능한 변화이다. 아울러 현재의 위치에서 자신과 회사의 목표를 일치시킬 수 있다면 회사는 세계 최강기업이 될 수 있으며 자신은 회사가 필요로 하는 사람이 되어 있을 것이다.

내가
1등일 때

조직도 1등이다

　남자들에게 군대란 한 번쯤 가봐야 할 곳이지만 두 번은 가고 싶지 않은 곳일지도 모른다. 하지만 소위 임관을 마치고 받은 유격훈련을 비롯해 군복무 시절이 지금의 나를 있게 만들어 주었다고 생각한다. '극한 속의 여유'라는 유격장 구호처럼 끝도 없이 이어지는 행군 속에서 참고 견디는 법을 배웠으니 말이다. 극한 순간에도 여유를 가질 수 있다면 그 안에 감춰져 있던 참된 가치를 이해할 수 있기 때문이다. 들판에 핀 이름 모를 풀꽃이 온실 속의 화초보다 강인한 생명력을 갖고 있지 않은가. 그런 의미에서 군 생활은 남자를 강인하게 만들어주는 시간이라고 생각한다. 피할 수 없으면 즐기라는 뜻이다.

　직장생활도 마찬가지이다. 고단하고 힘들어도 여유를 갖는다면 세월의 흐름 속에서 전문가로 변해있는 자신을 만나게 된다.

그리고, 무사안일주의에서 벗어나야 한다. 안타깝게도 요즘 청년들은 도전정신보다 안정을 최우선 가치로 여기는 경향이 있다. 취업을 예로 들어보자. 신문 기사에서 보니 대학생 3,849명을 대상으로 조사한 결과 국영기업이나 공사를 희망하는 학생이 23.9퍼센트, 정부기관을 희망하는 학생이 20.5퍼센트라고 한다. 40퍼센트 이상이 정부기관이나 공기업을 선호했다는 뜻이다. 물론 이 결과가 나쁘다는 것은 아니다. 애국심에 부푼 청년들이 정부기관이나 공기업에서 일하고 싶어 한다면 무척 고무적인 일이다. 그러나 문제는 애국심이 아니라 무사안일주의에서 정부기관과 공기업을 지원하기 때문에 걱정이다. 입사만 하면 그 안에서 치열하게 경쟁하지 않아도 정년이 보장된다고 믿는 것이다. 이는 상당 부분 맞는 말이지만 동시에 굉장히 위험한 발상이다. 공기업은 국민의 세금으로 운영되는 기업이다. 다시 말해서 치열하게 일하지 않는다는 것은 국민의 세금을 허투루 사용한다는 뜻이다. 공기업의 방만한 경영과 성과급 잔치가 국민의 눈살을 찌푸리게 만드는 이유이다. 아울러 정년이 보장된다던 공기업에도 변화의 바람이 불기 시작했다. 국민의 매서운 눈초리가 그들을 감시·감독하게 된 것이다. 따라서 생산성이 떨어진다면 인원을 감축해야 하고, 나아가 민영화로 변화될 수 있다. 경쟁사회에서 홀로 유유자적하게 일한다면 머지않아 쫓겨나게 되는 것이다. 다시 말해 월급을 많이 받고 싶다면 그만큼 열심히 일해야 한다. 정년을 보장받고 싶다면 눈부신 성과를 내야 한다. 경쟁하지 않고, 노력도 하지 않으면서 정년을 마칠 때까지 고액연봉을 받을 수 있는 회사는 더 이상 존재하지 않는다. 설사 존재한다 해도 몇 년 안에 직격탄을 맞고 초토화될 테니, 공기업을 꿈꾸기에 앞서 진짜 하고 싶은 일을 찾아야 한다. 자신의 실력이 꼴등이라면 자신이 속해있는 조직과 기업 또한 1등이 될 수 없기 때문이다.

바꿔 말해 자신이 1등이라면 머지않아 조직과 기업도 1등이 될 수 있다. 눈앞에 보이는 환경과 급여보다는 10년 뒤를 볼 수 있는 안목이 필요한 것이다.

예를 들어 포스코의 경우를 보자. 최초의 철강회사였으니 포스코의 운명을 누가 짐작이나 할 수 있었겠는가. 하지만 박태준 회장을 비롯해 직원들 하나하나가 세계 최고의 기업을 목표로 뛴 결과 1등 기업으로 성장할 수 있었던 것이다. 우리는 세계에서 마지막까지 돌릴 수 있는 훌륭한 공장을 만들겠다고 다짐했었다. 박태준 회장이 얼마나 대단한 인물인지 말해주는 예화가 있다. 1978년 중국의 최고실력자인 덩샤오핑이 신일본제철의 이나야마 요시히 회장에게 제철소를 지어달라고 부탁하자, 그 대답이 참으로 걸작이었다.

"제철소는 돈으로 짓는 게 아니라 사람이 짓는 것입니다. 그러나 중국에는 박태준이 없지 않습니까."

"그렇다면 우리가 한국의 박태준을 수입해 와야겠군요."

이는 박 회장이 세계적으로 불세출의 영웅이라는 사실을 증명해주는 동시에 개인의 뛰어난 능력이 국가와 민족발전에 이바지할 수 있다는 것을 단적으로 말해주고 있다. 대한민국의 철강 산업이 박태준 회장으로 대변되면서 1등이라는 뜻으로 귀결되었기 때문이다. 이렇듯 한 분야에서 최고가 된다면 자연스럽게 자신이 몸담고 있는 조직과 국가도 성장할 수 있다. 힘들고 고된 일을 하면서도 충분히 행복할 수 있는 것이다. 이것이야말로 극한 속의 여유와 행복 아니겠는가.

냉정과
열정으로

경쟁의 숲에서 승리하라

결혼 준비를 대신 거들어주는 직업을 가리켜 웨딩플래너라고 부른다. 신랑신부가 직접 결혼을 준비하지 않고 왜 플래너에게 도움을 청하는 것일까 처음에는 다소 궁금했지만 어느 순간 웨딩플래너는 젊은 여성들에게 인기 있는 직업으로 자리 잡게 됨을 알게 되었다. 그만큼 수요가 많아졌다는 뜻이다. 그렇다면 누가 제일 먼저 웨딩플래너를 직업으로 삼은 것일까? 이는 세계적인 항공회사 버진그룹 여직원의 아이디어에서 시작됐다. 친구의 결혼 준비를 돕던 그녀는 준비할 게 너무 많다는 생각을 했고, 이 모든 일을 대행해주는 회사를 차린다면 예비신부들의 발길이 끊이지 않을 것이라고 예상했다. 그녀는 이를 회장인 리처드 브랜슨에게 제안했고, 오늘날 영국에서 가장 큰 결혼 준비 대행사의 사장이 되었다. 대행사의 이름은 버진브리드이다. 그녀의 아이디어와 도전정신이 웨딩플래너라는 직업을 만들었고, 그녀를 믿고 응원해준 리처드 브랜슨에 의해 꽃을 피우게 된 것이다.

　이 일화를 보며, 나는 열기구를 타고 세계를 여행하는 모험가이자 뛰어난 사업가인 리처드 브랜슨에게 다시 한 번 박수를 보내고 싶다. 그의 리더십이 직원의 삶을 변화시켰고 나아가 세상을 변화시켰으니 말이다. 리더가 직원들의 아이디어에 귀 기울이고, 긍정적으로 검토해주는 것만으로도 혁신이 만들어지는 것이다. 리처드 브랜슨이야말로 참된 리더의 모습이 아닐까 한다.

　회사가 원하는 직원이 되는 것도 중요하지만, 훗날 멋진 리더가 되는 법도 중요하다는 뜻이다. 지금은 신입사원이라고 해도 언젠가는 리더가 될 테니 말이다. 나 역시 젊은 시절에 멋진 리더가 된 나의 모습을 상상하곤 했었다. 막연하게 성공한 미래를 꿈꾼 것이 아니라 직원의 시선에서 올바른 리더상을 그려본 것이다. 사실 리더가 모르는 직원들만의 고충이 있기 때문이다. 그 과정에서 나는 올바른 리더의 모습을 조금씩 완성해나갔다.

　첫째 리더는 솔선수범해야 한다. 현장에서 근무할 때 나를 가장 화나게 했던 것은 선배들의 성의 없는 태도였다. 나는 포스코에 뼈를 묻겠다는 신념으로 일하는데, 매너리즘에 빠진 선배들이 불성실하게 일하고 있으니 몹시 화가 났었다. 설상가상으로 이를 묵인하던 리더들의 방관도 나를 실망시켰다. 훗날 내가 그 자리에 오르고 보니, 정신적인 피로감에 젖어 무기력해질 수도 있다는 것을 알게 되었다. 하지만 지난날 분개했던 내 모습을 기억하는 순간 나태에 물들 뻔 했던 나를 채찍질할 수 있었다. 둘째 리더는 인재를 찾아내는 혜안이 있어야 한다. 애정 어린 눈으로 직원들을 바라본다면 지금은 부족해도 머지않아 훌륭한 인재가 될 수 있다는 사실을 알아차릴 수 있다.

이는 유비와 조조의 리더십이기도 하다. 유비는 솔선수범하는 리더였다. 제갈량의 마음을 얻기 위해 몸소 그의 초가집을 세 번이나 찾아갔다는 삼고초려三顧草廬만 봐도 유비의 추진력과 행동력을 엿볼 수 있다. 아울러 유비는 부하들의 잘못을 방관하지 않았다. 부드러운 카리스마를 통해 잘못을 일깨워주고, 보다 큰 사람이 될 수 있도록 지도했다. 덕분에 유비를 향한 부하들의 충성심은 종교처럼 절대적이었다. 물과 기름처럼 어울릴 수 없는 성격의 부하들까지 아우를 수 있는 통솔력이 있었으니, 조직과 함께 성장하는 올바른 리더의 모습이 아닐 수 없다. 반면에 조조는 냉철하고 합리적인 리더였다. 자신의 부족함을 채우기 위해 부단히 노력한 동시에 뛰어난 인재를 찾는 데 주력했다. 야생마를 준마로 키워내는 능력이 탁월했는데, 이는 겉모습만으로 사람을 평가하지 않고 눈에 보이지 않는 잠재능력까지 보는 통찰력을 갖춘 결과였다. 또 영토를 빼앗는 것에 만족하지 않고 가난하고 헐벗은 백성의 편에 섰다. 민심을 얻어야 천하를 얻을 수 있다는 사실을 알고 있었던 것이다.

즉, 유비의 따뜻한 열정과 조조의 냉철한 이성을 갖춘다면 회사가 원하는 직원이 되는 동시에 훌륭한 리더가 될 수 있다. 치열한 경쟁의 숲에서 승리할 수 있게 되는 것이다.

아울러 마키아벨리의 『군주론』에서도 참고할 수 있는 부분이 있다. 이탈리아의 통일과 번영을 꿈꿨던 마키아벨리는 군주라면 절대적인 힘을 갖고 있어야 한다고 주장했다. 나라를 지키는 데 미덕과 관용을 베푸는 것은 어려우니, 필요에 따라 주저 없이 사악해져야 한다고 말했다. 군주에게 가장 중요한 일은 나라를 번영시키는 일이기 때문에 이에 부응한다면 잔인해도 위대한 군주로 추앙받을 수 있다는 뜻이다. 참으로 냉정하고 차가운 이론이다. 결과보다는 과정을 중요하게 생각하는 나로서는 절대 마키아벨리의 『군주론』을 받아들일 수 없다. 나라를 번영시키는 것 못지않게 백성을 사랑하는 것이 군주의 역할이기 때문이다.

현대 사회의 리더 역시 기업과 직원들의 행복을 함께 추구해야 한다는 뜻이다.

그러나 마키아벨리의 군주론이 다시금 고개를 들기 시작한 것은 그릇된 온정주의의 폐단 탓이다. 따라서 이를 맹목적으로 거부하기 전에 배워야 할 부분을 찾아봐야 한다. 내가 찾은 교훈은 리더에게 절대적인 힘이 있어야 한다는 사실이다. 리더를 믿고 그의 명령에 복종하지 않는다면 충성도 할 수 없으니 말이다. 하지만 절대적인 힘 안에는 잔인함이 아니라 따뜻한 리더십이 깃들어 있어야 한다. 가슴에서 우러나오는 충성심이야말로 조직과 기업을 성공으로 이끄는 힘이다. 그릇된 온정주의는 경계의 대상이지만 독선적인 리더는 경계를 넘어 독이 될 수 있다는 사실을 명심하자. 다시 말해 유비와 조조 그리고 마키아벨리의 군주론을 조화롭게 활용할 때 참된 리더로 거듭날 수 있다는 뜻이다.

V.
청춘의 자유

세계를 가슴에 품어라

투철한
직업의식으로

불가능에 도전하라

　인도 프로젝트는 내 인생에서 가장 도전하고 싶은 일이었고, 어느 때보다 열정적으로 일했던 시간이었다. 숱한 시련이 따랐지만 그 안에서 나는 칠전팔기의 정신을 배웠고, 좌절하지 않는 법을 배웠다.

　한 예로 인도 오리사주 정부 공무원들은 참 좋은 사람들이었다. 사적으로 만났다면 분명 멋진 친구가 됐을 텐데, 공적일 때 그들은 쉽게 말을 바꾸고 책임을 지지 않았다. 그럴 때마다 분노와 스트레스를 조절하지 못했다면 감정에 지배당해 일을 그르쳤을지도 모른다. 다행히도 나는 일희일비하지 않았다. 작은 일에 들뜨지 않았던 것처럼 실패에도 낙담하지 않았던 것이다. 덕분에 우유부단했던 오리사주 정부는 포스코와 MOU 협상을 맺기로 결정했다. 오랜 체증이 내려가는 것처럼 시원했으니, 비로소 마음 편히 숨을 쉴 수 있었다. 간절히 기다리던 순간이었기 때문에 세상을 전부 얻은 것처럼 행복했었다. 하지만 기쁨도 잠시, 인도 프로젝트는 몇 번을 엎치락뒤치락거리며 여전히 답답한 행보를 거듭하고 있다. 인도를 떠올리면 지금도 가슴이 답답해져 오는 이유이다.

하지만 그 시간들로 인해 나는 확고한 직업관을 정립할 수 있었다. 성공에 대한 정의를 다시 쓰게 된 것이다. 젊었을 때는 완벽하고 싶은 욕심에 프로젝트를 진행할 때마다 무리했던 것이 사실이다. 부족한 점은 노력과 열정으로 채우면 된다고 믿었던 것이다. 그러나 이 일을 계기로 열정과 노력으로도 안 되는 일이 있다는 것을 배웠다. 물론 처음부터 이처럼 여유로울 수는 없었다. 프로젝트의 실패가 인생의 실패처럼 여겨져 허무하고 괴로웠었다. 내 자신이 부족하게 느껴졌으니, 직업관마저 흔들렸다.

하지만 오랫동안 마음공부를 해온 덕분에 다시금 나 자신을 다독일 수 있었다. 성공은 실수 없이 완벽하게 프로젝트를 진행하는 것이 아니라 좌절하지 않고 끝까지 도전해야 한다는 것을 깨닫게 된 것이다. 매 순간 최선을 다한다고 해서 백 퍼센트 만족스런 결과를 얻을 수 있는 건 아니기 때문이다. 어쩌면 완벽하다는 말 자체가 오만일지도 모른다. 완벽을 추구하기 위해 노력할 뿐 신이 아닌 이상 매번 완벽할 수 없을 테니 말이다. 따라서 나의 직업관은 실수가 없는 것이 아니라 자신의 일을 사랑하는 사람, 그로 인해 실패해도 좌절하지 않고 쉼 없이 앞을 향해 나아갈 수 있는 사회인이 되는 것이다.

때론 실망에 빠져 하늘을 원망할 때도 있지만 그럴 때마다 포기한다면 결국 패배의식에 사로잡히게 된다. 어떤 순간에도 좌절하지 않고 미래를 개척해야 자신과의 싸움에서 승리할 수 있으며 나아가 회사가 필요로 하는 직원으로 거듭날 수 있다. 맡은 일마다 완벽하게 처리하는 것 자체가 불가능하기 때문이다. 따라서 자신이 완벽했다고 자부한다면 겸손의 의미를 되새겨보길 권한다. 나이가 젊을수록 범하게 되는 실수가 바로 실패를 거부하는 것과 지나친 오만이다. 실패가 삶의 일부라는 사실을 받아들일 때 비로소 담대해질 수 있으며 올바른 직업의식을 갖게 되지만 이는 경험에 의해 습득하는 지혜이다. 겸손함 역시 부딪히고 깨지는 과정에서 자연스럽게 배우게 된다. 어느 유행가 가사처럼 아픈 만큼 성숙해지는 것이다.

이 사실을 가슴으로 깨닫게 된다면 삶이 훨씬 풍요로워진다. 부딪히면 깨지고, 깨지면 아픈 것이 당연한 이치 아니겠는가. 더욱이 영글지 못한 청춘이라면 아플 일도 많을 테니, 이를 성숙의 시간으로 받아들여야 슬픔에 젖지 않게 된다. 리더십 역시 타고나는 것이 아니라 경험을 통해 배우는 것이다. 인도 프로젝트는 내게 그 사실을 가르쳐주었다. 뿐만 아니라 실패는 새로운 전략을 세울 수 있는 기회이다. 자책하고 후회한다면 절대 실패를 교훈 삼아 한 단계 성장할 수 없다. 실패를 받아들이는 태도에 따라 최후에 웃을 수 있는 승자가 되는 것이다.

인도에서 만난 방송기자 역시 투철한 직업정신의 뜻을 알게 해주었다. 나는 그녀에게서 진정한 프로 근성을 보았다. 당시 포스코 인도 프로젝트는 우리나라뿐 아니라 인도에서도 굉장히 주목받고 있던 사업이었다. 따라서 기자들의 취재경쟁도 치열했다. MOU 체결이 급진전되고 있을 무렵 나는 포스코의 지침을 전해 듣고 다시금 인도행 비행기에 올랐다. 때마침 데칸고원에서 부는 거센 모래 바람이 인도 전역을 휩쓸고 있던 터라 비행기가 3시간 가까이 지연되어 공항에 착륙할 수 없었다. 어렵게 델리 공항에 도착하고 보니, 서 있기도 힘들 만큼 바람이 불었다. 그때 어느 여기자가 온몸으로 거센 바람과 싸우며 내게로 다가왔다. 비행기 연착과 바람 탓에 모든 기자들이 돌아갔지만 그녀만큼은 포기하지 않고 나를 기다리고 있었던 것이다. 하지만 나도 지칠 대로 지쳐서 인터뷰를 다음으로 미루고 싶었다.

"나는 당신과 인터뷰를 하기 위해 2시간이 넘도록 기다리고 있었습니다. 인도 국민들 대다수가 당신의 의견을 듣고 싶어 합니다. 번거로우시겠지만 인터뷰를 부탁드립니다."

나는 그녀의 투철한 직업의식과 열정에 반하고 말았다. 그러자 거짓말처럼 피곤함이 사라졌고 거센 바람도 산들바람처럼 느껴졌다. 역시 모든 일은 마음먹기에 따라 달라지는 모양이다. 프로다운 그녀에게 감동한 나는 성의 있게 대답해주었고 다음날 그녀와의 단독 인터뷰 내용은 인도 전역에 방송되었다. 모래바람을 견딘 덕택에 특종을 잡을 수 있었던 것이다. 투철한 직업의식을 가졌던 그녀는 지금 인도 대표 방송사의 앵커우먼으로 활동하고 있다.

포스코를 떠난 지금도 나는 가끔 그녀의 반짝거리던 눈빛이 기억나곤 한다. 그럴 때면 괜스레 기분이 좋아진다. 아울러 나도 누군가에게 빛나는 눈빛을 가진 사람으로 기억되길 바란다. 그러기 위해서 어제보다 더 열심히 달리련다. 내 꿈과 행복을 위해.

그 길 위에 청년들이 동참해 준다면 못다 이룬 꿈도 이루어지리라 믿는다.

주말을 잊은 마다가스카르 한인식당

대한민국은 골프에 매료되었다. 박세리 선수가 대한민국의 골프 역사를 새롭게 쓰기 시작할 무렵 골프는 성공한 사람들만이 즐기는 고급 스포츠였지만 이제는 남녀노소 누구나 즐기는 보편적인 레저문화가 되었다. 나 역시 골프를 종종 친다. 그러나 골프를 썩 좋아하는 것은 아니다. 기호의 차이겠지만 솔직히 말하자면 골프를 치는 시간이 아깝다. 그 시간에 땀 흘려 일한다면 눈에 보이는 성과를 만들 수 있기 때문이다. 그런 내게 혹자는 일중독이라고 말하겠지만, 골프를 치는 것보다 일하는 것이 즐거운 걸 보면 아직은 청춘인 모양이다. 덕분에 예순의 나이에도 주저하지 않고 끝없이 도전할 수 있으며 무에서 유를 창출할 수 있다고 믿는다.

두바이와 아랍에미리트에서는 사람들이 한가로이 골프를 즐길 수 있는 푸른 골프장을 만들기 위해 고군분투했다. 뜨거운 태양이 작열하는 사막 위에 크리에이티브한 골프장을 만들기로 계획한 것이다. 기름으로 물을 만들고, 물로써 나무를 기르는 그들의 문화에서 푸른 나무와 잔디는 오랜 꿈이자 숙원이나 다를 바 없었다. 그들은 잔디 한 포기 물웅덩이 하나 없던 황량하고 거친 사막을 타이거 우즈를 위시한 프로 골퍼들이 극찬하는 세계에서 가장 훌륭한 골프장으로 탈바꿈시켰다. 그 면적이 무려 37만 평에 달하는 거대한 땅이 초록의 녹음으로 변한 것이다. 이로써 두바이는 가장 큰 골프대회인 PGA투어의 'Desert Classic'이 열리는 명실상부한 골프 종주국으로 거듭나게 되었다.

골프와 더불어 두바이의 실내스키장 또한 아랍인들의 투철한 도전 정신을 엿볼 수 있는 시설물이다. 눈이 내리지 않는 사막의 땅에서 즐기는 스키는 두바이를 찾는 관광객들이 필수적으로 들리는 이색 관광코스로 각광받고 있다. 이처럼 투철한 도전의식 그리고 직업의식은 불가능을 가능으로 바꾸는 놀라운 힘을 지니고 있다.

그동안 여러 나라를 다니면서 깨달은 것이 있다면 대한민국 국민은 태생적으로 투철한 직업의식을 가지고 있다는 사실이다. 근면 성실한 성격 탓에 외국에서 성공한 이주민들은 대체적으로 한국인이다. 아프리카 남동쪽 인도양에 위치한 작은 섬나라 마다가스카르에서도 마찬가지였다. 출장 차 그곳에 갔는데, 주말이면 가게가 문을 닫으니 좀처럼 식사를 할 수 없었다. 그러던 중 주말에도 가게 문을 여는 식당이 있다는 소문을 듣고 가 보았더니, 역시 한국인이 주인이었다. 그는 그곳에서 명실상부 성공한 기업인이 되어 있었다. 마다가스카르 장관들도 자주 찾는 한국 식당이었던 것이다. 일분일초도 허투루 보내지 않고 부지런히 일하는 그들의 열정이 '대한민국 국민은 성실하다. 일에 책임을 진다.'라는 평가를 받을 수 있도록 도와준 것이다. 덕분에 글로벌 기업의 대표로 있는 지금 대한민국 국민이라는 것만으로도 어깨를 활짝 펴고 꿈을 향해 당당히 나아갈 수 있다.

포기하지 않으면 자신의 분야에서 최고가 될 수 있다. 어려운 세파를 견디고 이겨내는 사람만이 멋진 미래를 만들어낼 수 있기 때문이다. 보는 각도에 따라 사물이 달라 보이는 것처럼 생각의 차이에 따라 인생의 성공과 실패도 달라진다. 사고의 유연성이 필요하다는 뜻이다. 따라서 실패가 없는 삶이 아니라 부딪히고 깨져도 다시 일어나 도전하는 오뚝이가 돼야 한다. 그 과정에서 진정한 프로로 거듭날 수 있다. 대한민국을 넘어 세계무대에서 활약하는 글로벌 리더로 말이다.

깊게 몰입하라

세계 여러 나라를 다니다 보면 각 나라마다 고유한 문화와 민족성이 있다. 이는 다름에서 오는 차이이므로 옳다, 그르다를 판단하기에 앞서 이해하려는 마음이 필요하다. 내 마음 자세가 그 나라 사람이 됐을 때 뜻한 바도 이룰 수 있기 때문이다.

우리나라 국민들의 민족성을 말하자면 근면함일 테다. 덕분에 세계 어느 나라에 가도 성공한 한국인을 만날 수 있다. 한국인의 지칠 줄 모르는 근성과 뜨거운 열정이야말로 다른 나라 사람들이 배우고 싶어 하는 장점인 것이다. 그렇다면 우리는 어느 나라의 민족성을 배워야 할까? 각각의 나라마다 차별화된 장점이 있겠지만 그 가운데 나는 유태인의 지혜에 주목했다. 그들이 오랫동안 박해 받아왔음에도 불구하고 여전히 전 세계를 움직일 수 있는 이유는 남다른 지혜 때문이다. 예를 들어 그들은 작은 일에 일희일비하지 않는다. 사업에 실패를 하더라도 후회하지 않고 이를 교훈 삼아 새로운 일에 도전한다. 때론 냉정하리만치 합리적이지만 세금을 탈루하거나, 남을 속이기 위해 귀한 시간을 허비하지 않는다. 시간이 곧 금이라고 생각하는 것이다. 유태인과 비즈니스를 한다면 반드시 시간 약속을 지켜야 하는 이유이다. 기본을 지키지 못하는 사람을 그들은 절대 신뢰하지 않는다.

상술에서도 유태인의 지혜는 빛난다. 대체적으로 그들은 장사를 할 때 팔리는 물건만 판다. 가장 자신 있는 것, 잘 아는 것, 확실한 것, 팔릴 물건만 판다는 뜻이다. 나는 이를 몰입이라 부르고 싶다. 몰입은 좋아하는 일, 잘하는 일을 할 때 가능해지기 때문이다. 그로 인해 그 분야에서 만큼은 타의 추종을 불허하는 전문가가 될 수 있다. 대한민국을 넘어 세계 어디에서도 당당하게 능력을 발휘할 수 있게 되는 것이다. 즉, 한국인의 근성과 유태인의 지혜를 접목시킨다면 세계는 대한민국 청년들을 위한 무대가 될 수 있다.

세계를 무대로 뛰고 싶다면 미래의 꿈을 키우기 위해 배낭여행을 떠나는 것도 좋은 방법이다. 지난날 요르단 암만 출장길에서 만났던 한국인 청년들을 통해 나는 대한민국의 밝은 미래를 보았다. 내가 그들을 만난 것은 작은 우연에서 시작했다. 요르단 암만이 3번째 방문이었던 나는 호텔 음식 대신 한국인이 운영하는 게스트하우스의 한식당을 선택했고 우연히 그들을 만나 꿈과 미래에 대해 이야기할 수 있었다. 대학교 3학년이었던 남학생은 군복무를 마치고 3개월째 해외 배낭여행을 하고 있었다. 다음 날 시리아의 수도 다마스쿠스Damascus로 여행을 떠나는데 국경에서 현지 비자를 받을 계획이라고 했다. 비자문제를 놓고 걱정하면서도 한편으로는 초연해하던 그의 모습이 왠지 기특해 보였다. 훗날 사회인이 된다면 어떤 상황에도 슬기롭게 해결할 수 있을 것만 같았다.

다른 한 명은 여자였다. 그녀는 대구에서 치과대학을 졸업하고 치과의사로 일하고 있는데 휴가 차 혼자 요르단으로 여행을 왔다고 했다. 여자 혼자 낯선 나라를 여행한다는 것이 왠지 걱정스러웠는데, 머지않아 그렇게 생각했던 것 자체가 고리타분한 구시대적 발상이라는 사실을 깨달았다. 초롱초롱한 눈망울로 꿈과 미래를 말하던 그녀에게서 나는 파워풀하고 멋진 미래를 보았기 때문이다. 아마도 두 사람은 지금쯤 그때보다 훨씬 멋진 사람이 되어있으리라 믿는다.

다음날 아침 나는 호텔로 두 사람을 초대해 아침 뷔페를 대접했다. 스쳐 지나가는 인연이었지만 그들 덕분에 대한민국 젊은이들의 꿈과 희망 그리고 도전정신을 엿볼 수 있었으니, 인연은 언제나 소중한 것이며 삶은 태어나는 순간부터 은혜로운 시간임에 틀림없다.

또 이런 일도 있었다. 1990년도에 비엔나 주재원으로 근무할 때였는데 배낭여행을 온 대학생 2명이 부다페스트 관광을 위해

헝가리 대사관에서 비자를 신청하고 있었다. 나는 두 학생에게 어려운 일이 생기면 연락하라며 명함을 건넸다. 낯선 땅에서 만난 우리나라 청년들이 더없이 사랑스러웠기 때문이다. 그런데 얼마 지나지 않아 청년들에게 연락이 왔다. 숙소를 알아보고 있는데 쉽지 않다며, 조언을 부탁해왔다. 나는 그들을 우리 집으로 초대했다. 외국에 나가면 모두가 애국자가 되는 것처럼 외국에서 만난 한국인 역시 가족처럼 소중하다 생각했기 때문이다. 부다페스트에서 로마로 유럽여행을 떠난 그들은 여행을 마치고 한국으로 돌아가기 전에 다시금 우리 집에 들러 하루를 묵었다. 꿈과 미래를 이야기하는 그들의 모습에서 나는 건강한 도전정신을 보았고, 대한민국의 밝은 미래를 보았다. 아울러 내 조국이 대한민국이라는 사실에 다시금 감사했다.

세계 속의 한국인 되기

① **배우고 또 배운다** : 어린아이처럼 하나에서부터 열까지 배우는 자세를 가진다. 언어와 업무분야는 물론이고 그 나라의 역사와 문화, 관습과 생활패턴까지 완벽하게 흡수했을 때 그들의 마음을 얻을 수 있다.

② **이해할 때까지 묻는다** : 모른다고 말하는 것을 부끄럽게 여기지 말고, 모르면서 아는 척하다가 일을 그르쳤을 때 부끄러워해야

한다. 따라서 모르는 것이 있으면 이해할 때까지 묻고 또 묻는다. 이해하지 못했다면 계속해서 실수를 범하게 된다는 사실을 명심하자.

③ **결과를 함부로 예측하지 않는다** : 결과를 예측하게 되면 두려움에 사로잡혀 도전하지 않거나, 자만심에 빠져 나태해진다. 인간은 미래를 예측할 수 없다. 다만 좋은 결과를 얻기 위해 주어진 시간 동안 최선을 다할 뿐이다.

④ **유머를 가진다** : 유럽 사람들은 웃음에 인색하지 않다. 그들과 친구가 되길 원한다면 경직된 사고에서 벗어나 풍부한 감성을 갖도록 노력하자. 이는 밝은 미소와 유머에서 나온다.

⑤ **삶을 즐기자** : 우리나라 사람들과 서양 사람들의 가장 큰 차이점은 삶을 대하는 태도이다. 예를 들어 우리에게 휴일은 다음날 일할 수 있는 에너지를 확보하는 시간이다. 반면에 그들에게 휴일은 일하는 이유이다. 휴일을 즐겁게 보내기 위해 일하는 것이니 이를 이해하도록 노력해야 한다.

⑥ **가족중심 문화를 존중하자** : 서양 사람들은 철저한 가족중심 사회이다. 그렇지만 개인주의 성향이 짙어서 서로의 프라이드를 존중해준다. 예를 들어 독일 주재원 시절 이웃집에 노부부와 아들 내외가 함께 살고 있었는데 서로의 집을 방문하기 전에 반드시 전화로 물어보았다. 갑작스럽게 방문하는 것은 예의가 아니라고 생각했던 것이다. 반면에 우리나라는 혈연관계에 집착하면서도 가족과 보내는 시간에 인색하다. 그들의 주말 시간을 방해하

지 않도록 주의하며 친밀한 사이라 해도 프라이버시를 침해해서
는 안 된다.

글로벌마인드는 평등에서 시작한다

미국을 보면 왜 세계 최강국이 되었는지 짐작할 수 있다. 그들
은 서로의 다름을 인정하고 다양성을 존중해준다. 대표적인 예
가 바로 열린 이민정책이다. 차별 없이 외국인들을 받아들이기
때문에 누구나 아메리칸 드림을 꿈꿀 수 있다. 평등한 사회가 됐
을 때 국가 역시 경쟁력을 갖게 된다는 뜻이다. 하물며 자국민을
차별한다면 어찌 선진국이 될 수 있겠는가.

이는 인도의 이야기이다. 과거 인도에는 엄격한 신분제도가
존재했었다. 카스트제도라 하여 브라만(승려), 크샤트리아(왕과 귀
족, 무사), 바이샤(상인), 수드라(백성 및 천민)로 나뉘었고 여기에도 속
하지 않는 계급을 불가촉천민이라고 불렀다. 피부가 닿기만 해
도 부정해진다는 뜻이니, 차별대우가 얼마나 심했는지 짐작할
수 있다. 외국인의 경우 어느 부류에도 속하지 못했으니 불가촉
천민으로 분류되었다.

신분제도가 국가경쟁력 발전에 걸림돌이 된다는 사실을 인지
한 인도정부는 1947년 카스트제도를 법적으로 금지했지만 여전
히 인도에서는 신분에 따라 엄격한 차별을 가하고 있다. 문제는

조직에서도 이 같은 신분제도가 존재한다는 사실이다. 과장, 부장 등 회사가 정해놓은 계급보다 신분제도가 위에 있다는 뜻이다. 나 역시 인도에서 회사를 경영할 때 굉장히 혼란스러웠다. 과거의 신분제도에 얽매여 상사의 명령에 따르지 않고, 충성하지 않는 기이현상이 벌어졌기 때문이다. 뜻을 모아 협력해도 일등이 되기 어려운 작금의 현실에서 해묵은 신분제도로 불협화음을 내고 있으니, 답답할 뿐이었다.

만일 우리 주변에 조선시대 신분제도를 들먹이며 조직체계를 부정하는 사람이 있다고 가정해보자. 말도 안 되는 이야기로 들리겠지만 인도에서는 공공연히 벌어지는 일이다. 그로 인해 조직은 와해되고 국가 경쟁력 또한 퇴보하게 된다. 인도사회가 카스트제도를 청산하지 못한다면 미래의 주역이 될 수 없다는 뜻이다. 제아무리 드넓은 영토와 우수한 인재가 많다고 해도 말이다.

진정한 글로벌마인드란 모두가 평등하다는 생각에서 시작한다. 이는 비단 카스트제도에 국한되는 것이 아니다. 우리나라에도 눈에 보이지 않는 수많은 신분제도가 존재하고 있다.

예를 들어 우리는 학벌, 집안, 외모 등으로 사람을 평가한다. 유전무죄 무전유죄라는 말처럼…. 돈의 유무로 잘잘못을 왜곡시키기도 한다. 반드시 뿌리 뽑아야 할 병폐이지만, 결코 쉬운 일이 아니다. 하지만 맑은 영혼을 가진 청년들이 있으니 반드시 해결할 수 있다고 믿는다. 청년들의 어깨가 무거워지고 있다는 뜻이지만, 도덕적 양심에 따라 살아야 한다는 것이니 어려운 일도 아니다. 생각만 전환시킨다면 가능한 일이다. 아울러 대한민국도 이제는 글로벌 국가가 되었다. 다문화 가정이 증가하고 있으며 꿈을 찾아 외국으로 떠나는 사람, 성공을 위해 한국을 찾는 외국인들이 늘고 있다. 따라서 피부색으로 사람을 평가해서는 안 된다. 피부색은 가족이 되는데 더 이상 걸림돌이 아니기 때문이다. 눈에 보이지 않는 또는 사회가 암묵적으로 정해놓은 신분제도에서 벗어나 나와 너의 다름을 인정하고 존중해주었을 때 세계 속의 대한민국이 될 수 있다. 다시 말해 글로벌 인재가 되는 첫 단추는 '모두가 평등하다는 사고방식'에서 시작한다는 것을 기억하자.

유럽과 달리 아랍은 아직까지 생소한 나라이다. 하지만 세계가 하나가 된 지금 아랍 역시 우리의 무대가 될 것이다. 그러니 아랍연맹에 속해있는 아랍국가 22개국을 이해하고 나아가 이슬람을 무조건적으로 배척하지 말아야 한다. 세계가 하나가 된 지금 종교는 옳다, 그르다의 개념이 아니라 서로의 다름으로 받아들여야 한다.

아시아의 중심에

한국과 중국 그리고 일본은 불가분의 관계이다. 아시아를 부를 때 한중일이라고 부르는 것만 봐도 알 수 있다. 이는 오랜 세월 외국에 주재원으로 근무하면서 느낀 점이다. 우리나라는 1980년대 들어 해외여행 자유화가 이루어진 까닭에 외국에 나간 사람이 별로 없었다. 다시 말해 대한민국 역시 서양인들에게 낯선 나라였던 것이다. 내가 30여 년 전 독일 주재원으로 발령을 받고 비행기에 올랐을 때 흥분과 긴장으로 가슴이 쿵쾅거렸던 이유이다. 새로운 도전은 흥분됐지만 나와 내 조국이 그들에게 섞일 수 없는 이방인일까 봐 두려웠던 것이다. 하지만 걱정과 달리 독일 사람들은 대한민국을 긍정적으로 평가했고 나에게도 무척 친절했다. 대한민국뿐만 아니라 아시아를 낯설어하지도 않았다. 알고 보니 우리나라보다 한 발 앞서 서양에 진출했던 일본인들의 우수한 기술력과 친절한 성품 덕이었다. 그로 인해 서양인들은 아시아를 곧 일본으로 인식하며 호감을 갖고 있었다. 이를 계기로 한중일이 떨어질 수 없는 관계라는 사실을 어렴풋이 느꼈다.

30여 년이 흐른 지금 세계는 한중일을 가리켜 아시아라고 부른다. 전 세계를 휩쓴 한류열풍 덕에 일본과 중국의 문화까지 세계인들에게 사랑받고 있으니, 한중일은 공동체 운명임에 틀림없다. 세 나라가 협력하며 동반성장을 이루었을 때 아시아의 위상 또한 높아지니 말이다.

그럼에도 불구하고 한중일은 가깝고도 먼 나라이다. 일제 강점기 시절 우리가 겪었던 핍박과 고통은 여전히 현재 진행형이며, 영원히 지워지지 않는 상처로 남아있기 때문이다. 역사를 바라보는 일본의 잘못된 태도와 독도영유권 분쟁도 두 나라 사이를 가로막는 장벽이 되고 있다. 가깝지만 가까워질 수 없는, 가까워질 수 없지만 가까워져야 하는 나라인 것이다.

중국도 마찬가지이다. 북한이 존재하는 한 한국과 중국은 친구도 적도 아닌 어색한 동반자 관계로 마주할 수밖에 없다. 이러한 상황들로 인해 한중일은 껄끄러운 관계이지만, 각 나라의 변화가 서로에게 영향을 미치는 탓에 떨어질 수도 없다.

예를 들어 중국의 위안화와 일본의 엔화 가치가 하락한다면 한국의 산업경쟁력도 흔들리게 된다. 중국의 정책이 북한에 영향을 미치고 이는 다시 한국경제를 흔들어 놓는 요인이 되는 것이다. 혹자는 한국의 이 같은 상황을 일컬어 일본과 중국 사이에 낀 넛크래커Nut-Cracker의 호두 신세라고 폄하하지만, 나는 반대로 생각한다. 중국과 일본을 견제하고 균형감각을 유지할 수 있는 나라가 바로 대한민국이라고 믿는 것이다. 따라서 매 순간 현재의 상황을 점검해야 한다. 냉정하게 분석했을 때 현재 한국의 위치는 일본을 쫓아가고 있는 상황이며 후발주자인 중국의 위협을 받고 있다. 남북문제가 여전히 변수로 작용하고 있는 상황에서 한국의 위치가 흔들리는 것 또한 사실이다. 하지만 우리나라처럼 외환위기를 현명하게 극복한 국가도 없다. 한국인의 근성과 투지를 통해 한중일의 중심이 될 수 있다는 뜻이다. 그러기 위해서는 급변하는 중국을 이해해야 한다. 과거 우리는 저렴한 인건비 등을 이유로 제조업의 생산기반을 한국이 아닌 중국으로 이전했다. 경제논리상 불가피한 선택이었지만 그로 인해 일자리를 중국에 빼앗겼고 나아가 기술력까지 이양되었으니 머지않아 제조업에 공백이 생기게 될 것이다. 반면에 중국은 저렴한 인건비 등을 통해 산업경쟁력의 핵심인 기술경쟁력을 선점한 뒤 성장속도를 늦춰 안정을 꾀하고 있다. 제조업이 국가경쟁력의 근간이라고 믿는 나로서는 여간 걱정스러운 일이 아닐 수 없다. 해결책은 기업이 근시안적인 시각에서 벗어나 100년 뒤를 내다보는 것이다. 기술보호는 개발 못지않게 중요하기 때문이다.

한국과 중국이 수교를 맺은 지도 20여 년의 세월이 흘렀다. 여전히 한국의 기술력이 중국보다 5년 이상 앞섰다고 평가하지만 중국이 무서운 속도로 쫓아온다는 사실을 잊지 말아야 한다. 20년 뒤에도 중국을 앞서려면 현재의 승리에 만족해서는 안 되는 것이다.

다음으로 일본을 본다면, 그들은 좀처럼 경제 불황의 늪에서 헤어 나오지 못하고 있다. 버블경제로 경제가 급속히 발전했지만 1990년을 기점으로 투자심리가 악화되었고 정부는 천문학적인 빚더미에 앉게 되었다. 제로금리 정책과 엔고 현상이 지속되는 틈을 타 우리나라가 일본을 맹추격하고 있는 것이다. 세계 최고의 전자브랜드가 소니에서 삼성으로 변한 것만 봐도 한국이 일본을 앞서고 있다는 증거이다. 중국을 완벽하게 견제할 수 있다면 한국이 한중일의 중심이 될 수 있다는 뜻이다.

결론적으로 대한민국의 목표는 아시아의 중심에 서는 것이다. 중국과 일본을 견제하면서 앞으로 나아간다면 충분히 가능한 일이다. FTAFree Trade Agreement를 통해 무역을 개방해야 하는 이유도 여기에 있다. 세계가 하나가 된 지금 앞마당을 지키기 위해 쇄국정책을 고집한다면 세계화에 뒤처지기 때문이다. 물론 FTA를 반대하는 목소리도 존중해야 한다. 그래야 해결책을 제안할 수 있다. 농산물의 경우 외국에서 생산한 농산물이 저렴한 가격으로 시장에 들어온다면, 우리 것을 더 고급화시켜 시장의 차별화를 두어야 한다. 유럽을 예로 든다면 자유무역협정을 통해 포르투갈과 스페인 등에서 생산한 농산물이 독일과 프랑스 등에 저렴하게 공급됐다. 독일과 프랑스의 농업은 어떻게 됐을까? 정답은 자유무역협정을 맺기 전보다 훨씬 발전했다. 자국에서 생산하는 농산물을 더 고급화시켜 차별화를 주었기 때문이다. 소비자는 선택의 폭이 넓어졌고 이는 농산물에 대한 인식을 긍정적으로 변화시키는 계기가 되었다. 앞마당 시장을 지키는 방법은 쇄국이 아니라 개방이라는 뜻을 몸소 보여준 사례이다. 다시 말해 대한민국이 아시아의 중심에 서려면 세계 각국과 FTA를 체결한 뒤 그 안에서 경쟁력을 키워야 한다.

이는 결코 어려운 일이 아니다. 나는 30여 년 전, 체코 프라하로 출장을 가서 이 사실을 깨달았다. 당시 한국과 체코는 수교를 맺지 않았는데도 불구하고 체코의 정부비서실과 핵심 정부 간부들이 르망 승용차를 타고 거리를 활보하는 것을 보았다. 김우중전 대우 회장이 직접 체코에 가서 르망 승용차 500대를 당시 한화 800만 원에 파는 데 성공한 것이다. 세상은 넓고 할 일은 많다던 그의 격언처럼, 그는 넓은 세계를 다니며 꿈을 이루고 있었던 것이다. 수교를 맺지 않은 나라에 자동차를 판 주인공이 한국인인데 자유무역협정을 맺었다면 무엇을 못 팔겠는가. 바꿔 말하면 시장이 개방된다 해도 한민족의 얼과 정신 그리고 기상을 기억한다면 누구와 경쟁해도 뒤처지지 않을 것이다. 개방이 곧 세계화이고 성공으로 가는 길이라는 뜻이다. 즉, 아시아의 눈부신 역사가 대한민국을 중심으로 쓰이고 있는 지금이야말로 힘차게 도약할 시점인 것이다.

성장 모멘텀에 날개를 달아라

1977년 나는 청운의 꿈을 안고 포스코에 입사했다. 내가 흘린 땀방울이 조국의 근대화를 앞당길 수 있도록 매 순간 최선을 다했다. 특히 제철소의 심볼인 고로공장에서 건설 업무를 할 수 있다는 것은 크나큰 축복이자 은혜였다. 조국을 위해 헌신할 수 있는 기회가 주어졌기 때문이다. 오롯이 젊음을 바쳐 일할 수 있는 터전이 있고 그 일이 국가경쟁력에 이바지할 수 있다는 사실에 가슴이 벅차올랐던 것이다. 당시 내 꿈은 유능한 엔지니어가 되어 대한민국을 선진국 반열에 올려놓는 것이었다. 나 혼자만의 부귀와 권세보다 나라가 강해지는 길을 걷고 싶었다.

세월이 흐른 지금 그때의 시간들을 되짚어본다. 그리고 가정해본다. 격동기였던 1980년대 초 내가 영글지 못한 청년이 아니라 성숙한 사고와 혜안을 가진 나이였다면 어땠을까? 아마도 나는 또 한 번 엔지니어의 삶을 선택했을 것 같다. 비바람이 몰아쳐도 우직하게 서서 나라와 민족을 지키고 있는 강산처럼 살고 싶기 때문이다.

동시에 불세출의 영웅들에게서 애국심을 이끌어낼 수 있는 방안을 적극적으로 추진했을 것 같다. 그럴 수 있는 위치라는 가정 하에 말이다. 예를 들어 훌륭한 기업가들의 이름을 따서 고속도로와 댐을 짓는 등 정책적으로 우수한 기업인들에게 애국할 기회를 제공하는 것이다. 사람은 죽어서 이름을 남겨야 한다는 격언처럼 자신의 이름을 딴 고속도로가 세워진다면 이는 조국과 민족에게 보답하는 길 아니겠는가. 산업을 발전시키고 기업을 성장시키는 것도 중요하지만 이를 국민에게 환원하는 것도 뜻깊은 일일 테니 말이다. 리더들이 솔선수범하여 국가와 민족을 위해 제 한 몸 헌신하고 희생하는 것이야말로 21세기가 원하는 성장 모멘텀이라고 생각한다.

물론 성장 모멘텀이 반드시 거창해야 하는 것은 아니다. 한 사람, 한 사람이 최선을 다해 일하는 것만으로도 성장 모멘텀에 날개를 달아주는 것이다.

유고의 베오그라드를 방문했을 때 나는 이 사실을 어렴풋이 깨달았다. 뒤셀도르프에서 주재원으로 근무하던 당시 삼성물산에서 파견한 유고 주재원을 공항에서 만났는데, 그의 일거수일투족이 내게 감동이었다. 그는 멀리서 찾아온 나를 매우 반갑게 맞이해주었고 이동 중에 세계 뉴스를 들려주었다. 그리고 근래 들어 유고를 떠들썩하게 만들었던 뉴스와 경제상황을 차분하고 부드러운 어조로 설명해 주었다. 끝으로 유고의 역사와 문화를 가르쳐준 덕분에 나는 짧은 시간 동안 유고를 이해할 수 있게 되었다. 그를 보면서 왜 삼성맨이 남다른지 깨달았다. 베오그라드에서조차 삼성맨은 삼성맨다웠던 것이다.

훗날 그처럼 감동을 주는 주재원이 되겠다고 결심했으니 그를 만난 덕분에 공부할 수 있는 기회를 얻었다. 그를 닮아가기 위해 노력하는 과정에서 나 역시 감동을 주는 주재원으로 거듭났기 때문이다.

　성장의 모멘텀은 이런 것이 아닐까 싶다. 개개인이 자신의 자리에서 최선을 다해 일하고, 기업은 이를 토대로 조국의 발전에 이바지하는 것 말이다. 투철한 직업의식을 갖는 것만으로도 우리는 국가경쟁력 발전에 기여할 수 있는 것이다.

　세계에서 가장 영향력 있는 경영전문가로 손꼽히는 세스 고딘 역시 자신의 저서 『린치핀』을 통해 평범한 사람들의 가치를 일깨워 주었다. 린치핀은 동네 철물점에서 1달러에 살 수 있는 평범한 부품이지만 바퀴를 고정시켜 주기도 하고 부품을 연결해주기도 한다. 작은 린치핀이 없으면 자동차가 움직일 수 없다는 뜻이니, 절대적으로 필요한 부품인 것이다.

　다시 말해 대한민국을 발전시키는 주인공은 대기업의 CEO나 훌륭한 학자가 아니라 자신의 자리에서 최선을 다해 일하는 국민들이라는 의미이다. 우리 주위에는 평범한 것 같지만 그가 아니면 절대 안 되는 일이 무수히 많기 때문이다. 세탁소 주인이 없으면 깨끗한 옷을 입을 수 없고, 농부가 없으면 식량이 고갈되지 않겠는가. 지극히 평범하고 특별할 것도 없는 직업이지만 그 자리에 그 사람이 있어서 우리 모두 평화롭고 평범한 하루를 보낼 수 있는 것이다. 나는 린치핀을 보며 다시금 내 생각이 옳았음을 깨달았다. 성장의 모멘텀은 지금 이 순간 자신의 역할에 최선을 다하고 있는 나와 당신이라는 사실 말이다.

근래 들어 나를 감동시킨 기사가 있다. 제너럴일렉트릭에서 아프가니스탄과 이라크 등에 파병됐던 전쟁영웅을 채용한다는 소식이었다. 군인들의 리더십과 협동심 그리고 애국심을 높이 평가한 것인데, 이 예상은 적중했다. 덕분에 회사와 파병군인들의 삶이 동반 성장할 수 있게 되었다. 문득 지난날 베트남 참전 후 제2의 인생을 찾지 못해 방황하던 파병군인들의 모습이 머릿속에 떠올랐다. 만일 우리나라에 제너럴일렉트릭과 같은 회사가 있었더라면…. 하지만 지금도 늦지 않았다. 국가와 기업에서 국민의 삶을 적극적으로 개척해줄 때 국민 한 사람, 한 사람이 경쟁력 강화의 주역이 될 수 있다는 사실을 배웠으니, 대한민국의 청년들이 이 시대의 주역이 될 수 있도록, 또 국가와 동반성장할 수 있도록 기업의 CEO로서 더욱 분발하고 노력해 그들의 등 뒤에 날개를 달아주어야겠다.

아울러 그런 사회적 기반을 지향하는 가운데, 조국을 위해 싸운 전쟁영웅들을 존중하고 존경하는 미국처럼 우리들도 대한민국을 위해 생을 바친 독립투사와 열사들을 존경하고 기억하는 풍토를 만들어야 한다. 그들의 피맺힌 절규가 없었다면 여전히 우리는 억압된 사회 안에서 인권을 유린당하고 있을 것이다. 하지만 어쩐 일인지 영웅의 후손은 예나 지금이나 고된 삶을 살고 있다. 반면에 친일파의 후손은 부와 권력을 양손에 쥐고 세상이 주는 모든 달콤함에 취해 있다. 일제 강점기 시절 만들어진 법을 지금까지 적용하고 있는 것 역시 안쓰럽고 답답하지만, 그늘 없이 자란 청년들이 그릇된 사회를 바로잡아줄 수 있다고 믿는다. 청년들이 주체가 된다면 헌 옷을 과감히 벗어버릴 수 있다. 잘못된 역사를 바로잡아 영웅이 존경받는 사회를 만들 수 있다. 일본 청년들이 한국 기업에 취업하길 희망하고 있는 지금, 우리가 잘못된 역사를 바로잡아야 진정한 한중일의 중심이 될 테니까.

완벽한 프로젝트가

윈윈을 부른다

우리는 바람에 흔들리는 갈대처럼 늘 모진 풍파에 시달리며 살아간다. 그것이 인생이라지만 세상을 집어삼킬 듯 무섭게 돌진하는 허리케인과 맞닥뜨리면 모든 것을 놓아버리고 싶을 만큼 절망하게 된다. 하지만 뚜벅뚜벅 걷다 보면 다시금 환희의 순간을 만날 수 있다. 뿌린 만큼 거두는 것이 바로 인생이기 때문이다. 따라서 매 순간 자신이 뿌리고 있는 씨앗이 행복과 사랑의 씨앗인지, 미움과 불행의 씨앗인지 점검해야 한다. 만일 거짓과 미움 등 부정적인 씨앗을 심었다면 이는 부메랑이 되어 자신에게 되돌아온다는 사실을 기억하자.

한없이 사랑을 베푸는 연인관계라면 모를까 냉정한 비즈니스 세계에서는 더더욱 그렇다. 거짓의 씨앗을 뿌렸는데 진실의 나무가 자라는 일은 없다는 뜻이다.

즉, 비즈니스에서 가장 중요한 것은 신뢰이다. 서로를 믿지 못한다면 공동의 목표를 이루기 위해 자신을 희생할 수 없으니 상대의 헌신만을 암묵적으로 강요한다. 결과적으로 그들의 관계는 살얼음판을 걷는 것처럼 위태로워지게 된다. 완벽한 프로젝트란 한 사람에게만 이익을 안겨주어서는 안 되기 때문이다. 제로섬 게임은 더 이상 매력적인 비즈니스 스킬이 아니라는 뜻이다. 물론 한정된 자원을 가지고 경쟁한다면 패배하는 사람이 있어야 승리하는 사람도 존재한다. 어쩔 수 없이 뺏고 뺏기는 제로섬 게임을 할 수밖에 없다. 하지만 이는 자원을 유형의 것에 국한시켰을 때의 이야기이다. 우리들 한 사람, 한 사람이 자원일 때 제로섬게임은 더 이상 의미가 없어진다. 각자의 개성과 능력을 토대로 파이를 키워나간다면 내 것을 나누어준다 해도 또 다른 무언가를 창출할 수 있기 때문이다. 새로운 시장은 승자독식의 사회도, 약육강식의 사회도 아닌 나누고 베푸는 관대한 사회 속에서 만들어진다는 사실을 기억하자.

예를 들어 포스코에서 진행했던 인도 프로젝트를 살펴보자. 이는 2003년 10월 인도 티타 사장이 포스코를 방문해 인도 슬래브제철소 건설 합작 제안으로 시작되었다. BHPB와의 합작과 결별 과정을 거치면서 포스코에 유리한 입장을 최대한 반영해 마침내 오리사주 정부와 양해각서MOU[1]를 체결하게 된 것이다.

----

1. 포스코가 인도에 1,200만 톤 제철소를 건설하는 조건으로 인도 정부는 제철소에 연간 필요한 철광석 2,000만 톤을 제공하고 30년간 사용할 6억 톤 광권을 우리에게 제공하는 등 제철소 평가와 해외에 우리의 산업현장을 확보하고 안정적인 원료를 확보할 수 있어 국가적으로도 매우 중요한 의미를 지닌 프로젝트였다.

그에 따라 2005년 8월 25일에 포스코인디아POSCO-India 현지법인을 설립했고 나는 부사장으로 인도 프로젝트에 참여하게 되었다.

만만치 않은 도전이었지만 포스코의 축적된 기술력을 토대로 설비계획과 조업, 정비 분야별로 구성된 서포팅 그룹의 적극적인 지원 아래 제철소 건설 사업계획을 구체적으로 준비했었다. 이는 당시 이구택 회장과 강창오 사장 등 경영진의 노력 덕분이었다. 아울러 유상부 전 회장의 열정적인 지지가 있었으니, 천군만마를 얻은 것처럼 든든했다.

50℃에 근접하는 살인적인 더위, 쉽게 말을 바꾸는 인도인들의 언행, 소와 차와 사람이 뒤섞여 다니는 무질서한 환경 탓에 힘들었지만 역사적인 프로젝트를 반드시 성공시키겠다는 굳은 사명감을 가질 수 있었다. 따라서 환경영향 평가와 제철소 부지매입 절차 등을 성공적으로 추진할 수 있었던 것이다. 주민보상을 위한 최적의 주민 이주와 정착 프로그램을 마련하여 약 4,000에이커(약 490만 평)의 부지 양도를 위한 절차를 차질 없이 진행했고 제철소 건설에 대한 지역주민의 이해와 공감 형성을 위해 사회공헌활동 프로그램도 지속적으로 개발했다. 인도제철소의 가장 큰 명분 중의 하나인 광권과 관련하여 탐사권을 신청하고 채굴권 신청을 위한 탐사활동과 시추작업 준비를 성공적으로 수행했다. 제철소와 관련된 항만, 용수, 도로, 철도, 전력 등 인프라 건립을 위한 계획을 수립하고 실질적인 세부계획도 치밀

하게 준비했다. 후발산업국의 불합리와 부조리에 적절하게 대응하면서 글로벌 포스코형 행정체계 구축과 지속적인 현지화 추진으로 신뢰와 존경을 받는 인도 기업의 초석을 다졌다. 마지막으로, 최적의 설비구축을 위한 설비계획 업무를 빈틈없이 추진해 세계 최고의 경쟁력을 갖춘 제철소를 건설할 준비를 마쳤었다. 결과적으로 포스코에서는 연간 1,200만 톤 규모의 제철소를 인도에 지어주는 대신 30년간 제철소에서 사용할 6억 톤의 광권을 받기로 약속했었다. 대한민국의 기술력과 자본이 인도로 이동하면서 인도회사의 경영권과 인도의 자원이 대한민국으로 움직이는 것이니 서로에게 이익을 주는 협상이었다. 인도 프로젝트의 또 다른 매력은 1,200만 톤 제철소가 1년간 사용할 철광석 2,000만 톤을 30년간 사용할 광권(추후 20년 연장 가능)을 인도 정부로부터 확보했다는 것이며 인도 전역에서 가장 경쟁력 있는 부지를 확보한 것이다.

인도의 경우 해안에서 500미터 이내에는 공장 건설이 금지되어 있었지만 포스코에서는 전용항만을 건설하고 바로 옆에 공장 건설을 하도록 환경 허가를 받았었다. 인도 전 해안지역에서 물류경쟁력이 있는 최적의 공간 입지 조건이였다.

그러나 인도 프로젝트는 지금 이 순간까지 난항을 겪고 있다. 그 이유는 환경 피해 등을 이유로 인도 환경단체에서 극심한 반대를 하기 때문이다. 환경단체의 말처럼 제철소를 짓게 되면 공해가 발생하는 것은 사실이다. 전 세계가 발전과 환경이라는 딜레마에 빠져 고민하는 이유도 여기에 있다. 환경파괴를 우려하는 인도인들의 목소리를 간과할 수 없다는 뜻이다. 또한 변화를 두려워하고 태어난 곳을 떠나기 싫어하는 지역 주민과 산업개발 저지를 정치적인 목적으로 달성하려는 공산당을 비롯한 정치인들의 목소리도 무시할 수 없다.

이런 시류 속에서 먼저 그들의 생활환경을 개선시켜준다면 결과는 달라질 것이라 생각한다. 예컨데 병원이나 학교를 설립하고 그들의 삶을 포용하는 것이다. 병원이 세워진다는 것은 병들고 아픈 사람들의 고단함을 덜어주는 의미를 갖고 있다. 학교가 생긴다는 것은 아이들의 꿈을 꿀 수 있도록 포스코가 후원한다는 것이다. 이와 같은 계획이 실현된다면 그 시간 속에서 인도 사람들은 포스코가 인도를 사랑하고, 인도를 위해 노력하는 기업임을 깨닫게 될 것이다. 나아가 제철소 건립이 불가피하다는 정부의 의지가 받아들여졌을 때 믿고 신뢰할 수 있는 포스코를 찾게 될 것이다. 시소 게임을 하듯 엎치락뒤치락 이익만 추구하는 것이 아니라 서로 상생常生하여 공동번영과 인도 산업발전에 크게 기여하는 기업의 공감대를 확산시켜나간다면 보다 수월히 성공을 할 수 있을 것이라 생각한다.

베네수엘라와 쿠바가 우호 공조 체제를 오랫동안 유지할 수 있는 이유 역시 서로에게 통 큰 선물을 주었기 때문이다. 예를 들어 베네수엘라는 자국의 원유를 쿠바에 특혜가격으로 공급해 쿠바의 경제를 회복시켰고, 쿠바는 자국의 우수한 교육자와 의사를 베네수엘라에 대거 파견했다. 또한 베네수엘라산 쌀의 수출, 합작 전화사 설립, 쿠바 베네수엘라 해저 연결 1천 550킬로미터 광섬유 케이블 구축이 이루어졌다. 차베스 대통령은 베네수엘라 빈민 최소한 10만 명에게 아무런 비용 부담 없이 쿠바 국영 항공기를 이용해 쿠바에서 휴가를 보낼 수 있도록 지원하는 등 지속적으로 협력할 수 있는 환경을 만들었다.

나는 대한민국과 인도의 관계가 베네수엘라와 쿠바처럼 되길 바랐다. 그러기 위해서 더더욱 상호신뢰와 통 큰 선물을 해줘야 한다고 생각했던 것이다. 원하는 것을 얻으려면 먼저 내 것을 주어야 하지 않겠는가. 인도 프로젝트를 추진하면서 가장 아쉬웠던 점이 바로 이 부분이었다. 예나 지금이나 투명경영·정도경영을 최우선 가치로 여기는 포스코이기에 사전에 병원이나 학교를 설립할 수 있는 명분 확보가 어려웠으니 어쩔 수 없는 일이지만, 이를 통해 나는 완벽한 윈윈이란 똑같이 얻는 것이 아니라 상대가 더 얻는 것이라는 사실을 배웠다. 나 역시 머지않아 많은 것을 얻게 되니까 결과적으로 완벽한 윈윈이 되는 것이다.

이는 비단 해외 프로젝트에 국한되는 것이 아니라 모든 협상에 해당된다. 내 것을 먼저 나눌 수 있을 때 상대의 것도 받을 수 있다는 사실을 명심하자. 어릴 때 읽은 동화책처럼 나그네의 외투를 벗기는 것은 강한 바람이 아니라 따뜻한 햇살이기 때문이다.

가야국의 시조인 김수로 왕 건국신화에 따르면 왕비인 허황옥 許黃玉은 인도 아유타阿踰陀 왕국의 공주였다고 한다. 이천 년이라는 먼 옛날 당대 최고의 철기문명을 자랑하던 가야국과 인도가 맺은 인연이 지금, 세계 최고의 제철소를 인도 땅에 건립하고자 하는 POSCO-India 사업을 위한 카르마였다고 하면 비약일까?

이미 잘 알려져 있지만 포스코는 인도에서 대규모 일관제철소 사업을 추진하고 있다. 또한 포스코 건설도 인도 철강플랜트 시장에 성공적으로 진입하고 있다. 포스코 건설은 지난 2007년에 SAIL 산하 회사인 IISCO의 고로(용광로) 프로젝트를 수주한 데 이어 2008년 초 역시 SAIL 제철소 중 하나인 빌라이Bhilai 제철소 고로갱신 프로젝트의 우선 협상대상으로 선정된 바 있다. 이들 사업은 POSCO-India 프로젝트의 성공적 수행을 위한 좋은 사전 경험이 되었다. 국제 철강업계는 철광석, 석탄 등 원료가격의 급등과 초거대 원료업체들의 시장점유율 확대, 자원민족주의 대두 등으로 어려운 여건에 처해 있다. 이런 여건에서 인도는 철강 산업을 펴기에 매우 매력적인 곳으로 부각되었다. 최근 3년간 8퍼센트 이상 성장률을 보이면서 BRICs의 대표 주자다운 면모를 보였고, 철강 내수시장 규모는 약 3,700억 달러로 한국보다 커졌다. 특히 노천 철광석과 석탄 등 자원이 풍부해 철강 산업 성장 잠재력이 크다. 그러나 인도가 기존에 접해 보지 않은 문화권인 만큼 인도에 진출한 한국 기업은 시행착오를 겪을 수밖에 없다. POSCO-India 사업추진 반장을 역임하면서 사업계획 수립부터 인도 정부와 관련 정치인들을 상대로 수많은 설득과 협상을 경험한 결과 인도 사업에서 가장 중요한 요소는 인도 문화를 이해하는 것임을 알게 되었다. 인도와 우리 쌍방의 관심사와 입장에 대해 이해를 넓혀가는 노력이 있어야 한다. 또 한국 기업의 인도 사업이 양국의 교류를 늘리고 양국이 장기적으로 성장할 수 있는 모멘텀을 마련하는 데 귀중한 초석이 될 것이라는 인식을 넓혀 가는 노력이 필요하다. 궁극적으로는 지역 주민들이 한국 기업의 사업을 자신들의 사업으로 여기고 자부심을 느끼며 현지 주민, 관료, 공무원 등과 전체적인 공감대를 형성해 상생하는 것이 중요하다. 또 한 가지 간과하지 말아야 할 것은 인도 사업은 인도식에 맞게 하나씩 차근히 진행된다는 것이다. 예를 들어 포스코 경영의 기본 철학인 투명경영, 정도경영을 유지하되 한편으로는 성공한 인도 기업들의 경영 스타일을 참조할 필요가 있다. 남보다 더 많이 소유한 사람이 더 많이 베푸는 인도 문화 즉, 나눔의 질서를 이해하고 사회적 책임을 실천하는 노력이 지속되어야 할 것이다. 결국 인도 사업은 인내가 동반된 장기적 안목을 갖춘 접근을 요구한다. 인도 시장에서 LG전자와 현대자동차가 10년 만에 현재 위치에 올랐듯이 POSCO-India 프로젝트도 광권 확보와 부지 확보에 어려움이 있지만 차근차근 진행하면 성공할 것으로 믿는다. 포스코의 성장 경험에 비추어 보면, 인도 사업의 진행이 더디어 보일 수 있지만 인도가 역사적으로 형성한 규칙과 11억 인구가 공감대를 형성할 시간이 필요하다는 점을 존중해야 한다.

POSCO-India 프로젝트를 비롯해 한국 기업들의 사업이 인도 산업 발전에 도움이 될 버팀목 역할을 할 것이라는 데 이의를 제기하는 인도 국민은 없다. 또 장차 인도에 진출한 한국 기업들이 한국의 경제 발전 경험을 전파함으로써 인도 전 산업에 긍정적인 영향을 줄 것이라는 데 이견이 없다. 조바심을 버리고 대국으로 성장해가는 인도의 발전에 한국이 기여하겠다는 애정과 관심을 갖고 리스크를 면밀히 분석해 여러 인맥을 통해 하나씩 해결해 나간다면 좋은 결과가 있을 것으로 본다.

해외근무 성공 노하우

직원들과 이야기를 하다 보면 대체적으로 해외 파견근무를 희망한다. 외국 생활을 경험해보고 싶은 마음과 외국어 능력을 키우기 싶은 바람 때문이다. 오랫동안 세계 각국에서 주재원으로 근무한 선배로서 말하건대, 기회가 주어진다면 적극적으로 해외에 나가길 권한다. 아는 만큼 보인다는 말처럼 넓은 세계로 나가 더 많이 보고, 듣고, 배우면 할 수 있는 일도 훨씬 많아진다. 개인적으로 그 시간은 5년 내외가 가장 효과적이라고 본다.

너무 길어지면 그 삶에 안주하게 될 테고, 너무 짧다면 언어와 문화를 배울 수 없다. 또한 가족이 함께 가는 것이 가장 효과적이다. 가족이 있다는 것만으로도 숱한 좌절과 시련을 이겨낼 수 있기 때문이다.

그 외에도 해외근무에 도움이 될 만한 몇 가지 조언을 적어본다.

① **활동적이고 적극적이어야 한다** : 낯선 문화를 이해하는 데 있어 경험만큼 효과적인 방법은 없다. 만일 소극적이고 두려움이 많은 성격이라면 자신을 변화시켜 끊임없이 도전해야 한다. 활동적일 때 경쟁회사의 현황과 세계경제의 흐름을 꼼꼼히 분석하고 기회를 선점할 수 있다. 외국인들과 막힘없이 대화하고 싶다면 휴가 이야기를 꺼내보는 것도 좋다. 외국인들은 삶을 즐기는 성향이라서 휴가에 관해 많은 이야깃거리를 가지고 있다.

② **글쎄요는 금물** : 1시간에 할 일을 2박3일에 걸쳐 하는 사람이 있다. 그들은 '글쎄요'를 남발한다. 나뿐만 아니라 대다수의 CEO는 이런 사람을 신뢰하지 않는다. 화려한 스펙만 믿고 공부를 게을리한다거나 시키는 일만 한다면 어디에서도 성공할 수 없는 것이다. 더욱이 낯선 땅에서 성공하려면 시키지 않아도 찾아서 일할 수 있어야 한다.

③ **목표달성을 기록화하라** : 언어와 문화가 다른 탓에 작은 일에도

오해가 생기고 불신의 벽이 생길 수 있다. 따라서 감정보다는 이성적으로 생각하고 사실에 근거해 판단해야 한다. 그로 인해 생각이 명료해질 수 있으며 나아가 철저한 계획 아래 목표를 달성할 수 있다. 이때는 작은 일이라 해도 반드시 계획을 세우고 목표 달성 과정을 기록으로 남긴다. 삶은 자신이 만들어가는 방향대로 이루어진다. 계획 또한 집요하리만치 파고들어갔을 때 이룰 수 있다는 사실을 명심하자.

④ 친화력과 오픈 마인드 : 새로운 세상에 발을 디뎠다면 마음을 열고 모든 것을 받아들일 각오가 되어 있어야 한다. 빠른 시간에 약점을 보완하는 방법은 스펙을 쌓는 것이 아니라 이를 갖춘 파트너를 만나는 것이다. 친화력과 오픈 마인드가 있다면 적지에서조차 친구를 만들 수 있다. 관계의 틀을 깨는 것만으로도 크리에이티브한 사고와 혁신이 가능해진다.

습관처럼 성공을 말하라

습관처럼 성공을 말하는 사람이 있다. 그들은 멋진 모습으로 거듭나기 위해 지금 이 순간에도 쉬지 않고 일한다. 성공이란 입이 아니라 행동으로 보여줘야 하기 때문이다.

예를 들어 우리나라 최고의 프로골퍼 최경주 선수는 최정상에 오르기 위해 하루에 3천 번 이상의 스윙 연습을 했다. 정상의 자리에 오른 뒤에도 여전히 스윙 연습을 멈추지 않고 있으니, 습관처럼 성공을 말하고 있는 것이다. 즉, '성공하고 싶어. 부자가 되고 싶어….'를 되뇌는 것이 아니라 절치부심切齒腐心으로 실력을 쌓는 것이 성공을 말하는 방법이다.

미국의 천문학자 퍼시벌 로런스 로웰Percival Lawrence Lowell은 화성에 관련된 책을 읽고 화성을 관측하기로 결심한 뒤 애리조나 주 플래그스탭으로 이사를 갔다. 그곳은 고도가 2천 미터 이상이고 구름 낀 날이 적어서 하늘을 관찰하기에 적합했던 것이다. 그는 많은 돈을 들여 천문대를 짓고 우주의 신비를 알기 위해 끊임없이 망원경을 통해 하늘을 보고 또 봤다. 결국 그는 해왕성 바깥에 존재하는 행성 명왕성을 발견했다. 명왕성을 가리키는 플루토Pluto란 바로 퍼시벌 로웰의 이름에서 따 온 것이다. 하지만 안타깝게도 명왕성은 지난 2006년 제26회 국제천문연맹IAU의 길고 긴 토론 끝에 태양계 행성 지위를 박탈당했다. 퍼시벌 로웰이 이 사실을 전해 듣는다면 무덤에서 벌떡 일어날지도 모르는 일이다. 한평생 그가 흘린 땀방울이 물거품이 되어버렸으니 말이다.

하지만 그 누구도 그의 삶을 일컬어 실패라고 하지 않는다. 우주를 사랑했던 순수한 열정과 인내심은 세기가 지난 지금도 여전히 감동적이다. 성공은 결과만으로 평가할 수 있는 것이 아니라는 뜻이다. 성공한 모습과 지금의 모습이 닮아갈 수 있도록 습관처럼 노력한다면 그 삶은 충분히 성공적이다. 만일 꿈꿔왔던 모습과 현실 속 자신이 다르다 해도 스스로에게 당당할 수 있다면 지나온 삶을 부정해서도, 후회해서도 안 된다. 미래는 여전히 열려 있는 시공간이다. 자신이 어떻게 변화될지 아무도 예측할 수 없는 것이다.

　성공을 말할 때는 환경을 탓해서도 안 된다. 인류에게 청바지를 선물한 리바이 스트라우스의 성공신화를 본다면 그 이유를 알 수 있다. 19세기 미국은 금광이 발견된 지역으로 사람들이 몰려드는 골드러쉬Gold rush 열풍에 휩싸였다. 광부들은 황금을 캐기 위해 광산으로 모여들었고 곳곳에 그들의 텐트가 즐비하게 늘어섰다. 리바이 스트라우스도 그중에 한 명이었다. 그러나 골드러쉬행 막차에 탑승한 탓에 만족할 만큼의 금을 캘 수 없었다. 억만장자가 되겠다던 꿈이 산산조각 나는 순간이었다. 그때 문득 번뜩이는 아이디어가 떠올랐다. 모두가 황금을 캘 때 자신은 광부들에게 바지를 팔아야겠다고 마음먹은 것이다. 바지 천은 광부들이 사용하다 버린 텐트였다. 텐트 천은 재질이 질겨서 광산을 오르내리기에 안성맞춤이었고 푸른색은 독사의 접근까지 막아주는 효과가 있었다. 그로 인해 청바지는 단일품목으로 가장 많이 팔리는 상품이 되었고, 그를 어마어마한 부자로 만들어 주었다. 황금은 없었지만 자신만의 황금을 찾아내는 데 성공한 것이다. 20세기를 지나 21세기인 지금도 리바이스는 세계적으로 사랑받는 브랜드이다. 한 사람의 기막힌 아이디어가 자신의 운명을 변화시켰고 나아가 세상을 바꾼 것이다.

언젠가 캐나다의 UBCUniversity Of British Columbia와 시에틀에 있는 워싱턴대학교University of Washington에서 공부할 때 기업 케이스 스터디 사례조사 차 샌프란시스코에 있는 리바이스 본사를 방문했었는데, 열악한 환경을 극복하고 황무지를 개척한 리바이 스트라우스의 혼이 느껴졌다. 도전적인 생각과 사고의 전환이 그를 세계적인 사업가로 만들어주었고, 이 세상에 청바지를 탄생시켜주었으니 말이다.

이렇듯 부지런히 꿈을 좇는 사람은 온몸으로 성공을 말한다. 그가 흘리는 땀방울, 정성을 다하는 일분일초, 노력의 결실이 모였을 때 성공이라 부를 수 있기 때문이다.

단, 성공에 눈이 멀어 수단과 방법을 가리지 않는 탐욕의 노예가 되어서는 안 된다. 최경주 선수, 퍼시버 로웰 등의 성공이 존경심으로 이어지는 것은 오롯이 자신과의 싸움에서 승리해서이다. 상대를 짓밟고 일어서서 얻은 성공이 아니라는 뜻이다. 투명하지 못한 성공, 부끄러운 성공은 결국 자신과 주위 사람을 불행하게 만든다는 사실을 기억하자. 행복하게 성공하고 싶다면 그릇된 욕심을 버려야 한다는 뜻이다. 그 다음에 스스로 만족할 수 있는 일을 찾아야 한다. 자신을 사랑하지 못한다면 습관처럼 성공을 말할 수도 없게 될 테니까.

만국공통어

젊은 시절 나는 고전문학에 흠뻑 빠져있었다. 온종일 건설 현장에 있다 보면 온몸이 녹초가 되지만 톨스토이의 『안나 카레니나』, 도스토예프스키의 『죄와 벌』, 카프카의 『변신』 등에서 눈을 뗄 수가 없었다. 고전문학들을 읽다 보면 '왜?'라는 질문에 스스로 답할 수 있게 되기 때문이다. 인간 내면을 들여다보며 깊이 있는 성찰이 가능해지는 것이다. 그 가운데 까뮈가 쓴 『시지프의 신화』는 참 많은 생각을 하게 했다. 어쩌면 그때 내가 육체적으로 너무 지치고 힘들었는지도 모른다. 끊임없이 산꼭대기까지 바위 덩어리를 올리는 시지프의 모습에서 내 모습이 보였으니 말이다. 신의 노여움을 산 시지프는 영원히 돌을 올려야 하는 형벌을 받았다. 그러나 돌은 올려놓으면 다시 굴러 떨어지기를 반복했으니, 죽는 순간까지 무익하고도 가망 없는 일을 해야 했던 것이다. 신들의 생각처럼 이는 굉장히 끔찍한 형벌이었다. 희망을 잃어버린다면 인간은 무기력해지고 나아가 생각조차 할 수 없게 될 테니까, 나이면서 나일 수 없게 되는 것이다.

까뮈는 시지프의 신화를 인용해 부조리를 말하고, 부조리에 맞서는 방법을 설명하고 있다. '인간은 어떻게 살아야 하는가.'를 글의 형식을 빌려 가르쳐주는 것이다. 그 방법은 총 3가지로 자살, 종교로의 회피 그리고 반항이다. 자살은 문제를 해결하지 않고 도망가는 것을 말한다. 백해무익한 돌 굴리기와 다를 바 없는 무익한 선택이다. 종교로 회피하는 것 또한 옳지 않다. 당당하게 맞서지 않는다면 부조리와 싸울 수 없기 때문이다. 그렇다면 방법은 반항뿐이다. 온몸으로 부조리에 대항했을 때 운명을 변화시킬 수 있을 테니 말이다. 여기서 말하는 반항이란 분쟁과 미움이 아니라 열정을 뜻한다. 나는 여기에 한 가지를 더 추가하고 싶다. 시지프의 무익한 행동이 옳은 반항으로 이어지려면 정직해야 한다. 부조리에 맞서기 위해 또 다른 부조리를 저질러서는 안 되는 것이다.

포스코에 입사한 뒤 육체적으로, 정신적으로 힘들 때면 시지프를 떠올렸다. 그리고 스스로의 한계에 도전하는 것만이 형벌에서 자유로워지는 것이라 믿었다. 뼈를 깎는 고통이 뒤따르지만 그것이야말로 온몸으로 부조리에 반항하는 것이라고 생각했다. 그러다 보면 신기하게도 나를 내리누르던 고통의 무게가 가벼워졌다. 앞을 향해 나아갈 수 있게 되는 것이다.

그럴 때면 다시금 나에게 정직하게 살겠노라고 다짐하게 된다.

다양한 국가의 사람들과 비즈니스를 하면서 터득한 노하우는 의외로 간단했다. 그들의 마음속으로 들어갈 수 있는 길은 오로지 정직함뿐이었다. 신뢰할 수 없는 사람과 일하고 싶어 하는 사람은 없을 테니 말이다. 시지프가 가르쳐준 정직한 반항이야말로 세계를 무대로 활동할 수 있는 비장의 무기가 되어주는 것이다. 그 가운데 하나가 저작권이 아닐까 한다.

과거 우리는 타인의 지적 재산을 그리 존중하지 않았다. 무형의 것을 훔친다는 것에 대한 개념이 없었다고 보는 것이 적합하다. 따라서 아무렇지 않게 타인의 지적재산권을 침해했고, 그리 죄의식을 갖지도 않았다. 그로 인해 짝퉁이라 불리는 모조품이 활개를 쳤고 불법다운로드가 공공연히 일어나고 있다. 타인의 지적재산권을 보호하기 위해 모조품을 구매하지 않는 서양인들과는 대조적인 모습이다.

단적으로 1976년에 폴라로이드는 코닥의 특허침해소송에서 승리해 수억 달러의 로열티를 받고 있으며, IBM은 직접 사용하지 않은 특허를 활용해 매년 15억 달러 이상의 라이선스 수입을 거두고 있다. 오래전부터 지적재산권이 존중되고 있다는 사실이다. 지적재산권에 문외한이었던 까닭에 우리나라 기업들 역시 해외 기업으로부터 연간 80여 건 이상의 특허소송을 당하고 있으니, 타인의 지적재산권을 존중해야 생존할 수 있는 것이다.

다시 말해 글로벌 리더를 꿈꾼다면 반드시 타인의 지적재산권을 침해해서는 안 된다. 특정 기업의 특허품을 도용해서도 안 된다. 스마트 폰 하나에도 7만여 개의 특허가 결합되어 있다는 사실을 명심해야 한다.

다행히 우리나라도 이제는 지적재산권의 가치를 높이 평가하고 있다. 극장가에서 인기몰이 중인 영화를 불법 복제해 유포한 사람들이 법의 제재를 받는 것만 봐도 알 수 있다. 그들은 잘 몰랐다고 항변하겠지만, 이는 변명이 될 수 없다. 이는 사회가 투명해지고 있다는 뜻이며, 서로가 서로를 신뢰할 수 있게 됐다는 의미이다. 덕분에 대한민국의 국가 신뢰도까지 높아지게 된다. 세계를 무대로 뛰어야 할 청년들에게 이보다 더 반가운 소식이어디 있겠는가.

세계화는 대한민국 안에서부터 시작한다

홍콩을 말하는 데 있어 아름다운 야경을 빼놓을 수 없다. 글로벌 브랜드의 네온사인이 까만 밤하늘을 무지갯빛으로 수놓았기 때문일 테다. 그러나 나는 홍콩에서 백만 불짜리 야경보다 더 아름다운 것을 찾아냈다. 이는 신뢰를 바탕으로 만들어진 성숙한 문화이다. 예를 들어 홍콩에서는 폭행이나 절도 사건은 간간히 발생하지만 공갈이나 사기 사건은 드물다. 타인을 속여 재물을 빼앗는 행위를 몹시 경계하는 것이다. 세계적인 관광국가임에도 불구하고 택시요금이나 숙박비용 등에서 바가지를 썼다는 관광객을 찾아보기도 힘들다. 관광객에게 터무니없는 바가지요금을 부과해 국제적으로 눈살을 찌푸리게 하는 우리와 사뭇 대조적인 모습이다. 지갑을 잃어버린 뒤 되찾을 확률이 가장 높은 나라이기도 하다. 공무원들도 부정부패를 저지르지 않는다. 청렴과 신의를 공무원의 제1 덕목으로 여긴다고 해도 과언이 아니다. 아마도 오랫동안 영국의 지배를 받으면서 서양의 합리적인 사고와 정을 중시하는 동양의 온화함이 조화를 이루었기 때문일 것이다.

몇 년 전, 호주 브리즈번에 출장 갔다가 귀국한 아침 호텔에서 있었던 일이 생각난다. 공항까지 가는 리무진 버스를 타기 위해 체크아웃을 한 후 호텔의 입구에서 기다리는데, 지배인이 다가와 호텔 안에서 앉아 기다리면 된다며 나를 프론트 옆에 있는 의자로 안내했다. 지배인의 호의에 감사해 하며 앉아서 쉬고 있는데, 한참을 기다려도 와야 할 버스가 오지 않았다. 혹시나 하는 마음에 확인을 해봤더니, 이미 버스가 지나가버렸다는 사실을 알게 되었다. 밖에 손님이 없어 그냥 지나쳐버렸다는 벨보이의 말에 나는 크게 당황했다. 자초지종을 지배인에게 설명하자 그는 자신의 실수를 인정한 후 사과를 건넸고, 곧바로 회사 택시를 불러 공항까지 비행기 시간에 늦지 않도록 조치를 취했다. 경황이 없어 그냥 서둘러 호텔을 떠났지만, 그때 그 지배인의 실수를 인정하는 자세와 고객에 대한 배려가 몇 년이 지나도록 기분 좋은 일로 기억되고 있다. 기회가 된다면 다시 한 번 그 호텔을 찾아가고 싶은 생각이 든다. 세계인들이 대한민국을 찾고 있는 지금, 우리도 낯선 이방인들에게 신의를 베풀어 믿음을 보여주어야 한다. 그것이 바로 세계화의 시작이다. 다문화 가정 아이들에게 마음을 여는 것, 이주노동자의 인권을 보호해주는 것 등도 이에 해당된다. 미국의 열린 이민정책과 홍콩의 투명함을 본받았을 때 세계 속의 한국으로 거듭날 수 있기 때문이다. 세계화란 먼 나라에서 부르짖는 것이 아니라 내 나라에서, 내가 먼저 글로벌 마인드로 변화됐을 때 가능해진다는 것을 명심하자.

정부는 마스터플랜을 세울 수 있어야 한다. 정부와 기업이 협력해 대규모 해외 프로젝트를 수주해 온다면 자연스럽게 국민들의 일자리가 창출되기 때문이다. 이때는 반드시 대기업과 중소기업이 공생하도록 해야 한다. 이는 정부가 중심일 때 가능해진다.

물론 UAE원전 수주를 비롯해 정부는 그동안 대규모 프로젝트를 수주했었다. 첫 해외건설 수주로 기록된 1965년 태국 파타니-나라티왓 고속도로 건설공사를 시작해 이제는 수주 5,000억 달러 시대를 맞이했으니 말이다. 문제는 그 과정에서 중소기업이 배제되고 있다는 사실이다. 이는 올바른 의미의 상생이 아니다. 대기업에서 모든 것을 독식한다면 양극화가 극심해질 테고, 이는 청년들의 취업환경도 한쪽으로 치우친다는 뜻이다. 정부가 규제를 풀고 100년, 200년 뒤를 생각하며 다원화된 사회를 만들 수 있다면 대기업과 중소기업 그리고 근로자가 모두 상생하는 세상이 만들어진다.

현재 한국 플랜트산업협회 자문위원을 맡고 있는 나는 해외 수주보다 중요한 것이 바로 모두가 상생할 수 있는 사회를 만드는 것이라고 믿는다. 대한민국 안에서 모두가 행복하게 일할 수 있을 때 세계를 선도하는 나라로 거듭날 수 있기 때문이다.

세계화를 위한 정부의 역할은 이뿐만이 아니다. 앞장서서 노인 문제를 해결해야 한다. 머지않아 대한민국은 심각한 고령화 사회가 된다. OECD 국가 가운데 가장 빠른 속도로 노령화되고 있으니, 노인 문제를 더 이상 관망해서는 안 된다. 따라서 정부 차원에서 정년시기를 바꿔야 한다. 의학의 발달로 예순도 이제는 청춘처럼 일할 수 있는 나이이다. 훌륭한 혜안을 가진 장년층을 회사가 아닌 집과 산으로 보내는 것은 국가 차원에서도 인재 낭비가 아닐 수 없다. 즉, 정부가 주도적으로 정년퇴직 시기를 기존의 예순에서 일흔으로 바꾸는 방법을 제안한다. 건강관리만 잘한다면 75세까지는 충분히 일할 수 있다고 믿기 때문이다. 또는 임금피크제Salary Peak를 사용하는 것도 방법이다. 임금을 삭감하는 대신 정년까지 고용을 보장하거나 연장하는 것이다. 미국·유럽·일본 등 일부 국가에서 공무원과 일반 기업체 직원들을 대상으로 선택적으로 적용하고 있지만 우리나라에서는 아직 보편화되어 있지 않다. 이를 정부에서 해결해준다면 노인들의 고독, 가난, 질병 등의 문제도 해결될 것이다.

젊은이는 패기와 열정이 있지만 경험이 없지 않은가. 이는 지혜가 부족하다는 뜻과 같으니 노인의 지혜와 젊은이의 패기가 조화를 이룬다면 반드시 대한민국이 세계 일류 국가가 될 수 있다. 그로 인해 세계적인 프로젝트를 우리나라에서 수주할 수 있게 되는 것이다.

대한민국 청년들은 더 이상 우물 안 개구리가 아니다. 꿈을 이루기 위해서라면 세계 어느 곳에도 갈 수 있다. 글로벌 마인드를 갖춘 시민이 되는 것만으로도 그들의 도전에 힘을 보태는 것일 테니, 지금부터라도 거리에서 외국인을 만난다면 경계의 눈빛 대신 사랑과 관심의 눈길을 보내주자. 내가 변하는 순간 확연히 달라진 세상을 만날 수 있게 될 것이다.

한국의 멋,

세계를 유혹하다

외국에 나가면 애국자가 된다고 한다. 낯선 나라가 주는 이질감 탓에 내 조국이 얼마나 아름답고 위대한 곳인지 알게 되는 것이다. 나 역시 누구보다 내 조국을 사랑하고 자랑스러워한다. ROTC로 군복무를 마치면서 자연스럽게 생긴 애국심이 포스코에 입사한 뒤 한층 더 성숙해졌다. 더불어 오랫동안 해외 주재원으로 근무하면서 나라의 소중함을 절실히 깨달았다. 가끔은 눈물 나도록 한국이 그리웠지만 가족들 덕분에 향수병을 이겨낼 수 있었다. 내가 주재원으로 근무했던 독일과 벨기에, 오스트리아 그리고 인도는 가족중심 사회라서 혼자 생활한다면 생각보다 훨씬 외롭다. 하지만 가족을 사랑하고 이웃을 배려하는 그들의 모습은 무척 인상적이었다. 그중에서도 나는 독일이 가장 매력적이었다. 아이들의 개성과 프라이버시를 존중하는 사회에서 밝은 미래를 엿볼 수 있었던 것이다. 엽서에 나올 것 같은 근사한 집도 독일이 좋아진 이유였다. 옆집에 사는 노부부의 지하창고에는 그 집만의 보물이 숨겨져 있었다. 이는 자신이 태어나던 해 그의 아버지가 구입한 와인이었다. 훗날 성인이 된 아들이 매년 생일마다 와인 한 병을 참석한 친구들과 한 잔씩 마신다고 한다. 남자의 나이가 예순이었으니, 와인의 역사도 60년이라는 뜻이다. 나는 일 년에 한 번, 자기가 태어난 해에 수확한 와인을 마신다던 남자에게서 진정한 여유로움이 느껴졌다. 매년 한 잔의 와인을 마시며 그리운 아버지를 떠올렸을 그의 모습에서 가족의 소중함과 기다림의 미학 그리고 오래된 것의 가치를 되새겨 보았다.

물론 우리나라에도 오랜 역사와 함께 숨 쉬고 있는 와인이 있다. 1975년 국회의사당에 위치한 해태상 밑에, 조국의 번영을 위해 국내에서 최초로 만든 와인을 묻은 것이다. 100년 후에 개봉한다고 약속했으니 오는 2075년에 이를 맛볼 수 있게 된다. 그때가 되면 우리나라에서 만든 와인이 전 세계인들의 입맛을 사로 잡을지도 모른다. 세계 속의 한국으로 거듭날 테니 말이다. 물론 우리나라에는 와인보다 훌륭한 술이 무척 많다. 정성과 세월로 빚은 전통주와 막걸리도 그중에 하나이다. 유럽에서 근무할 동안 막걸리가 무척 마시고 싶었는데 이제는 지구 반대편에서도 막걸리를 마실 수 있게 되었다. 30년이 채 안 되는 시간 동안 대한민국이 몰라보게 성장했다는 뜻이니, 국민의 한 사람으로서 기쁘고 감사한 일이다.

턱시도를 입고 스테이크를 먹으면서 막걸리를 마시는 서양인들의 모습, 더 이상 상상이 아닌 현실이기에 확신할 수 있다. 머지않아 대한민국은 세상의 중심이 될 것이라고. 한국의 멋이 세계를 유혹하고 있으니 말이다. 이미 90년 전 금강산이 앞으로 세계의 중심이 될 것이라고 예언한 소태산 대종사님의 말씀이 점점 현실이 되어가고 있으니, 그날을 손꼽아 기다린다.

천지가 다보탑이다

대한민국의 거리는 옛것을 부수고 새것을 짓느라 쉴 틈이 없다. 언젠가부터 대한민국 전역이 공사 중인 것이다. 낡은 건물이 사라지고 현대식 빌딩이 세워지면 복잡했던 도로가 시원스럽게 뚫리고 밝아지는 것은 사실이다. 하지만 소중했던 추억이 사라지는 것 같아 가슴 한편이 쓸쓸해져 온다. 고즈넉한 옛 모습을 잃어버렸으니, 어린 시절의 향수조차 느낄 수 없는 것이다.

반면에 유럽에 가면 오래된 건물을 쉽게 볼 수 있다. 옛것을 그대로 보존하는데도 현대적으로 느껴지는 이유가 무엇일까? 동서양의 건축양식에서 오는 차이일까? 처음 외국에 나갔을 때는 그 사실이 몹시 궁금했다. 그러나 머지않아 그 이유를 깨달았다. 서양인은 자신들의 역사와 전통을 자랑스럽게 여겼던 것이다. 그 자신감이 내게로 전해져, 낡고 허름해도 멋스럽게 보였던 것이다. 할머니가 어머니에게 어머니가 딸에게 전해주는 반지가 다이아몬드 반지보다 더 소중하다고 생각하는 마음에서 엔틱 문화가 생겨났으니 말이다. 덕분에 유럽에 가면 거리에서 쉽게 그 나라의 역사를 배우고 문화유산을 만날 수 있다. 굳이 박물관에 가지 않아도 그들이 어떻게 살아왔는지 알 수 있는 것이다.

아울러 한 가지 깨달은 것이 있다. 우리나라 역시 천지가 다보탑이라는 사실이다. 도심에서 조금만 벗어난다면 찬란한 역사와 문화를 엿볼 수 있기 때문이다. 예를 들어 사찰에 가면 마음이 정화되는 것은 물론 조상들의 뛰어난 예술성에 감탄하게 된다. 청, 적, 백, 흑, 황색으로 나무에 정성껏 그린 단청의 아름다움과 부드럽게 흐르고 있는 기와의 곡선은 세계 어디에서도 볼 수 없는 우아함의 극치이다. 은은하게 울려 퍼지는 풍경 소리는 시각뿐 아니라 청각까지 감동시킨다. 다시 말해 미켈란젤로와 레오나르도 다빈치는 없지만 우리에게는 김홍도와 신윤복이 있다. 베르사유 궁전과 쾰른 대성당은 없지만 경복궁과 불국사가 있다. 우리 것이 아름답고 위대하다는 사실만 알고 있다면 곳곳에서 자랑스러운 역사와 문화를 느낄 수 있는 것이다. 따라서 세계 속의 한국으로 거듭나기 위해서는 전통과 현대가 조화를 이뤄야 한다. 우리 스스로 소중한 문화유산을 지켜야 한다는 뜻이다. 이는 우리 것을 사랑할 때 가능해진다. 옛것은 버리는 것이 아니라 보존하고 가꿔야 할 소중한 유산이기 때문이다.

예를 들어 프랑스 파리가 세계적인 도시가 될 수 있었던 것은 그 안에 역사와 문화가 깃들어 있어서이다. 현재의 파리 시가는 반 이상이 19세기 무렵 나폴레옹 3세의 뜻에 따라 오스망 남작이 만들었으니, 역사를 소중하게 여기는 프랑스인들의 정신을 느낄 수 있다. 그 길 위에 세워진 오페라 극장과 루이비통, 쇼메, 랑세르 등 명품브랜드의 부티크 역시 그 시대에 만들어진 가게이니, 19세기 건축양식과 라이프스타일까지 엿볼 수 있는 것이다. 오스망은 지하를 설계할 때도 100년 뒤를 내다보았다. 세계적으로 유명한 파리의 하수도가 이 무렵에 정비되었는데 천장이나 벽에 전기, 가스, 상수도용 파이프가 가설되었으며, 나중에 전화선도 첨가되었다. 그 가운데 가장 재미있고 놀라운 일은 하수도에 장착한 파이프를 통해 편지를 보냈다는 사실이다. 편지를 전용 캡슐에 담은 뒤 파이프 입구에 넣고 핸들을 당기면 공기의 압력으로 편지가 우체국까지 날아가는 것이다. 최근에는 이용자가 줄었지만 여전히 프랑스 인들은 옛 모습을 그대로 구현해 놓았다. 그 향수가 파리를 세계적인 도시로 만들어준 것이다. 독일 철도의 중심인 뒤셀도르프의 중앙역Düsseldorf Hauptbahnhof도 전통을 보존하면서 현대화한 대표적인 사례이다. 웅장하고 현대적인 건물 안으로 들어가면 독일의 역사를 고스란히 느낄 수 있는데, 이를 보며 자국의 역사와 문화를 사랑한다는 독일인의 모습을 엿볼 수 있었다.

반면에 우리나라는 어떠한가. 파리에 있는 광양제철소 설비공급사 부사장이 한국을 방문하고 나서 서울에 다녀온 소감을 말하기를 "서울에는 한국을 대표하는 건물이 하나도 없다. 한국에는 훌륭한 건축가가 없는 모양이다."라고 하는 것이었다. 나는 미국 『타임지』에 실렸던 건축가 김중업을 비롯해 류춘수 등 세계적인 건축가를 열거했다. 그러나 그의 생각은 완강했다. 서울 4대문 안에 한국의 역사와 전통을 느낄 수 있는 건축물 대신 외국 건축가들의 작품이 곳곳에 우뚝 솟아 있었기 때문이다. 1394년부터 우리의 수도로 존재해왔던 서울 4대문 안에서 대한민국의 혼을 느낄 수 없다니, 생각해 보니 무척 부끄러운 일이었다.

세계적인 건축가의 작품이 세워졌다는 것은 무척 고무적인 일이지만 그의 말처럼 한국의 정체성을 느끼기에는 역부족이다. 물론 땅값이 천정부지로 높은 지금 세계적인 건축가가 지은 초고층 건물이 기와집보다 훨씬 고부가가치를 창출하지만, 유럽의 도시와 비교했을 때 안타까운 것 또한 사실이다.

그의 말을 듣고 나는 몹시 부끄러웠다. 서울 곳곳에서도 우리의 문화유산을 엿볼 수 있다면 훨씬 자랑스러울 수 있을 텐데…. 눈앞의 이익을 좇는 것보다 우리의 것, 우리의 얼을 지키는 것이 훨씬 중요하다는 사실을 다시금 되새겨볼 수 있었다. 우리 스스로 우리 것의 위대함을 깨달아야 할 테다.

VI.
청춘의 의무

대한민국이여, 영원하라

뜻이 있는
곳에

길이 있다

스톡데일 패러독스Stockdale Paradox란 성공에 대한 강한 확신이 고난과 역경을 이긴다는 뜻이다. 이는 베트남 전쟁 당시 하노이 포로수용소에 수감되었던 미군 장교 스톡데일의 이름에서 유래되었다.

그는 끔찍한 고문과 학대를 받으면서도 미국으로 돌아갈 수 있다는 확신을 갖고 있었다. 이는 주위 사람들까지 변화시켰고 마침내 8년이 지난 뒤 그들 모두 미국으로 무사 귀환할 수 있었다.

그에 따르면 수용소에서 살아남은 사람들은 낙관주의자가 아니라 현실주의자였다고 한다. 낙관주의자는 희망이 절망으로 바뀌는 순간 상심해 죽고 말지만, 현실주의자는 작은 일에 일희일비하지 않고 끝까지 희망을 버리지 않는다는 것이다. 즉, 최악의 위기를 극복하는 방법은 미래에 대한 강한 확신과 자신을 믿는 마음이라는 뜻이다. 이때는 막연한 긍정이 아니라 현실을 직시하고 그 안에서 실현 가능한 꿈을 꿔야 한다. 이를 낙관적인 현실주의자라고 한다. 이는 청년실업을 극복하는 방법이기도 하다. 대기업 또는 공기업 입사를 꿈꾸며 천편일률적인 스펙 쌓기에 열중하는 청년들은 긍정적인 것이 아니라 현실을 외면한 것이기 때문이다. 현실을 직시하지 못한다는 것은 자신의 단점을 모른다는 뜻이며 진짜로 원하는 꿈조차 모른다는 의미이다. 막연한 긍정을 경계해야 하는 이유이다. 만일 포로수용소에 갇힌 스톡데일이 밑도 끝도 없이 '다음 달에는 꼭 고향으로 돌아갈 수 있어.'라고 생각했다면 절망의 늪에 빠져 허우적거렸을 것이다. 그러나 그는 '언젠가는 반드시 돌아갈 수 있다. 그러기 위해서 나는 지금 이것을 해야 한다.'의 신념이 있었던 결과 자신과 부하들의 운명까지 변화시킬 수 있었다.

다시 말해 긍정을 믿되 반드시 현실을 직시한 긍정이어야 한다. 이는 앞서 말했듯 마음운동을 통해 가능해진다. 심전心田을 지배한다면 미래를 자신이 원하는 방향으로 변화시킬 수 있기 때문이다.

예순이 되고 보니 나 역시 스톡데일 패러독스가 진리라는 사실을 깨닫게 되었다.

화려한 경력보다 중요한 것은 '자신에 대한 믿음, 미래에 대한 확신'이다. 그 사실을 내게 가르쳐준 사람은 포스코 박태준 회장이다. 그의 강한 신념을 보면서 나를 포함해 포스코 전 직원들은 마음속 깊이 '우리는 할 수 있다.'를 되새겼다. 리더의 강한 확신이 우리에게 길을 가르쳐주었고, 그 길을 뚜벅뚜벅 걸어갈 수 있도록 힘을 준 것이다.

장교로 군복무를 마치고 포스코에 입사한 뒤 선배들에게 전해 들은 포스코 설립과정은 그야말로 기적의 연속이었다. 전 직원이 제철소 건설 경험이 없는데도 불구하고 공사기간을 단축시켰으니 말이다. 설계와 엔지니어링, 설비 구입과 설치, 공정관리와 품질검사 등 전 분야에 걸쳐 전문지식이 없었던 포스코 창립 멤버들은 일본의 3대 철강회사인 야하타제철, 후지제철, 니혼강관으로부터 기술을 전수받았다. 동시에 그들의 실력을 객관적으로 검토하기 위해 호주 철강회사의 컨설팅을 받기도 했다. 기술을 전수받는 동시에 일본을 견제할 수 있을 때 제대로 된 제철소를 건립할 수 있기 때문이다. 끝으로 한국과학기술원이 일본과 호주의 자문을 검토하고 평가했으니, 기술력이 전무한 상태에서도 제철소를 지을 수 있었던 것이다. 박태준 회장을 비롯해 포스코 창립 멤버를 존경할 수밖에 없는 이유이다. 처음에는 막연하게 그들을 동경했지만 함께 일을 하면서 진심으로 그들을 존경하게 되었다. 그들이야말로 대한민국의 역사를 쓴 위대한 영웅이었기 때문이다.

그들은 '뜻이 있는 곳에 길이 있다.'는 확고한 신념을 가지고 있었다. 그들은 현실을 냉정하게 분석한 뒤 자신의 부족함을 알았으니 자만심에 빠져 나태해지지 않았다. 절망하지도 않았다. 오르고 또 오르면 반드시 올라갈 수 있다는 강한 믿음이 있었다. 스톡데일 패러독스의 뜻을 몸소 보여주었던 것이다.

그들에게서 나는 현실을 직시하되 그 안에서 긍정을 찾을 수 있다면 원대한 꿈을 이룰 수 있다는 것을 배웠다. 청년실업에 비유하자면 '지금의 나는 대기업에 입사할 수 없다. 스펙을 쌓는다면 언젠가 대기업에 입사할 수 있다.'의 명제에는 허점이 있다. 왜냐하면 대기업에 입사할 수 없을 때 실망하고 좌절하게 될 테니까. 반면에 '지금의 나는 대기업에 입사할 수 없다. 중소기업에서 경험을 쌓는다면 언젠가는 꿈을 이룰 수 있다.'는 현실적 낙관주의이다. 경험을 쌓으면서 한 계단씩 오르게 되면 성공이라는 궁극의 목표를 이룰 수 있기 때문이다.

오랫동안 한 직장에서 근무하면서 깨달은 것이 바로 이것이다. 지금의 나를 알고 분수를 지키는 것 말이다. 이는 화려하고 편안한 것에 길들여진 청년들이 반드시 기억해야 할 진리이기도 하다. 만일 박태준 회장이 지나친 낙관주의자였다면 반복된 실패 앞에 좌절했을지도 모른다. 분수를 모르고 원대한 꿈만 좇았다 해도 결과는 마찬가지이다. 현실을 직시하고 실패를 담대하게 받아들이면서도 희망을 놓지 않을 때 꿈은 현실이 된다.

배움만이 꿈을 이루어준다

사람은 사고하는 방식과 지나온 경험에 따라 세상을 다르게 바라본다. 심전心田 가꾸기가 중요한 이유이다. 생각해보면 포스코 신입사원 시절 때 노란 명찰을 단 선배들이 가장 부러웠다. 노란 명찰은 그들의 신분이 과장급 이상이라는 뜻이었다. 그러던 내가 어느 순간 간부가 되고 임원이 되어 주도적으로 프로젝트를 진행하는 위치가 되었으니, 감사할 일이 어디 한두 가지겠는가. 그 가운데 가장 감사한 것은 배움의 기회가 무궁무진하게 주어졌다는 사실이다.

세계 여러 나라를 다니면서 세상이 넓다는 것을 배웠고, 내가 부족하다는 것도 알았다. 배우고 또 배워도 여전히 배워야 할 것이 많았으니 호기심에 부푼 청춘처럼 즐거웠다. 배움이란 막연한 스펙 쌓기가 아니라 꿈을 이뤄나가는 과정에서 하나둘씩 알아 나가는 지혜일 테니 말이다.

민족의 슬픔을 온몸으로 이겨낸 어버이들은 누구보다 배움의 중요성을 강조했다. 본인의 고생이 무식의 소치라 여겼으니, 자식에게만은 배움의 길을 열어주어 편안한 삶을 선물해주고 싶었던 것이다. 이는 박 회장의 모습이기도 했다. 교육만이 꿈을 이뤄준다고 믿었던 그는 산학협동 체계를 구현할 수 있는 학교를 만들겠다는 일념 하에 포항공업고등학교를 설립했다. 명문사립고등학교가 아닌 공업고등학교를 설립한 것만 보아도 그의 가치관을 짐작해볼 수 있다. 그에게 중요한 것은 학교 졸업장이 아니라 기술을 쌓아 국가발전에 기여하는 인재를 만드는 것이었다. 제조업이 곧 국력을 좌우한다는 믿음이 학교 설립이라는 이름의 열매를 맺은 것이다. 이윽고 세계적인 엔지니어들과 어깨를 나란히 할 수 있도록 포항공과대학교를 설립했다. 이 역시 제조업이 국가경쟁력의 밑거름이 된다는 믿음 아래 탄생한 학교이다. 아울러 이공분야의 노벨상을 선진국이 독차지하고 있는 현실을 타파할 수 있는 길이라고 확신했었다. 나는 머지않아 이공분야에서도 노벨상 수상자가 탄생할 것이라고 믿는다. 그는 이 세상을 떠났지만 그가 남긴 위대한 족적은 대한민국 전역에 아로새겨져 또 다른 기적을 만들어 줄 테니까.

뿐만 아니라 배우고 또 배우다 보면 자연스럽게 성공의 설계도를 그릴 수 있게 된다. 지식이 쌓일수록 자신감이 생기기 때문이다. 성공의 설계도가 뚜렷해질수록 성공한 자신의 모습을 상상하게 되고 이는 긍정적인 열정을 만들어준다. 그로 인해 성공을 향해 나아가는 길목에서 장애물을 만난다고 해도 이겨낼 수 있다. 건전한 자신감은 미래를 변화시키는 힘을 가지고 있는 것이다. 또 배움의 깊이가 깊어질수록 객관적으로 자신을 평가할 수 있게 된다. 무지는 진실을 가리지만, 지혜는 보이지 않는 진실까지 볼 수 있게 도와주는 것이다.

반면에 배움을 게을리한다면 꿈을 꿀 수가 없다. 꿈을 꾸기 전에 작고 초라한 자신을 만나게 될 테니, 자포자기하게 된다. 배움에 대한 열망이 없다는 것은 절망과 포기로 얼룩진 삶을 살게 되다는 뜻이다.

배우고 또 배워 꿈을 이룬 주인공의 기사를 신문에서 보았다. 인천 남동공단 용접공 출신이었던 청년이 마침내 꿈을 이뤄 세계 최고 과학저널인 『네이처Nature』 표지를 장식한 것이다. 대학 등록금이 없었던 그는 고등학교를 졸업 뒤 이삿짐센터에서 짐을 나르기도 했고 용접과 중장비 운전까지 했다. 하지만 현실을 원망하지 않았고 꿈을 포기하지도 않았다. 일은 고됐지만 매달 받는 월급은 그에게 꿈을 이뤄주는 씨앗이 되어주었던 것이다. 현실을 직시하면서도 꿈을 놓지 않은 덕분에 그는 미국행 비행기에 몸을 실었고 마침내 박사가 되어 돌아왔다. 그의 꿈은 여전히 현재 진행형이다. 열악한 현실을 원망하지 않고 막연한 환상에 사로잡혀 오늘을 게을리 보내지도 않을 테니 말이다. 현실에 순응하면서 꿈을 놓지 않는 법을 알고 있으니, 앞으로 어떤 시련이 닥쳐와도 슬기롭게 이겨낼 수 있으리라 믿는다.

이렇듯 현실을 직시한다는 것은 안주를 의미하는 것이 아니다. 꿈을 꾸는 것 또한 허황된 욕심을 갖는 것과는 다른 의미이다. 지금 이 순간 최선을 다하면서 성공할 것이라는 강한 확신을 갖는 것이야말로 스스로에게 만족하며 세상에 감사하는 방법이다. 더불어 배움에 끈을 놓아서는 안 된다. 배움은 꿈을 향해 나아갈 수 있는 나침반이기 때문이다.

한 가지 당부하고 싶은 것은 배움의 종류이다. 스펙 쌓기가 곧 배움이라고 착각해서는 안 된다. 배움이란 내가 가고자 하는 길목에서 반드시 필요한 것이어야 한다. 훌륭한 엔지니어가 되길 꿈꾼다면 기술을 배워야 한다. 기름 때 묻은 손마디가 꿈을 이뤄주는 열쇠가 되어준다는 뜻이다. 평생 동안 배우되 똑똑하게 배워야 한다는 뜻이다.

편 가르기는 구시대적 유물

나는 스스로 공인이라는 사명감을 가지고 살아왔다. 그 이유는 예나 지금이나 국가와 민족을 먼저 생각하고 사회를 위해 헌신하고자 하는 나의 기본 사상이 있기 때문이다. 이는 박태준 회장의 가르침이기도 했다. 그가 정의 내린 공인은 국가와 민족을 위해 제 한 몸 기꺼이 헌신할 수 있는 사람이다. 사적인 성공을 위해 일한다 해도 그 과정에서 국가 경쟁력을 높이고 국민의 삶을 윤택하게 만들어준다면 이미 공인이라는 것이다. 나 역시 그의 뜻에 공감한다. 나라를 위해 헌신하는 삶은 자신의 본분을 지키면서 이웃을 사랑하는 길이기 때문이다.

그런데 일부에서 거론되었던 해묵은 색깔론이 언젠가부터 고개를 들고 나오기 시작했다. 싱그럽고 진취적이어야 할 청년들마저 이념전쟁에 빠져 소중한 오늘을 의미 없이 보내고 있다. 물론 정치는 우리의 삶과 밀접한 관계를 맺고 있다. 청년들이 정치에 관심을 기울이지 않는다면 그 사회의 미래는 어두울 수밖에 없다. 이 사회를 투명하고 올바르게 이끌어야 갈 주역은 청년이고, 그 방법은 올바른 정치참여를 통해 이루어진다. 문제는 의미 없는 이념전쟁에 청년들이 아까운 시간을 소모하고 있다는 사실이다. 모두가 한마음 한뜻으로 세상을 변화시켜도 세계의 중심이 되기 어려운 지금, 색깔론에 빠져 서로를 헐뜯는 행위는 백해무익하지 않겠는가. 물론 대한민국은 분단국가이다. 남과 북이 대립하고 있는 지금 이념을 떠나 정치를 말할 수 없는 것도 사실이다. 하지만 논쟁이란 긍정적인 결과를 도출했을 때 비로소 값진 싸움이 된다. 서로를 헐뜯고 비난하면서 역사를 퇴보시키는 논쟁은 소모적인 싸움일 뿐이다.

그럼에도 불구하고 나를 비롯한 기성세대는 지나치게 반공교육을 받으며 살아온 탓에 흑백논리에 젖어 있다. 물론 북한의 경직된 사고 역시 통일을 가로막는 장애물이다. 독일의 경우 통일되기 전에도 동독에 교회가 있었다. 사회주의였지만 종교의 자유가 허락되었고, 백화점 등의 유통시설도 잘 정비되어 있었던 것이다. 지난날 공산당은 무조건 적이라고 알고 있었던 나는 동독의 개방된 모습을 보고 적지 않게 당황했었다.

동독과 서독이 하나가 될 수 있었던 것은 이념이 하나로 일치되어서가 아니라 서로의 다름을 인정하고 자신의 이념을 상대에게 강요하지 않았기 때문이다. 물론 그 중심에는 당시 서독의 총리였던 빌리 브란트Willy Brandt가 있었다. 그는 나치독재정권 시절 노르웨이와 스웨덴에서 히틀러정권에 항거하는 정치활동을 했었지만 서독의 총리가 된 뒤에는 동독을 적극적으로 지원했다. 좌파 공산주의자라는 온갖 비난에도 불구하고 뜻을 굽히지 않았던 것이다. 동·서독이 함께 유엔에 가입할 수 있는 판로를 만들었고 이산가족 방문, 우편과 통신 교류, 무역을 통한 상호 화해와 발전을 이루었다. 동독의 낙후된 도로를 재정비했고 자유롭게 여행할 수 있는 통로를 만들기도 했다. 동독과 서독이 평화통일을 이룰 수 있었던 건 이념을 초월해 하나를 꿈꿨던 브란트의 희망 덕분이었다. 뿐만 아니라 그는 독일이 제1차, 2차 대전의 전범국가라는 사실을 부끄럽게 여겨, 전쟁 희생자 비석 앞에 무릎을 꿇고 사죄하기도 했다. 그의 삶과 독일의 통일 과정을 지켜본다면 대한민국 안에서 공공연히 자행되고 있는 해묵은 색깔론이 얼마나 어리석은 일인지 깨달을 수 있다.

우스갯소리지만 동독과 서독이 통일할 수 있었던 또 다른 힘은 축구경기라고 한다. 독일 주재원으로 근무하면서 그 말이 사실임을 깨달았다. 그들은 여전히 서로 다른 이념을 가지고 살아가지만 자신의 이념을 상대에게 강요하지 않는다. 서로의 다름을 있는 그대로 받아들인다. 그리고 서로의 장점을 찾아내 자신의 단점을 보완한다. 그로 인해 어떤 문제 앞에서도 한마음이 될 수 있는 것이다. 이러한 모습이야말로 대한민국이 배워야 할 모습이 아닐까 한다.

탈북자 문제 역시 색깔론으로 접근하는 것이 아니라 인간의 존엄성에 초점을 맞춰야 한다. 아사餓死하는 북한 주민의 참혹한 실상을 두 눈으로 목도한 이상 이념을 초월해야 하는 것이다. 그것이 바로 나라와 민족을 위해 헌신하는 길이다.

이렇듯 그릇된 이데올로기에 청춘을 허비하지 않으려면 깊이 생각해야 한다. 모든 선악은 생각에서 나오기 때문이다. 선한 생각을 하면 선한 행동이 나오고 악한 생각을 하면 악한 행동이 나온다. 그러므로 행동에 앞서 반드시 깊이 생각해야 한다. 이때는 여유를 가져야 한다. 세상을 바꾸고 싶다면 더더욱 여유를 갖고 옳고 그름을 헤아려야 한다.

정치인들 역시 눈앞의 이익에 눈이 멀어 청년들에게 편 가르기를 주입시켜서는 안 된다. 대한민국의 미래가 과거로 회귀하는 것이야말로 소탐대실이 아니고 무엇이겠는가. 나라의 안위를 최우선으로 생각하는 올바른 정치인이라면 현재의 작은 만족에 양심을 팔아서는 안 된다. 작은 것에 연연한다면 위대한 성공을 이룰 수 없기 때문이다. 범을 잡기 위해 나간 사냥꾼은 토끼나 꿩을 보고 함부로 총을 쏘지 않는다는 사실을 명심해야 한다.

나는 우리 사회에 뿌리 깊이 박힌 색깔논쟁과 지역감정을 종식시켜줄 수 있는 사람이 청년들이라고 믿는다. 새하얀 도화지처럼 깨끗한 청년이기에 합리적이고 객관적으로 판단할 수 있을 것이라고 믿는다. 이는 청년들이 정치적으로 이용당하지 않고, 주체적으로 정치에 참여하는 방법이기도 하다.

기억하라

애국심이란 무엇일까? 사전적 의미로 본다면 나라의 발전을 위해 자신의 안위를 버릴 수 있는 용기일 테지만 지금 이 순간 최선을 다해 살아가는 것 또한 애국심이다. 국민 모두가 땀 흘림의 가치를 안다면 경제가 발전하는 것은 당연한 결과일 테니 말이다. 아울러 남자라면 국방의 의무를 다하는 과정에서 자연스럽게 애국심을 기를 수 있게 된다. 자유가 억압받고, 다양성이 존중되지 않는 군대생활이 즐거울 리 없겠지만 그 시간 속에서 인내하고 견디는 법을 배우게 된다. 또한 내가 흘린 인내와 땀방울이 국민들의 삶을 평화롭게 지켜준다는 사실을 알게 되는데, 그 과정에서 가슴속 깊이 잠들어 있던 애국심이 깨어난다. 나 역시 육군 장교로 근무하면서 내 조국이 대한민국이라는 사실을 가슴 깊이 새길 수 있었다.

군인이 된다는 것은 싱그러운 시절을 의미 없이 흘려보내는 것이 아니라는 뜻이다. 꿈을 이루는 데 있어 시간이 다소 지체될 수 있지만, 그럼에도 불구하고 나는 건강이 허락된다면 반드시 국방의 의무를 다하길 권한다. 군복무가 남자를 남자답게 만들어준다면 다소 과장된 표현일지도 모르지만, 조국과 민족을 위해 헌신하는 값진 시간이 될 것이다.

사내로 태어나 이 한 몸 국가와 민족을 위해 살겠노라고 다짐했던 나였기에 육군 장교, 특히 보병장교로서의 삶은 은혜로운 시간이었다. 많은 회사 가운데 포스코에 입사하게 된 것도 축복이었다.

애국심으로 똘똘 뭉친 리더를 보필하면서 나라를 사랑하는 법을 배웠기 때문이다.

그 시간 동안 포스코의 정신, 이른바 우향우 정신을 가슴에 새겼다. 이는 포스코 건설을 앞둔 박 회장의 연설에서 시작되었다.

"우리는 조상의 혈세로 제철소를 짓고 있습니다. 실패하면 조상에게 죄를 짓는 것입니다. 목숨을 걸고 일합시다. 모두 우향우 하십시오. 실패하면 앞에 보이는 영일만 바다에 모두 빠져 죽읍시다."

박 회장(당시 직책 사장)다운 연설이라는 생각에 입가에 미소가 번진다. 이처럼 전 직원이 결사 항전의 심정으로 일했으니 황무지를 개척하고 세계 일류 제철소를 지을 수 있었다. 물론 박 회장의 말처럼 포스코는 조상의 혈세로 지어진 제철소이다. 해방 후 일본은 식민지배에 대한 배상금 즉, 대일청구권자금으로 7,300만 달러를 우리나라에 지급했고, 이를 토대로 포철 1기 건설이 시작되었다. 그러니 어찌 우리가 게으름을 피울 수 있었겠는가. 사리사욕에 눈멀어 개인의 이익을 추구하는 것 또한 역사의 죄인이 되는 것 아니겠는가. 아마도 이러한 이유로 인해 포스코맨들은 그 어느 기업보다 애국심이 높았을 것이라고 짐작해본다. 그 덕분에 독자적인 기술을 확보할 수 있었으니, 나라를 빼앗겼던 조상의 피맺힌 한이 조금이나마 옅어졌기를 조심스레 빌어본다. 생각해보면 박 회장이야말로 한국 산업 발전을 항상 염두에 둔 거인이었다. 한국에서 제철 설비와 제작이 가능하도록 기술 배양을 유도하고 배려했으니 말이다.

이 같은 포스코의 역사를 보면서, 실패가 곧 죽음이라고 생각하는 순간 우향우 정신이 생겨난다는 사실을 배웠다. 실패가 죽음과 연결된다면 죽기 살기로 일할 수 있을 테니 말이다. 인간은 극한의 순간에 초인적인 힘을 발휘할 수 있기 때문이다.

대한민국이 오늘날처럼 눈부시게 성장할 수 있었던 원동력 역시 사회 전반에 깊숙이 자리 잡은 우향우 정신 덕분이다. 포스코뿐만 아니라 현대의 정주영 회장, 삼성의 이병철 회장 등 불세출의 영웅들은 우향우 정신이 투철했다. 실패가 곧 죽음이라고 생각했던 것이다.

'하면 된다, 안 되면 될 때까지 한다, 해서 안 되는 일은 없다,

그래도 안 되면 죽는다.'의 신념으로 임한다면 세상에 불가능한 일은 없을 테니 말이다.

1968년 2월에 착공해 1970년에 완공된 고속국도 제1호선인 경부고속도로를 달릴 때도 나는 우향우 정신을 느낄 수 있다. 당시 경부고속도로가 완공되었을 때 비난의 목소리가 속사포처럼 쏟아졌다. 10분을 달려도 앞뒤로 차가 보이지 않는다는 것이 이유였다. 고속도로를 달리는 차량이 없다는 뜻이니, 고속도로 자체가 무용지물이라는 것이다. 나는 그 의견에 반대했다. 전쟁 직후 급속도로 경제가 성장하고 있을 무렵 고속도로 위를 질주하는 자동차가 많을 리 없기 때문이다. 하지만 불과 몇십 년 만에 대한민국의 도로 위에는 자동차가 즐비하게 서 있다. 경부고속도로를 비난했던 이들도 시원스럽게 뚫린 고속도로를 질주하면서 자신의 생각이 옳지 않았음을 깨달았을 테다. 온갖 비난 속에서도 굴하지 않은 결과 경부고속도로가 탄생했으니, 우향우 정신이야말로 국가 발전의 초석이 되어준다는 뜻이다.

폭력에 대한 거부, 권위에 대한 저항에 평생을 바쳤던 사상가이자 문필가였던 함석헌 옹의 강연을 들었는데 그 역시 경부고속도로 건설을 비판했었다. 물론 그 이유는 명분 없는 월남전 파병과 그곳에서 전사한 군인들의 목숨 값이 도로건설에 사용되었다는 점이다. 나는 그를 마음속 깊은 곳에서부터 존경했지만 경부고속도로에 대한 견해만큼은 조금 달랐다. 월남전 파병과 경부고속도로 건설 등은 옳고 그름을 떠나 백년대계를 바라본다면 필연적인 선택이기 때문이다.

이러한 원시안적인 시각은 독일에게 배워야 하는 지혜이기도 하다. 150여 년 전 비스마르크 재상은 독일 전역에 토양을 분석하고 그에 맞는 나무를 심었다. '산림의 흥망은 나라의 흥망과 같다.'는 철학 아래 잠재적 부의 근간이 되어주는 산림에 관심을 기울였던 것이다. 덕분에 독일은 세계적인 임업선진국이 되어 유로존 위기에서도 지속적인 경제성장을 이루고 있다. 100년, 200년 뒤를 내다본 비스마르크 총리의 혜안이 만들어낸 기적이다. 그에 따라 독일 대학에서는 임업학과가 가장 인기가 많다고 한다.

독일의 성공 사례를 교훈 삼아 우리도 우리 땅에 맞는 나무를 심어야 한다. 사계절이 뚜렷하고 산과 바다로 둘러싸여 있는 천혜 자연을 보존하고 이용한다면 잠재적 부의 원천을 후세에게 물려줄 수 있기 때문이다.

인무원려난성대업人無遠慮難成大業이라고 했다. 사람이 멀리 바라보는 안목이 없다면 큰 대업을 이루기 어렵다는 뜻이다. 즉, 우리는 지금 이 시대를 살고 있지만, 우리의 선택이 100년, 200년 뒤 대한민국의 모습을 만든다는 사실을 기억해야 한다.

생각하라, 그리고 실천하라

멍하니 앉아 '대기업'만 부르짖는다면 영원히 성공할 수 없다.

행동으로 실천하지 않는 생각은 운명을 변화시킬 수 없다는 뜻
이다. 신세를 한탄하며, 하늘에서 기적이 떨어지기만 바라는 청
년들을 보면 안타까운 이유이다. 끊임없이 밝은 미래를 생각하
고, 이를 이루기 위해 실천하지 않는다면 행운은 찾아오지 않기
때문이다.

지금으로부터 150여 년 전 떠오르는 생각을 실천에 옮긴 결과
기적을 만들어낸 소년이 있다. 그의 이름은 존이며 작은 벽돌공
장에서 일했다. 현실은 각박했으나 소년에게는 멋진 꿈이 있었
다. 열심히 공부해서 부자가 된 뒤, 자신처럼 가난한 사람을 돕
는 것이었다. 소년은 꿈을 이루기 위해 낮에는 열심히 일했고 밤
에는 졸린 눈을 비비며 공부했다. 그러던 어느 날이었다. 소년은
비가 내리면 진흙탕으로 변하는 마을 앞 도로를 보며 결심했다.
월급에서 조금씩 돈을 모아 벽돌을 사고, 도로에 깔겠다고 말이
다. 넓고 긴 도로를 혼자 완성하려면 오랜 시간이 걸리겠지만 소
년의 결심은 흔들리지 않았다. 조금씩 실천하다 보면 언젠가는
꿈이 이루어진다고 믿었던 것이다. 소년의 작은 실천은 머지않
아 마을 전체에 알려졌고, 이에 감동한 어른들은 힘을 모아 소년
의 꿈이자 자신들의 꿈이었던 멋진 도로를 완성시켰다.

이 소년이 훗날 미국 백화점의 왕이 된 존 워너메이커이다. 부
자가 된 그는 어린 시절의 꿈을 이루기 위해 미국과 전 세계에
YMCA 건물을 짓기 시작했다. 청년들이 하느님의 뜻을 알고 자
비를 실천했을 때 세상이 풍요로워진다고 믿으며, 이를 위해 자

신의 재산을 환원했다. 종로 2가에 세워져 있는 YMCA 건물도 존이 지어준 것이니, 그의 따뜻한 마음이 대한민국 청년들의 삶까지 변화시킨 것이다. 그가 평생 동안 지켜왔던 신념은 '생각하라, 그리고 실천하라Thinking, Trying'였다. 이 짧은 문구가 그에게 기적을 만들어주었다.

지금 이 순간 자신의 모습이 보잘 것 없어 보인다 해도 꾸준히 생각을 실천에 옮긴다면 결국 빛나는 사람으로 변화될 수 있다는 뜻이다. 멍하니 앉아 일류대학, 일류기업만 원하지 말고 지금 당장 할 수 있는 일을 찾아 최선을 다해야 하는 이유이다. 천편일률적으로 스펙을 쌓는 것보다 경험을 쌓는 것이 훨씬 중요하기 때문이다.

꿈을 이룬 뒤에도 마찬가지이다. 존이 만일 부호가 된 뒤 지난날의 꿈을 잊어버렸다면 그는 수많은 부자 가운데 한 명이었을 뿐이다. 그러나 재산을 환원해 세상을 밝혀주었으니 역사는 그를 영웅으로 기억하는 것이다.

생각을 실천에 옮긴 이는 비단 존 워너메이커만이 아니다. 세종대왕 역시 절대 권력을 가진 왕이었는데도 불구하고 생각을 실천에 옮겼다. 요즘 대한민국이 세종대왕의 리더십에 주목하는 이유이다. 그는 신하들의 목소리에 귀를 기울여주었다. 자신과 뜻이 다를 때도 "네 말이 옳다. 그러나….."로 표현하며 상대의 의견을 존중해주었다. 그로 인해 세종대왕은 한글 창제를 비롯해 위대한 업적을 만들어낼 수 있었다. 또한 화합을 만들어내는 능력도 탁월했다. 신분이 천해도 능력이 있다면 기회를 주었으니 신분제도가 있었음에도 불구하고 평등한 사회가 만들어진 것이다.

세종대왕의 리더십이 집현전 학자를 탄생시켰듯 현장의 목소리에 귀 기울이는 공정한 리더로 인해 시대가 필요로 하는 산업 일꾼이 탄생한다. 따라서 나는 매 순간 공정하기 위해 노력한다. 생각이 떠오르면 즉시 실천하려고도 노력한다. 내가 먼저 모범을 보일 때, 직원들과 내 아이들 그리고 이 시대 청년들의 변화를 이끌어낼 수 있기 때문이다.

섬기는 자, 섬김을 받는 자

흔히 공무원을 일컬어 영혼이 없다고 말한다. 도전정신이 없고, 안일하다고 평가하기도 한다. 편견일 수도 있고 사실일 수도 있다. 모든 공무원이 관료주의에 빠져 있는 것은 아니기 때문이다. 이는 내가 직접 보고, 듣고, 깨달은 사실이다. 포스코에 근무할 당시 나는 전라남도 도청 투자유치 심의관으로 2년 동안 파견을 나갔었다. 10여 년 전의 일이었지만 그 일을 계기로 나는 공무원이 얼마나 중요한 일꾼인지 깨달았다. 공무원이 안일함에 빠진다면 나라가 발전할 수 없기 때문이다.

하지만 어찌된 일인지 공무원을 바라보는 사회의 시선은 싸늘

하기만 하다. 국가경쟁력의 주역이라 여기지 않고, 관료주의에 젖은 무기력한 집단이라고 생각한다. 첫 번째 이유는 국민을 섬기지 않으려는 공무원들의 오만한 생각 탓이다. 과거 민원을 제기하는 국민에게 공무원들은 친절하지 않았다. 세월의 흐름 속에서 이는 많이 개선되었지만, 아직까지 직책이 높은 공무원들 중 일부는 서비스 마인드가 부족한 경우가 많다. 예를 들어 민원을 처리하러 갔을 때, 맨발로 달려 나오는 공무원을 만난 경험이 있는가? 안타깝지만 단 한 명도 없을 것이다.

이는 공무원 스스로 국민을 섬기려 하지 않고, 섬김을 받으려고 하기 때문이다. 자신들의 월급이 국민의 세금이라는 사실을 잊고 있으니, 직원이 사장을 섬기지 않는 것과 다를 바 없는 것이다.

국민의 한 사람으로서 막연하게 느꼈던 공무원들의 방만한 태도가, 공무원이 되고 보니 정확하고 객관적으로 보이기 시작했다. 공무원 수를 줄여야 한다는 거센 목소리가 사회 안팎에서 들려오는 이유도 이해할 수 있게 되었다. 설상가상으로 높은 실업률과 경제위기를 극복하기 위해 국민의 세금을 줄이는 방법을 모색하고 있다. 일본과 유럽, 미국에서조차 공무원 수를 줄이고, 월급을 삭감하고 있는 것이다. 국민의 매서운 감시가 불친절하고 관료주의에 젖어 있는 공무원에게 향한다는 뜻이다.

그럼에도 불구하고 나는 공무원을 높이 평가한다. 타성에 젖은 공무원이 있는 것도 사실이지만 뜨거운 애국심을 가슴에 품고 국가경쟁력을 높이기 위해 불철주야 노력하는 공무원도 많기 때문이다. 일괄적으로 그들의 수를 줄인다고 해서 나라 운영이 효과적으로 되는 것이 아니다. 월급을 삭감하고, 인원을 감축하기에 앞서 공무원들 스스로 사고를 전환시켜야 한다. 자신이 흘리는 땀방울이 국가발전의 초석이 된다는 마음 아래 국민에게 봉사해야 한다. 섬김의 대상은 인사권을 가지고 있는 관료가 아니라 국민이라는 사실을 명심해야 하는 것이다. 이는 상냥한 미소, 친절한 태도에서부터 시작된다.

2년이라는 짧은 시간 동안 함께 근무하던 도청 공무원들에게 "당신의 월급은 누가 줍니까?"라고 묻고 또 물었다. 그리고 이렇게 당부했다.

"국민에게 섬김을 받으려고 한다면 이미 공무원이 될 자격이 없습니다. 우리의 월급은 국민의 세금이라는 사실을 기억하세요. 국민들이 우리에게 피 땀 흘려 번 돈을 나눠주는 것은 열심히 일하라는 뜻입니다. 회사에서 사장을 섬기듯, 기업에서 고객을 섬기듯 공무원은 국민을 섬겨야 합니다."

공무원으로 근무하는 동안 나는 지역 발전과 환경 보존의 딜레마에 사로잡혀 번뇌했었다. 영광에 핵 폐기장 건설이 추진되면서 지역주민들의 반대 목소리가 점점 커져갔던 것이다. 저마다 자신의 입장에서 찬성과 반대를 부르짖었다. 솔직히 고백하자면 당시 나는 어떤 편에도 설 수 없었다. 찬성하는 쪽의 입장과 반대하는 쪽의 입장을 모두 이해할 수 있었던 것이다. 하지만 우유부단한 태도를 보일 수도 없는 노릇이었다. 세상에 존재하는 모든 정책은 양날의 칼과 같아서 한 사람에게는 이익을, 다른 사람에게는 손해를 입히기 때문이다. 따라서 공무원은 철저히 중립에서 서서 이익과 손해의 폭을 최대한 공평하게 만드는 방법을 연구해야 한다. 최대 다수의 최대 행복이 최우선이겠지만 소수의 행복 추구권도 보장해줘야 따뜻한 사회가 만들어진다는 것을 기억해야 한다.

전남도청에서 보낸 시간 동안 나는 공무원의 노고를 조금이나마 알게 되었다. 공무원이 부정부패와 결탁하면 안 되는 이유 또한 절실히 깨달았다.

이 시대 청년들의 꿈이 7급 공무원이라는 기사를 보며, 꿈을 이룬 청년들이 내가 꿈꿨던 공무원이 되어주길 희망한다. 이는 관료주의에서 벗어나, 사회적 약자를 섬길 수 있을 때 가능해진다. 나아가 깨끗한 사회, 투명한 사회를 만드는 주역이 되어야 한다. 이 모든 것을 실천하려면 공무원이 곧 철밥통이라는 무사안일주의에서 벗어나야 한다. 공무원은 나라를 발전시키고 국민의 삶을 윤택하게 만들기 위해 최전방에서 뛰는 존재이기 때문이다. 공무원을 꿈꾼다면 그에 앞서 국가를 위해 헌신할 수 있는 순교자적 희생정신부터 길러야 하는 것이다.

희생 없이
거룩해질 수

없다

　자비와 사랑, 참 멋진 단어가 아닐까 싶다. 나는 이 두 단어를 생각하면 고즈넉한 산사의 풍경이 떠오른다. 파란 하늘과 맞닿아 있는 산사에 앉아 있노라면 욕심과 분노로 황폐해졌던 내 안에 사랑이 샘솟고, 자비로움이 생겨나기 때문이다. 티 없이 맑고 깨끗한 마음 역시 내 마음 안에서 시작되는 것이니, 내려놓는 법을 실천해야 한다. 물론 이는 쉬운 일이 아니다. 예순의 나이가 되었는데도 여전히 나는 세속적인 욕심에 사로잡히곤 한다. 작은 일에 일희일비하고, 사리사욕에 눈멀기도 한다. 그럴 때면 모든 것을 내려놓았던 박태준 회장의 자비로운 미소를 기억해내곤 한다. 그는 눈감는 순간까지 싱그러운 청춘이었고 동시에 해탈한 부처의 모습이었다. 단언컨대 세속적인 욕심에 사로잡힌 것을 단 한 번도 보지 못했던 것이다. 그래서인지 그와 함께 유럽 해외출장을 나갈 때면 소풍 전날의 아이처럼 가슴이 설레곤 했다. 열정적인 그의 모습을 닮고 싶었고, 부드러운 카리스마를 본받고 싶었다. 낯선 외국에서도 그와 함께하면 내 조국이 대한민국이라는 사실에 뿌듯함을 느낄 수 있었다. 진심으로 대한민국을 자랑스러워했던 그의 애국심이 세계인들을 감동시켰고 나아가 대한민국의 위상을 높여주었던 것이다. 저절로 내 어깨가 으쓱해질 정도로 말이다. 그의 삶을 가까운 곳에서 지켜보면서 희생 없이 거룩해질 수 없다는 사실 또한 배웠다. 자신의 것을 내려놓지 못한다면 세상을 변화시킬 수 없기 때문이다. 즉, 그에게서 나는 열정적으로 일하는 우향우 정신을 배웠고, 실패에 좌절하지 않는 법을 배웠다. 나아가 조국과 민족을 사랑하고 헌신하는 법까지 배웠으니 포스코에 입사하게 된 것은 내 인생에 가장 큰 축복이었다.

직장인으로서 회사와 리더를 사랑하고 선후배와 동료에게 감사하고 있으니, 그것만으로도 나는 성공했다고 생각한다. 제아무리 부귀와 권세를 누린다 해도 지나온 시간과 함께 해왔던 친구를 사랑할 수 없다면 결코 행복할 수 없을 테니까.

나는 박태준 회장의 삶과 철학을 청년들과 공유하고 싶다. 그가 걸어온 발자취 하나하나가 올바른 삶을 지향하고 있기 때문이다. 오늘날 청년들을 불행하게 만드는 요인에는 국가와 사회가 책임져야 할 부분이 상당수 있다. 그러나 국가보다는 개인의 안위를 최우선가치로 삼고, 땀 흘림보다는 불로소득을 바라는 그릇된 욕심 또한 문제이다. 잘못된 사회구조를 개선하는 것이 나를 비롯해 기성세대의 몫이라면 마음 밭을 풍요롭게 변화시키는 것은 청년들의 몫이라는 뜻이다. 박 회장의 가치관과 애국심에 주목해야 하는 이유이다. 그는 지치지 않는 열정으로 자신의 운명을 변화시켰고 나아가 조국의 산업화와 근대화를 앞당겼다. 박 회장의 삶이야말로 청년들이 본받아야 할 표상이다. 그의 열정은 우리를 움직이게 만들었고, 그의 애국심은 직원들의 가슴에 애국의 불씨를 심어주었다. 덕분에 나와 선후배 그리고 동료들은 자신의 안위와 기업의 번영을 위해 일하는 것이 아니라 국가발전의 초석을 만들겠다는 신념으로 일했다. 매 순간 벅찬 감동과 자부심을 느낄 수 있었던 것이다. 따라서 박 회장의 뜨거운 열정과 따뜻한 격려가 청년들에게 힘이 될 것이라 믿는다. 그의 말 한 마디 한 마디가 포스코맨들에게 '할 수 있다. 하면 된다.'의 용기를 심어주었고 '당신은 고귀하다.'는 자신감을 만들어주었다.

아울러 나는 청년들이 잡초의 근성을 배웠으면 한다. 밟아도, 밟아도 끈질기게 살아나는 잡초를 보면 우리의 삶이 보이기 때문이다. 이 세상에 고통 없는 삶이 어디 있겠는가. 하지만 그럴 때마다 좌절하고 쓰러진다면 거룩한 일을 할 수 없게 된다.

역사적으로 숭고한 업적을 이룬 영웅들은 고통을 참고 인내하는 것은 물론 이를 기쁨으로 승화시키는 법을 터득했다. 고통 뒤에 얻게 될 기쁨을 생각하며, 잡초처럼 밟혀도 꿋꿋하게 되살아난 것이다. 그런 의미에서 고통은 인생의 참 스승이다.

미국의 시인 W. 휘트먼은 "고뇌를 겪은 자만이 인생의 존엄을 안다. 그것은 추위에 떨었던 사람만이 태양의 따뜻함을 느끼는 것과도 같다."고 했다. 참 멋진 비유가 아닐 수 없다. 고통에 몸부림치며 울지 않았다면 어찌 행복의 의미를 알 수 있겠는가.

한 가지 더 첨언한다면 잡초라는 것 자체가 이 세상에 존재하지 않는다. 잡초란 말 그대로 필요 없는 풀이다. 이는 보는 사람의 시선에 의해 결정된다. 스스로 자존감을 갖고, 반드시 필요한 사람이라고 생각한다면 그 누구도 자신을 잡초로 여길 수 없다. 만일 힘들고 고된 일에 종사하는 근로자가 막연하게 대기업을 꿈꾸며, 그곳에서 일하는 사람만 위대하다고 생각한다면 이는 스스로 자신을 잡초로 만드는 것이다. 반대로 자신을 사랑하면서, 자신의 일이 힘들고 어렵지만 대한민국의 세계화를 견인한다고 믿는다면 그 순간 잡초가 아니리 세상에서 가장 아름다운 꽃이 되는 것이다. 즉, 자신감을 갖고 최선을 다하면서 이웃을 배려할 때 자신의 모든 일이 거룩해지고 숭고해진다는 사실을 기억하자.

청년들 개개인이 자신의 일을 숭고하게 받아들일 수 있을 때 비로소 대한민국은 다원화된다. 이는 사회 전반에 뿌리 깊이 내려앉은 청년문제가 하나둘씩 해결된다는 것을 의미한다. 내가 꿈꾸는 사회, 청년들이 바라는 세상이 만들어지는 것이다. 직업의 귀천 없이 원대한 목표를 세우고 그것을 성취하기 위해 열심히 일할 때 만족감을 느끼기 때문이다. 잡초 같은 근성을 기억하되 자신이 가장 향기로운 꽃이라 믿는다면 자신과 회사 그리고 국가가 동반 성장할 수 있다는 사실을 명심하자.

한 번 사는 인생 국가를 위해

세계 2차대전에서 패배했음에도 불구하고 독일이 지금처럼 잘살 수 있는 이유가 무엇일까? 일본 역시 패전국가임에도 불구하고 여전히 아시아의 중심에 서 있다. 두 나라의 공통점은 제조업을 터부시하지 않고, 오히려 장려했다는 점이다. 독일의 경우 마이스터 제도가 있는데, 뛰어난 기술을 쌓은 기술자에게 명장 칭호가 부여되는 것이다. 세계적인 자동차 회사인 BMW의 경우 마이스터의 월급이 부사장과 비슷하다고 하니 구태여 불필요한 스펙을 쌓을 필요가 없는 것이다. 엔지니어 가운데 대졸자가 30퍼센트밖에 없는데도 불구하고 제조업에 있어서 세계 최고인 이유이다.

일본 역시 마찬가지이다. 그들은 장인정신으로 중무장되어 있다. 대를 이어 음식점을 운영하는 일본인의 이야기를 우리는 종종 들어왔다. 장인이 만든 음식을 먹기 위해 몇 시간씩 기다리는 손님의 모습도 흔한 장면이다. 사소한 것 하나에도 혼신의 노력을 기울이는 일본인들에게 전 세계가 감동하고, 나아가 신뢰하는 것이다. 물론 우리나라에도 탁월한 능력을 가진 명장이 있다. 그들 또한 장인정신으로 똘똘 뭉쳐 있다. 다만 그들이 받는 사회적 대우가 독일이나 일본에 비해 현저하게 낮다는 사실이다. 청년들이 그 길에서 밝은 미래를 볼 수 없는 이유이다. 다시 말해 우리가 독일과 일본처럼 제조강국이 되려면 장인정신을 기르고, 마이스터 제도를 활성화하기에 앞서 현존하는 명장(장인)들의 사회적 지위를 높여주어야 한다. 한 분야에서 오랫동안 일한 뒤 숙련된 기술자가 됐다는 것은 자신의 일을 예술적으로 승화시켰다는 뜻이기 때문이다.

우리 민족은 예로부터 손재주가 뛰어났다. 따라서 사회 전 분야에 훌륭한 명장들이 많이 있다. 그들이 명장이 될 수 있었던 힘 역시 장인정신 덕분이다. 다시 말해 우리나라도 인식만 변화시킨다면 독일과 일본처럼 제조강국이 될 수 있다. 그들이 자신의 일에 최선을 다하는 것만으로 성공할 수 있고 나아가 국가를 위해 헌신할 수 있게 되는 것이다.

나는 여기에 두 가지를 더 추가하고 싶다. 첫 번째는 '될 때까지 한다.'는 군인정신이다. 육군 장교로 제대하면서 군인정신만 기억한다면 어떤 순간에도 승리할 수 있다는 사실을 배웠다. 예를 들어 전 세계를 휩쓴 K팝 열풍을 보라. 어린 나이에도 불구하고 꿈을 이루기 위해 노래와 춤 실력을 쌓는 아이들의 연습과

정을 보고 있노라면 흡사 군대를 방불케 한다. 초롱초롱한 눈망울에는 '될 때까지 한다.'는 강한 신념과 근성이 깃들어 있다. 해외시장 진출을 위해 외국어를 배우고 철저하게 자기관리를 하는 어린 가수들의 눈빛에서 나는 진한 애국심을 보았다. 대한민국을 대표하는 가수로서 부끄럽지 않도록 노력하는 모습이 곧 애국일 테니 말이다.

두 번째는 물의 정신이다. 앞서 말했듯 물은 더러운 세상을 깨끗하게 정화시켜주는 능력이 있다. 또 물은 모든 것을 포용하는 부드러움을 갖고 있다. 부드러운 것이 강한 것을 이기는 것이 진리이니, 세상만사 물처럼 부드럽게 살아야 한다.

이 두 가지 정신을 체화시켜 자신의 일에 혼신의 노력을 기울이고, 물처럼 쉬지 않고 흐른다면 이 세상에 불가능한 일 따위 없다. 자신의 삶이 국가발전의 초석이 되는 것만큼 가슴 벅찬 일 또한 없다. 나는 대한민국의 모든 청년들이 그 사실을 몸소 깨닫게 되길 바란다.

투명해지고 있다

후진국일수록 부정부패와 결탁한 비리가 많이 발생한다. 편법이 기승을 부리고 불법이 승리하는 것이다. 그로 인해 국가의 브랜드 가치는 하락하고 국민의 삶도 피폐해진다. 일부 특권층만 잘사는 부조리한 사회가 만들어지는 것이다. 이는 과거 대한민국의 모습이기도 했다. 국민의 목소리를 묵살하던 정부, 부정부패로 얼룩진 관료, 자유가 억압받던 사회였기에 부정부패가 비일비재하게 일어났다. 민주화의 열꽃이 청년들의 심장을 뜨겁게 만들었던 이유였다. 군사정권 당시 청년들의 숭고한 애국심 덕분에 대한민국도 이제는 투명해지고 있다. 편법과 불법이 패배하고 정의가 승리하는 깨끗한 사회가 만들어지고 있다. 따라서 마음공부에 전념해 그릇된 욕심을 버리고 무심으로 행복을 가꿔야 한다. 편법은 더 이상 성공으로 가는 지름길이 아니기 때문이다.

박태준 회장의 일화가 오늘날까지 회자되며 감동을 전해주는 까닭은 격동의 시대를 온몸으로 겪었음에도 불구하고 부정부패에 관여하지 않았다는 점이다. 그의 사전에 편법과 불법 따윈 전혀 존재하지 않았다. 덕분에 완벽에 가까운 투명경영을 실천할 수 있었던 것이다.

그의 청렴함을 엿볼 수 있는 대표적인 예가 바로 김치사건이다. 고춧가루 납품업자와 군부대 고위 장교들이 톱밥을 빨갛게 염색해서 고춧가루와 섞어 김치를 만들었는데 이 사실을 알게 된 박 회장은 온갖 사탕발림과 협박에도 불구하고 부정부패의 사슬을 끊는 데 성공했다. '윗물이 맑아야 아랫물이 맑다.'는 격언처럼 기득권이 청렴했을 때 사회 구성원도 양심에 따라 살아갈 수 있기 때문이다.

부정부패가 만연해 있던 사회에서 온갖 사탕발림과 협박에도 불구하고 그가 신념을 지킬 수 있었던 것은 강인함과 티 없이 맑고 깨끗한 성품 덕분이다. 나라와 민족을 위해 일하는 공인이 국민과 사회를 속인다는 것은 어불성설일 테니 말이다. 지난 1986년 싱가포르에서는 당시 라콴유 수상의 최측근이 청탁의 대가로 검은 돈을 받은 뒤, 그 사실이 언론에 보도되자 부끄러움을 견디지 못해 자살하는 사건이 벌어지기도 했다. 오늘날 싱가포르의 위상이 나날이 높아질 수 있었던 힘이 바로 이러한 청렴함에서 비롯되었다고 생각한다. 사회가 투명해지면 전 국민이 땀 흘림의 가치를 깨닫게 되고, 그 안에서 선의의 경쟁을 하게 될 테니 사회가 발전하는 것은 당연한 일 아니겠는가. 그러니 이제부터라도 편법과 불법은 영원한 승자일 수 없다는 사실을 명심하고 마음 밭에 정직과 청렴의 씨앗을 심어보자.

눈앞의 이익에 눈이 멀어 부정부패에 물든다면 이는 양심이 파괴되었다는 것을 의미하기 때문이다. 양심은 거울과 같아서 한번 깨어지면 원래의 모습으로 되돌아가지 못한다. 그로 인해 인격까지 무너지게 될 테니 끊임없이 양심과 인격을 점검해봐야 한다. 세상이 투명해진다는 것은 내가 흘린 땀방울이 곧 나의 열매로 되돌아온다는 뜻일 테니까.

세계 일류국가로 가는 길

'지성은 그리스인보다 못하고 체력은 켈트인이나 게르만인보다 못하고 기술력은 에르투리아인보다 못하고 경제력은 카르타고인보다 뒤떨어지는 로마인들이 어떻게 번영할 수 있었을까?'

이는 시오노 나나미塩野七生가 자신의 저서 『로마인 이야기』에서 한 질문이다. 뒤이어 나온 답은 사회의 투명성이다. 로마인들은 누구에게나 평등한 기회를 주었고 철저히 실력만으로 평가했다. 노예라 해도 능력이 뛰어나면 출세할 수 있었던 것이다. 또한 로마인들은 언어와 종교, 민족이 달라도 조화롭게 살아가는 법을 알고 있었다. 서로의 다름을 인정하고 이해했던 것이다. 그로 인해 다양한 인프라를 구축한 결과 황제의 명령이 변방에도 빠르게 전달됐다. 아울러 나라를 위해 희생하는 것을 가문의 영광으로 여겼다. 이것이 바로 로마의 저력이자 우리가 배워야 할 점이다. 기회의 평등, 공정한 심사가 세계 일류 국가로 나아가는 지름길이기 때문이다.

세계 일류로 거듭나기 위해서는 무엇보다 양심에 부끄럽지 않은 사회를 만들어야 한다. 투명하고 깨끗한 사회가 만들어졌을 때 기적도 만들어낼 수 있을 테니 말이다. 이를 위해서는 무기심無欺心이 필요하다. 양심을 속이지 않는 사람이 돼야 한다는 뜻이다. 지금은 비록 고통스럽고 힘들어도 죽는 순간까지 떳떳하고 당당하게 살아갈 수 있고 나아가 투명한 세상을 만들 수 있다. 둘째, 무기인無欺人이 돼야 한다. 누군가를 속여서는 안 된다는 것이다. 상대를 속이고, 양심을 속인다면 이는 곧 업보가 된다는 사실을 기억하자. 윤회사상을 믿는 나로서는 업보를 짓는 것이야말로 가장 경계해야 할 대상이라고 생각한다. 끝으로 무기천無欺天이라 하여 하늘을 속이지 말아야 한다. 모든 것을 내려다보고 있는 하늘을 어찌 속일 수 있단 말인가. 속일 수 있다고 생각하는 것 자체가 인간의 오만과 무지의 소치이다.

이 세 가지를 기억한다면 투명하고 깨끗한 대한민국을 만들 수 있다고 믿는다. 그로 인해 청년들이 맞이하게 될 세상 역시 고대 로마처럼 세계 일류국가가 될 수 있다.

아울러 정부 관료도 변해야 한다. 기업에게 불법과 편법을 요구하는 외부 세력이 없어져야 한다는 뜻이다. 정부는 기업 하기 좋은 나라를 만들어야 할 의무가 있기 때문이다. 뿐만 아니라 기업을 지나치게 간섭하거나 규제해서도 안 된다. 이는 부정부패를 비롯해 다양한 부작용을 초래하며 글로벌 기업으로 거듭나는데 걸림돌이 되고 있다.

대한민국 사회는 이제 투명해지고 있다. 정부 관료가 기업에 미치는 영향도 그리 크지 않다. 특허기술과 장인정신만 있다면 정치헌금을 만들지 않아도 성공할 수 있다. 결론적으로 말하자면 청년들이 살아가게 될 미래는 지금보다 훨씬 풍요롭고 아름다울 것이다. 나는 그렇게 될 것이라고 믿는다. 솔직하고 순수한 청년들에게서 지금껏 우리 세대가 이루지 못했던 밝은 미래를 볼 수 있기 때문이다.

미래의
지구를

사랑하라

1972년 스웨덴 스톡홀름에서 열린 유엔인간환경회의 캐치프레이즈는 '하나뿐인 지구 우주선'이었다. 나는 그 기사를 이해할 수 없었다. 당시 우리나라에는 공해란 개념이 없었기 때문에 환경오염의 심각성을 몰랐던 것이다. 하지만 경제가 성장하는 속도에 비례해 환경이 급속도로 오염되었다. 그로 인해 한국의 녹색경쟁력은 OECD 28개국 중 18위로 떨어졌으며 가정 절약 습관은 26위, 녹색 산업 민간투자는 28위로 꼴찌를 기록했다. 국민들 대다수가 환경오염에 대해 심각하게 고민하고 있지 않다는 뜻이다. 예를 들어 가정에서 에너지 절약을 실천하지 않는다거나, 무분별하게 일회용 물건을 사용하는 것도 환경을 오염시키는 일이다.

내가 환경보호에 유독 관심을 갖게 된 것은 독일 사람들 덕분이다. 지역주민들은 태양광 발전소를 운영해서 전기에너지를 만들었고, 가급적이면 일회용품을 사용하지 않았다. 에너지를 아끼고, 환경을 보호하기 위해 기꺼이 불편함을 감수하던 독일인들의 모습은 내게 무척 새롭고 또 감동적이었다. 유럽 주재원 근무를 마치고 한국에 돌아올 무렵, 우리나라도 서서히 에너지 고갈과 환경오염을 고민하기 시작했다. 단기간에 고도성장을 이루면서 이산화탄소 배출이 급증한 탓이다. 이제는 전 세계가 환경오염의 심각성을 인식하고 있다. 지구가 병들면 인간의 생존권마저 위협받기 때문이다. 지구촌 곳곳에서 발생하는 기상이변과 자연재해가 그 예이다. 근래 들어 950건의 자연재해가 발생했다. 환경보호야말로 우리 자신과 지구를 지키는 유일한 방법인 것이다. 수돗물을 아껴 쓰는 것, 사용하지 않는 전기 콘센트를 빼놓는 것, 일회용품 사용을 자제하는 것 등이 환경보호의 시작이다.

정부와 산업계에서는 탄소배출권 거래제를 실시하고 있다. 이는 각 국가가 부여받은 할당량 미만으로 온실가스를 배출할 경우, 그 여유분을 다른 국가에 팔 수 있고, 반대로 온실가스의 배출이 할당량을 초과할 경우 다른 국가에서 배출권을 살 수 있는 제도이다. 한마디로 환경을 오염시킬 때는 그에 따른 대금을 지불해야 한다는 뜻이다.

아울러 고갈될 에너지를 대체할 수 있는 신에너지 개발에 전 세계가 주목하고 있다. 환경을 파괴하면서 경제를 발전시키는 것이 아니라 환경과 함께 공생하는 방안을 모색하고 있다. 이를 녹색사회라고 부른다. 예를 들어 대성그룹의 김형운 회장은 몽골에서 대체 에너지를 찾기 위해 발 벗고 나섰다. 머지않아 지구는 식량과 물 그리고 에너지 고갈 시대를 맞이하게 될 텐데, 이는 인류의 멸망을 의미한다. 이를 대비하기 위해 몽골의 뜨거운 태양과 거센 바람 그리고 땅 속 깊이 잠들어 있던 지하수를 대체 에너지로 선택한 것이다.

삼성, 현대기아자동차, SK, LG 등 4대그룹 역시 지속가능한 대체에너지를 연구하고 있다. 녹색경영 즉, 친환경산업이 신성장 사업이라는 인식 아래 2차 전지 즉, 충전용 전지를 개발하는 데 주력하고 있다.

태안 IGCC 발전소의 경우 전력수급은 물론 온실가스 배출도 획기적으로 줄이는 데 성공했다. 두 단계의 전기 생산방식을 사용했는데, 먼저 석탄을 불완전 연소시켜 합성가스를 만들고 이 가스로 터빈을 돌려 전기를 만든다. 이 과정에서 나오는 열로 증기를 만들어 다시 터빈을 돌려 또 한 번 전기를 생산한다. 연료가 석탄이라는 점에서 석유나 천연가스보다 상대적으로 가격이 싸고 공급이 안정적이며 환경도 보호할 수 있다. 그동안 우리가 지구를 병들게 만들었다면 이제는 되살리기 위해 노력해야 한다는 뜻이다.

개발을 제한한 덕분에 더 많은 부가가치를 창출한 곳도 있다. 바로 순천만이다. 모두 갯벌과 바다를 메워 땅으로 만드는 개척

사업에 몰두할 때 순천만은 자연생태를 보존하는 데 초점을 맞췄다. 수익창출이 어렵다는 이유로 반대했던 사람이 많았지만 결과적으로 습지 관광객이 늘어 도시 못지않은 활기를 찾았고 연간 1,000억 원 정도의 부가가치를 창출하게 되었다. 순천만은 개발만이 정답이 아니라는 사실을 우리에게 가르쳐주었다.

순천만처럼 자연 그대로의 모습을 보존한다는 것은 관광 수요를 일으키기에 앞서 온실가스 문제를 해결하는 방법이다. 기후변화를 해결하는 최선책은 산림을 보전하고 관리하는 일이기 때문이다. 인도정책연구센터 브라마 첼라니 교수 역시 "기후변화는 과학적인 문제가 아니라 지정학적인 문제"라고 정의했다. 온실가스 문제의 20퍼센트가 무절제한 산림개간에 의해 발생했다는 것을 기억해야 한다.

환경보호는 우리뿐 아니라 후세를 위해서도 반드시 실천해야 할 일이다. 지구는 현재를 살고 있는 우리들만의 것이 아니라 100년, 200년 뒤 아니 영원토록 후세들이 살아야 할 소중한 공간이기 때문이다. 지금 이 순간, 무심코 사용해 버린 일회용품이 100년 뒤 지구를 병들게 만든다는 사실을 기억해야 한다.

환경보호는 우리의 의무

정든 포스코 그룹을 떠나 에어릭스AERIX로 터전을 옮기기까지 참 많은 고민을 했다. 포스코는 나의 청춘과 꿈 그리고 가치관이 고스란히 깃든 공간이었으니 말이다. 그러나 언젠가부터 내 가슴속에 새로운 꿈이 생겨나기 시작했다. 오랜 세월 동안 더불어 잘사는 세상을 만들겠다고 다짐하는 과정에서 환경보호를 위해 일하고 싶어진 것이다. 하지만 변화가 두려웠던 것일까? 나도 모르게 주춤거리는 나 자신을 만났다. 나이는 숫자에 불과하다고 믿었던 내가 어느 순간 나이에 지배당하고 있었다. 그 사실을 깨닫자 갑자기 힘이 솟아났다. 도전했을 때 운명을 변화시키고 나아가 원대한 꿈을 이룰 수 있다는 진리가 떠오른 것이다. 모든 일이 마음먹기에 따라 달라지는 것처럼 그렇게 생각하자마자 거짓말처럼 두려움이 사라졌다.

'이제부터 제2의 인생을 시작해보자. 백 세를 바라보는 지금 예순은 터닝 포인트로 가장 적합한 시기일 테니까.'

결과적으로 나는 30년 동안 포스코 내 여과식 집진기를 공급하고 관리한 대기환경 전문 기업 에어릭스의 대표이사가 되었다. 에어릭스의 순리 공기흐름 여과방식인 VIPVertical Integral Pulse Dust Collector 기술은 철강제조공정에서 발생하는 미세먼지를 효과적으로 줄여준다. 또한 에어릭스는 제철소 공해방지의 핵심설비인 여과식 집진기MPB: Micro Pulse Bag Filter 원천기술을 보유하고 있다. 경제를 발전시키는 동시에 환경을 보호할 수 있는 기술을 연구하는 매력있는 회사가 에어릭스다.

에어릭스가 대기환경에 관심을 기울인 것은 1980년대부터였다. 내가 독일에서 처음으로 환경보호의 중요성을 깨달았던 시점과 비슷하다. 그로부터 30여 년 동안 오직 대기환경을 보존하는 방법을 연구하고 있으니, 지난날 막연했던 내 바람이 나를 에어릭스로 인도한 모양이다.

이제 나는 에어릭스에서 개발한 제철소 집진기가 중국과 인도 등 여러나라에서 환경을 보존하는 데 앞장서길 바란다. 급속한 경제성장을 이루는 국가일수록 환경오염이 급격하게 진행된다는 사실에 주목한 것이다. 발전을 이루면서도 환경을 보호했을 때 후세에게 살기 좋은 지구를 선물해줄 수 있지 않겠는가.

내가 흘린 땀방울이 에어릭스의 원천기술 확대로 이어져 대기환경보호에 앞장선다고 생각하니, 벌써부터 가슴이 설렌다. 환경보호는 우리의 의무이자 책임일 테니 말이다.

나는 투명한 사회를 만드는 것도 환경보호라고 믿는다. 눈살을 찌푸리게 만드는 기사를 읽을 때면 매캐한 매연을 들이마신 것처럼 정신이 혼미해진다. 욕심에 눈이 멀어 양심을 저버린 사람들을 볼 때도 기분이 불쾌해진다. 그럴 때면 나는 박태준 회장의 강직함을 기억에서 꺼내곤 한다. 예를 들어 20년 동안 포스코에 가장 많은 설비를 팔았던 일본 굴지의 기업 미쓰비시에서는 박 회장에게 해운회사를 만들어주겠다고 제안했었다. 누구라도 솔깃할 이야기였지만 그는 일언지하에 거절했다. 대신 포항공대가 대주주로 있는 거양해운을 설립해 학교가 오랫동안 발전할 수 있는 길을 마련했다.

도심 한가운데 서 있어도 그의 청렴함을 떠올리면 대나무 숲 길을 걷는 것처럼 마음이 평온해진다. 내 영혼이 맑아지는 듯한 느낌을 받는 것이다. 나무와 숲을 가꾸는 것도 중요하지만 우리 마음 밭을 아름답고 풍요롭게 바꾸는 것도 중요하다는 것을 기억하자.

글로벌 싱크탱크, 미래전략을 세우다

대한민국은 이제 세계적인 국가로 발돋움하고 있다. 반기문 UN 사무총장을 필두로 '세계에서 가장 영향력 있는 100인'으로 선정된 김용 다트머스대학교 총장까지 세계은행총재로 선출되었으니, 본격적으로 대한민국에서 글로벌 리더가 탄생하고 있는 것이다.

세계적으로 미래전략을 세우고 있는 지금, 나는 인재양성이야 말로 최고의 미래전략이라고 생각한다. 인재가 곧 싱크탱크이기 때문이다.

미국 명문 하버드대학교에서 한국인 최초로 전체 수석 졸업의 영광을 차지한 진권용 씨 또한 한국을 빛낸 싱크탱크 중 한 사람이다. 그는 미국 대학 최우등 졸업생을 의미하는 '수마 쿰 라우데'에 선정됐으며, 경제학과 수석자에게 주는 '존 윌리엄스상'과

최우수 졸업논문상인 '토머스 홉스상'도 수상했다.

예일대 로스쿨에 진학하기로 결정한 그는 신문과의 인터뷰를 통해 금융과 국제통상 분야의 국가 간 소송에서 한국의 국익을 대변하는 변호사가 되고 싶다고 밝혔다. 나는 그의 꿈을 듣고 벅찬 감동을 느꼈다. 우리나라 청년들이 글로벌 리더로 거듭나고 있으니 말이다. 더불어 가슴속에 무한한 애국심을 품고 있으니, 대한민국의 미래가 푸른 하늘처럼 청명한 것 아니겠는가.

세계적인 비디오 아티스트 백남준 역시 대한민국 국민의 한 사람이었다. 백남준 탄생 80주년을 맞아 그의 위대한 업적이 재평가되고 있다. 그는 1932년에 암울한 시대에 태어났지만 그의 뜨거운 예술혼은 서양인들을 감동시켰고, 나아가 대한민국을 세계에 알리는 계기를 만들어주었다. 그는 한국인만의 고유한 민족혼을 잃어버리지 않았는데 행위예술 속에 굿판을 선보여 '우리 것이 곧 세계적'이라는 명제를 여지없이 보여주었던 것이다.

나는 백남준이 세계적인 예술가가 될 수 있었던 이유가 바로 대한민국 국민으로서의 정체성을 지켜왔기 때문이라고 생각한다. 아울러 뜨거운 열정과 예술을 사랑하는 순수함이 그에게 최고라는 타이틀을 안겨준 것이다.

이렇듯 글로벌 싱크탱크란 우리들 자신이다. 미래전략은 주어진 자리에서 최선을 다해 멋진 미래를 만드는 것이다. 나는 대한민국 청년들 모두가 이를 해낼 수 있다고 믿는다. 직업의 높고 낮음은 '내가 지금 최선을 다하고 있느냐.'에 따라 결정되기 때문이다.

우리나라 청년 모두가 글로벌 싱크탱크로서 멋진 미래전략을 세우고, 천천히 실천해 나간다면 대한민국은 반드시 세계 일류 국가가 될 것이다. 이는 청년들에게 주어진 의무이기도 하다. 선조들이 피땀 흘려 지켜온 영토를 지금보다 훨씬 아름답고 풍요롭게 지키는 것은 조국과 민족을 위해 희생하는 길이며 자기 자신을 사랑하는 방법일 테니까.

대한민국의 미래인 젊은 청년들이여, 앞에서 열거한 사람들처럼 자신이 처한 현실에서 최선의 노력을 경주하여 반드시 자랑스러운 한국인이 되길 바란다.

끝으로 이 세상 모든 사람과 깊은 인연을 맺고 있다고 생각하자. 현세의 인연만이 전부가 아니기 때문이다. 전생에 나와 소중한 인연을 맺었던 사람이 누구인지 모르는 지금, 세상 모든 사람들에게 덕을 쌓고, 은혜를 베풀어야 한다. 영겁의 세월 동안 나와 깊은 인연을 맺었던 사람들과 현세에서 다시 만났다고 생각한다면 소홀이 여길 사람이 하나도 없는 것이다. 만일 누군가를 속이고 업신여긴다면 다음 생에 반드시 그 업보를 풀어야 한다는 사실도 기억하자. 다음 생에 태어날 나를 위해 업보를 쌓아서도 안 되는 것이다. 그런 까닭에 나는 깊은 산 속, 이름 모를 무덤 앞에서도 경건하게 인사하고 예를 갖춘다. 그와 내가 과거 어느 생에 어떤 인연이었을지 알 수 없으니 말이다. 그렇게 생각하다 보면 결국 우리는 모두가 하나라는 사실을 깨닫게 된다. 우리 가족, 우리 민족을 넘어 인류가 하나임을 알게 될 때 민족애가 인류애로 거듭나게 되는 것이다. 우주가 하나라는 의미처럼 '만유가 한 체성이며 만법이 곧 한 근원'이기 때문이다.

윤회사상을 믿는 인도인들은 미래를 생각한다. 현세를 중요하게 여기는 서양인들은 지금 이 순간을 중요하게 여긴다. 우리 민족은 과거와 현재 그리고 미래를 동시에 아우른다.

오랫동안 샤머니즘을 믿어왔던 전통신앙과 서양에서 들어온 가톨릭을 통해 사고가 유연해졌기 때문이다. 이는 서양인들보다 지구 공동체의 의미를 보다 정확하게 알 수 있다는 뜻이기도 하다. 지구 건너편에서 살고 있는 이름 모를 누군가와도 전생에 깊은 인연이었다고 믿는다면 그들의 궁핍한 삶을 방관할 수 없을 테니 말이다. 즉, 대한민국 국민들 개개인이 글로벌 싱크탱크로서 이웃을 사랑하는 것이야말로 지구를 사랑하고 보살피는 길이라 믿는다.

VII.
청춘의 꿈

영웅을 닮고, 영웅에게 배워라

대한민국,
숭고한

존경심에 물들다

　세계 여러 나라를 다니다보면 우리나라 사람들만큼 훌륭한 민족도 없다는 것을 알게 된다. 근면 성실하고 열정적이며 친절하기까지 하다. 서양인들처럼 적극적으로 감정을 표현하지는 않지만, 어느 민족에게서도 볼 수 없는 깊은 정이 있다. 여러 가지 장점이 있는데도 불구하고 대한민국에는 세계적인 영웅이 없다. 좀 더 정확하게 표현하자면 영웅은 있지만 그들을 흠집 내고 싶어 하는 사람들이 더 많다는 뜻이다. 예를 들어 박태준 회장의 경우 청렴했다는 이유로 늘 중상모략에 시달려야 했다. 눈을 감은 뒤에야 비로소 진정한 영웅의 반열에 올라섰지만 생전에는 그의 명예를 실추시키고 싶어 하는 사람들로 인해 고통스러워했다.

　SNSSocial Networking Service가 활성화된 현대 사회는 이러한

문제가 훨씬 더 심각하다. 무분별하게 개인적인 감정을 쏟아내는 사람들로 인해 존경받아야 할 영웅의 명예가 심각하게 실추되고 있는 것이다. 물론 영웅이라고 해서 면죄부가 주어진다는 뜻은 아니다. 도덕적으로 심각한 잘못을 저질렀거나 사회기반을 흔들어 놓았다면 지탄받고 심판받아야 한다. 그러나 요즘 우리 사회를 보면 지극히 개인적인 감정에 의해 영웅을 흠집 내고 있다. 마치 개인의 욕구불만을 해소하는 것 같다. 영웅을 꿈꾸지만 영웅이 될 수 없는 현실을 원망하는 것처럼 말이다. 그리고 이렇게 한탄한다.

"대한민국에는 존경할 만한 영웅이 없다. 큰 인물이 없다."

나는 이 의견에 정면으로 반박한다. 반기문 유엔사무총장, 김용 세계은행총재를 비롯해 김연아 선수, 박태환 선수 그리고 이번 런던 올림픽에서 멋진 모습을 보여준 양학선 선수 등이 모두 영웅이다. 나이의 많고 적음을 떠나 자신의 분야에서 최고가 되었고 나아가 대한민국의 위상을 드높였으니 영웅 아니겠는가.

나는 지극히 개인적인 잣대로 영웅들을 흠집 내려 하는 사람들을 이해할 수 없다. 속 좁음의 소치가 아닐까 싶다. 그동안 특별한 이유도 없이 누군가를 비난했다면 그에 앞서 자신을 되돌아보길 바란다. 과연 자신에게 누군가를 비난할 자격이 있는지 말이다. 대한민국을 빛낸 영웅이라는 이유로, 공인이 되었다는 이유로 무차별적인 비난을 감수해야 할 책임은 없기 때문이다.

멋대로 흠집을 낸 뒤 우리나라에는 진정한 영웅이 없다고 한탄하고 있으니, 이보다 더 어리석은 일이 어디 있겠는가. 영웅에게 면죄부가 주어져서도 안 되지만, 자신과 생각이 다르다고 해서 함부로 평가하고 흠집을 내서도 안 된다는 뜻이다.

아울러 지나치게 타인의 삶에 간섭하고 참견하는 것 또한 옳지 않다. 현대인들은 이해할 수 없을 정도로 타인의 삶에 집착한다. 우스운 것은 그런 사람일수록 자신의 삶은 되돌아보지 않는다는 사실이다. 그로 인해 상대뿐 아니라 자신의 삶도 망가진다는 것을 왜 모르는가. 앞으로는 누군가를 비난하는 대신 자신의 삶에 최선을 다하도록 하자. 솔직히 말하면 타인의 삶에 지나친 관심을 갖는 것 자체가 우스꽝스러운 일이다. 그럴 시간이 어디 있는지도 의아스럽다. 이는 영웅을 흠집 내는 것이 아니라 자신의 삶을 흠집 낸다는 사실을 기억해야 한다.

성숙한 시민의식을 갖게 된다면 함부로 타인의 삶을 재단하지 않는다. 지나치게 관심을 갖지도 않는다. 그 결과 서로가 서로를 존중하는 사회가 만들어지게 된다. 평등을 기본으로 삼기에 면죄부를 주지도 않지만, 무례한 행동도 하지 않는 것이다. 다시 말해 영웅이 없다고 하소연하기 전에 지금까지 우리가 너무 쉽게 타인의 삶을 재단하지는 않았는가 되짚어보자. 우리나라에는 전 세계가 존경하는 영웅이 무척 많기 때문이다.

예를 들어 나는 차범근 선수를 무척 좋아한다. 태극마크를 달고 뛸 때부터 지금까지 그는 내가 좋아하는 축구선수이다. 1980

년 유럽 최고 리그였던 독일 분데스리가에 입단해 외국인 최다출장, 최다골을 기록했으니 말이다. 독일 축구생활 10년간 98골을 기록한 그는 한국의 축구를 오늘날처럼 세계적인 수준으로 이끈 주인공이다. 독일 주재원 시절 그가 출전하는 축구경기를 여러 번 관전했었다. 차 선수가 골을 넣으면 관중들이 자리에서 일어나 '붐큰 차'를 외치며 열렬히 환호하던 기억이 지금도 생생하게 떠오른다. 나는 그가 여느 대사관보다 많은 외교를 했으며, 대한민국의 품격을 높이는 데 기여했다고 생각한다. 매주 토요일 3시에 열리는 분데스리가 축구장에서 말이다. 한국에 있을 당시 그는 포스코 축구팀 소속이었다. 그래서 독일에 있을 때 종종 만났는데, 한번은 비가 제법 많이 내리던 날이었다. 그의 집을 방문했는데 마침 운동을 나간 뒤였다.

"비가 오는데도 훈련을 하십니까?"

"훈련을 게을리하면 실전에서 바로 표가 납니다. 또 혈압이 낮은 편이라서 평소에 꾸준히 운동을 해야 체력관리를 할 수 있거든요."

비가 오나, 눈이 오나 쉼 없이 훈련하는 그의 모습을 보며 나는 감탄했었다. 그가 세계적인 축구스타로 거듭날 수 있었던 것은 철저한 자기관리와 성실한 자세였던 것이다.

물론 스포츠 스타처럼 대중적으로 알려지지는 않았어도 자신의 분야에서 최고가 되어 대한민국의 위상을 높인 한국인은 무수히 많다. 그들의 땀방울이 오늘날 세계 속의 한국을 만들어낸 것이다.

한국 산업을 세계의 주역으로 이끌어준 한국플란트산업협회 윤영석 전 회장과 최길선 회장 역시 대한민국의 위상을 드높인 영웅이다.

나는 그들의 열정에 감사와 존경을 표한다. 그들 덕분에 세계 어느 나라를 가도 내가 대한민국 국민이라는 사실이 자랑스럽기 때문이다. 아울러 영웅이 많다는 것은 자라나는 세대에게 충분한 동기부여를 줄 수 있다. 영웅처럼 되고 싶다고 생각할 때 땀 흘려 일할 수 있게 되는 것이다. 이는 내 삶을 되돌아보아도 알 수 있다. 감사하게도 내 주변에는 대한민국을 빛낸 영웅이 무척 많았기에 그들의 좋은 점을 배웠고, 닮아가기 위해 노력했다. 그 시간들이 쌓이고 쌓여서 오늘의 나를 만들어주었다고 믿는다.

영웅은 세상을 변화시킨다. 그러기 위해 끊임없이 자신을 희생시킨다. 희생이 없다면 거룩한 결과를 만들어낼 수 없기 때문이다. 영국 왕족들이 전 세계인들에게 존경받는 이유도 여기에 있다. 영국 왕족들은 국가가 위험에 빠지면 두 팔을 걷어붙이고 현장으로 달려 나간다. 그들은 왕족으로서의 책임감을 다해 나라와 국민을 지키기 위해 노력한다. 왕족뿐 아니라 장군들도 마찬가지이다. 몽고메리 장군 역시 제2차 세계대전에서 몸을 사리지 않고 적들과 싸웠다. 희생을 통해 거룩한 업적을 만들어낸 것이다. 이는 박쥐들의 세계에서도 마찬가지이다. 태국 방콕의 어느 산속에는 박쥐동굴이 있는데 저녁이 되면 박쥐들이 떼를 지어 밖으로 나온다. 그러나 동굴 밖에는 독수리들이 지키고 있었으니 가장 먼저 나오는 박쥐가 먹잇감이 되는데 과연 어떤 박쥐가 제일 먼저 동굴 밖으로 나오는 것일까? 나오는 순간 독수리의 먹이가 될 텐데, 머리가 나쁜 박쥐들이 그 사실을 모르는 것일까? 정답을 들은 뒤 나는 마음이 숙연해졌다. 가장 먼저 나오는 박쥐는 지도자였고, 자신을 희생해 동료를 살리는 것이다. 나는 박쥐의 모습에서 진정한 영웅의 모습을 보았다. 박쥐의 희생정신과 숭고함이 결국 박쥐들에게 바깥으로 나갈 수 있는 용기를 주었으니 말이다.

따라서 우리는 영웅의 숭고함을 깨닫고 존경해야 한다. 그들이 흘린 땀방울과 희생정신을 기억한다면 감히 심심풀이로 그들을 흠집 낼 수 없을 것이다. 영웅이 많아질수록 세상이 풍요롭게 변한다는 사실을 기억하자.

나와 대한민국의 히어로, 청암靑巖 박태준

지난 2011년 겨울은 유난히도 추웠다. 온몸에 한기가 서려 어깨를 활짝 펴고 거리를 걸을 수조차 없었다. 아마도 내 마음의 등불이자, 삶의 지표였던 박태준 회장이 세상을 떠났기 때문일 테다. 그는 내게 언제나 거대한 산과 같아서 얼굴 위로 드리워진 세월의 흔적을 보지 못했던 것 같다. 대한민국의 흥망성쇠를 지켜보던 산과 바다처럼 늘 대한민국의 버팀목이 되어 주리라 믿었다. 좀처럼 그의 타계를 받아들일 수 없었던 것이다. 하지만 연일 언론에서 그의 타계소식을 전했고, 조문행렬이 이어지는 모습을 보면서 그가 이승을 떠나 하늘의 별이 되었다는 사실을 서서히 받아들이게 되었다.

사실 운명 다하던 날, 포스코 건설 OBOld Boy 임원들 점심 모임이 삼성동 황상에서 있었는데 그때 오늘을 넘기기가 어렵다는 이야기를 들었다. 그곳에 모인 사람들 모두 '강건한 우리 회장님 반드시 회복하시길' 빌고 또 빌었는데, 그날 오후에 유명을 달리한 것이다. 국립현충원에 안장하는 순간, 말 그대로 심장이 도려나가는 것처럼 아팠다.

세계적인 철강왕을 잃은 슬픔은 비단 나와 포스코맨들만의 몫이 아니었다. 포항시민들을 비롯해 우리나라 국민들 모두가 진심으로 가슴 아파했었다. 그의 발인이 있던 날 포항시민들은 그의 숭고한 정신을 기리기 위해 조기를 게양했으니 진심으로 그를 존경했고, 그의 죽음을 슬퍼했다는 사실을 짐작할 수 있다.

허망한 모래바람이 일던 영일만에 포항제철이 들어서고, 세계적인 철강도시로 성장할 수 있었던 원동력이 바로 박 회장의 열정 덕분일 테니 말이다. 동시에 그의 삶이 재조명되기 시작했다. 지난날 중상모략에 시달리던 그를 옆에서 지켜보았던 나는 가슴이 벅차올랐다. 그의 진정성이 드디어 꽃을 피웠기 때문이다. 그의 명예를 흠집 내려고 애썼던 사람들조차 박 회장의 죽음 앞에서 초연해졌으니 결국 그의 진정성이 이기적인 사람들의 마음까지 변화시킨 것일 테다. 살아있을 때 존경받는 영웅이 되는 것도 값지지만, 죽음 뒤 그가 남긴 발자취가 곧 바른 역사가 되는 것만큼 훌륭한 삶이 어디 있겠는가.

문득 포항 제3고로 공장건설 현장에서 호랑이보다 무섭게 우리를 질책하던 그의 모습이 떠오른다. 1978년 8월 말, 그 무렵 중동건설이 인기여서 대다수의 인력이 해외로 진출하고 없었다. 덕분에 나를 비롯해 포스코맨들은 하루 종일 일해도 할 일이 태산 같았다. 건설현장에서 가장 중요한 것은 건설공기를 맞추는 것이었으니, 자재 창고를 정리할 시간이 없었다. 창고 정리가 중요하다는 것은 알고 있지만 바쁘다 보면 소홀해지기 쉬운 일이기도 했다. 제3고로 공사 현장도 마찬가지였다. 30여 개 현장의 창고가 정리되지 않고 지저분했던 것이다. 그러던 어느 날 현장을 방문했던 박 회장이 그 사실을 알게 되었고, 불같이 화를 내기 시작했다.

"불도저 가져오시게. 이렇게 지저분한 창고는 있으나 마나 하니까 깨끗이 밀어버려야겠네."

비록 지저분한 창고였지만 그 안에는 공사에 필요한 핵심 기자재와 부품이 가득 있었다. 불도저로 밀어버리면 큰 문제가 발생하는 것이다. 사실 마음만 먹으면 5분 내에 불도저를 가져올 수 있었다. 그러나 박 회장은 일부러 30분가량 호통을 치면서 우리가 창고 속에 있는 부품을 치울 수 있도록 배려했던 것이다. 혼비백산이 된 직원들이 창고 뒷쪽을 부수고 부품을 거의 다 치웠을 무렵 불도저가 도착했다. 도착한 불도저가 창고를 밀어버리려고 하는 순간 그는 내게 다가와 귓가에 대고 나지막이 말했다.

"스위치가 내려졌는지 확인하시오."

나는 재빨리 창고 뒤로 돌아가 스위치 상태를 확인했다.

"네. 스위치는 내려져 있습니다."

그는 화가 났지만 안전을 염두에 두고 모든 것을 치밀하게 계산했다. 극한 순간에도 냉정하게 판단하고 사고를 미연에 방지하는 그의 안전의식에서 이성적이고 합리적인 리더의 모습을 보았다. 철저한 프로근성을 가진 그였기에 호랑이처럼 무서웠지만 전 직원들에게 존경받았던 것이다. 그날 밤, 그가 삼진 창고를 부수었다는 사실이 포스코 전 현장에 전해지면서 거짓말처럼 하룻밤 사이에 포항제철소에 있는 30여 개의 창고가 깨끗이 정리되었다. 뿐만 아니라 그 이후로 포스코 건설 현장에서 정돈되지 않은 지저분한 창고를 볼 수 없었다. 원칙중심 경영이 만들어낸 위대한 성과인 것이다.

또한 박 회장은 대한민국의 산업발전을 최우선 가치로 여겼었다. 당시 포항제철소는 일본기술로 만들어졌지만 광양제철소는 유럽의 기술 지원을 받아야 했다. 우리나라의 눈부신 발전이 부메랑 효과로 작용할 것을 걱정했던 일본에서 더 이상 기술 지원을 하지 않겠다고 한 것이다. 따라서 박 회장은 일본이 아닌 유럽으로 시선을 돌렸다. 이를 위해 뒤셀도르프에서 주재원으로 나갔던 나는 박 회장의 뜻에 따라 유럽 공급사와 제작사 및 하청 회사들을 방문하여 기자재 제작 및 품질관리를 하였다. 박 회장은 유럽에서 배운 설비제작 및 기술을 한국 중공업업체(현대 중공업, 한국 중공업(두산 중공업), 삼성 중공업, 한진 중공업 등)에 전수할 것을 지시했다.

포스코 대표였지만 한국산업 발전에 기여하는 것이 그의 사명이었던 것이다. 이렇듯 그는 언제나 대한민국 산업 발전만을 최고의 목적으로 삼았다.

박 회장은 이제 우리 옆에 없지만, 그가 가르쳐준 숭고한 정신 하나 하나가 우리 모두의 가슴에 깊이 새겨졌으리라 믿는다. 이는 열악한 환경을 극복하는 투지, 죽어도 성공하는 우향우 정신, 부정부패와 결탁하지 않는 강직한 신념, 조국과 민족을 최우선으로 여기는 애국심이다. 그로 인해 모두에게 평등한 기회가 주어지는 투명한 사회가 만들어질 것이며 대한민국은 세계 일류 국가로 거듭날 수 있다.

주위에서 그의 정신을 기억하고 실천하는 청년들의 모습을 보면서 나는 그가 여전히 내 옆에, 대한민국 땅 위에 살아 있다는 사실을 깨달았다. 따라서 우리에게 주어진 소명은 그가 가르쳐준 우향우 정신과 애국심을 실천하는 것이다. 이는 그가 흘린 땀

방울과 노고에 보답하는 길이며, 그가 애타게 바라던 민족중흥
이다.

　한용운 시인의 「님의 침묵」을 듣노라면 박태준 회장이 떠오른
다. '향기로운 님의 말소리에 귀먹고, 꽃다운 님의 얼굴에 눈멀
었다. 이별은 뜻밖의 일이 되고 놀란 가슴은 새로운 슬픔에 터
지지만, 떠날 때는 다시 만날 것을 믿는다.'는 시구처럼 도전정
신을 기억하는 청년들, 부정부패의 고리를 끊어낸 청년들, 환경
을 탓하기 전에 현실을 바꾸기 위해 노력하는 청년들을 만나는
것이 곧 박 회장을 다시 만나는 길이라고 믿기 때문이다. 여전
히 나는 그와의 이별을 받아들이지 못해 새로운 슬픔이 터져 나
오지만, 여전히 나는 님을 보내지 않았다. 그를 기억하는 한, 나
역시 그를 닮아가기 위해 노력하게 될 테니까.

이 시대를
빛낸

영웅들

　포스코가 민족기업이자 민영화 이후 한국을 대표하는 기업으로 성장할 수 있었던 것은 고故 박태준 명예회장을 필두로 많은 영웅들의 희생정신 덕분이다. 박 회장과 막역한 사이였던 황경로 전 회장은 호랑이처럼 무섭지만 동시에 무척 자상했다. 포스코 임원 출신 모임인 중우회의 회장인 그는 2인자로서 늘 박 회장을 보필했다. 회장이 된 뒤에도 그의 말 한 마디, 한 마디가 임원들을 위한 경영교과서가 되어주었다. 독일 주재원으로 근무하던 시절, 그를 보필해 1박 2일간 프랑크푸르트로 함께 출장을 갔었는데 주옥같은 말씀을 들으며 인생의 지표를 세울 수 있었다. 덕분에 직장인으로서의 자세, 포스코맨으로서의 긍지를 배울 수 있었다. 또한 그에게 배워야 할 점은 의리이다. 박 회장과 황 회장은 말 그대로 의리로 뭉친 사나이이다. 어떤 순간에도 서로를 신뢰했고, 이를 토대로 상대의 잠재능력을 이끌어냈다.

제철소 건설을 주도했던 정명식 전 회장은 원어민 수준으로 영어를 구사해 회사의 품격을 많이 높였다. 대외적으로 호주 21세기 신도시건설을 위한 MFP(멀티펑션폴리스) 프로젝트에 한국을 대표하여 이사를 맡게 되었다. 나는 경영정책부에서 근무할 당시 MFP의 이사로 참여한 그를 보필해 함께 호주로 출장을 갔었는데, 그는 시드니 공항에서 한 가지 질문을 던졌다.

"이 그림을 보고 자네는 뭐가 생각나나?"

공항 로비에 걸린 그림은 솔직히 특별한 감흥을 주지 않았다. 미학적으로 볼 때 충분히 아름다웠지만, 그 이상도 이하도 아니었다.

"우리 눈에는 '아름답다, 밉다' 이전에 철을 어떻게 사용하느냐가 보여야 하네. 이 그림을 자세히 보면 철이 보이는데, 평소 우리가 사용했던 용도와 다르지 않은가. 이렇듯 우리는 무엇을 보든 항상 철을 생각해야 해. 뜻이 있다면 길이 있다는 말처럼, 항상 머릿속에 철을 생각하면 아무도 생각하지 못했던 철의 새로운 활용분야를 발견할 수 있거든. 우리는 그렇게 살아야 한다네."

그의 대답을 듣고 나는 무척 감동했었다. 포스코맨이라면 포스코맨다운 생각과 시각이 있어야 한다는 사실을 배웠기 때문이다.

유상부 전 회장 역시 본받을 점이 많은 이 시대의 영웅이다. 항상 논리적이고 경험에 바탕한 이론적 수치를 제시하는 그는 대안이 없는 비판을 일절 삼간다. 그와 면담을 할 때면 해박한 이론과 반짝거리는 아이디어에 감탄하지 않을 수 없다. 포항제철소와 광양제철소의 설비 배치도의 아이디어도 훌륭했다. 지식과 경험이 풍부했다. 그것은 끊임없이 공부하고 현장을 최우선으로 생각했던 철학에서 비롯된 것이었다.

이구택 전 회장의 치밀함은 포스코를 최강 제철소로 거듭날 수 있게 만들어주었다. 신입사원으로 입사해 회장이 된 입지전적인 사람으로서 부드러운 외모에 매우 온유하고 주위 사람을 배려한다. 포스코 인도프로젝트에서 6억 톤 광권을 가져온 일등공신이기도 하다. 인도 프로젝트가 결정되자 적극적으로 지원하면서 완벽하게 우리 팀을 믿어주었다. 우리에게 할 수 있다는 자신감을 심어주었고, 반드시 하겠다는 충성심을 만들어주었던 것이다.

아울러 정준양 회장의 친화력과 오픈 마인드는 포스코가 세계적인 기업으로 성장할 수 있도록 날개를 달아주었다. 철강경기가 세계적으로 불황일 때도 최대 수익을 창출하면서 대내외 회사경영을 빈틈없이 추진하고 있다. 고객 신뢰를 우선시하는 고객중심 경영을 강조하고 있으며 업무 수행에서 회사의 이익과 고객의 신뢰가 상충할 때는 반드시 고객의 신뢰를 우선시해야 한다고 당부한다. 덕분에 포스코는 예나 지금이나 신뢰받는 기업으로 자리매김하고 있다.

인도정부 관계자가 포스코와 MOU를 맺기 전에 한국에 방문했을 때도 그의 친화력과 프로정신이 빛을 발했다. 당시 광양제철소 소장이었던 정 회장은 그들에게 신뢰를 주기 위해 치밀하게 준비하고 노력했다. 덕분에 훗날 포스코와 인도의 MOU가 성사되었던 것이다. 또한 그들을 위해 특별히 영빈관 식당 주방장을 서울로 출장 보내 인도음식을 배워오도록 지시하는 정성까지 쏟았다. 이들 모두를 보필하면서 나는 그들 모두가 영웅의 면모를 지녔다는 사실을 알게 되었다. 청년시절 사원으로 입사해 오랜 세월 동안 열정적으로 일한 덕분에 한 계단씩 올라갈 수 있었으니, 이들 모두 입지전적인 인물 아니겠는가.

강창오 전 사장은 항상 배우는 자세를 몸소 보여주고 일단 믿으면 전적으로 실무진을 믿어주고 지지해주는 리더이다. 인도 프로젝트를 추진할 때 역시 마찬가지였다. 리더의 믿음과 긍정이 기적을 만들어낸다는 사실을 몸소 보여주었던 것이다. 동시에 철두철미한 프로 중에 프로였다. 아주 작은 부분까지 놓치지 않고, 세심하게 신경 쓰는 모습에서 나는 현장중심 리더의 참 모습을 보았다. 에어릭스의 대표가 된 지금, 나는 그를 닮아 직원들에게 무한한 신뢰를 보이는 리더가 되기 위해 노력하고 있다.

윤석만 포스코 건설 전 회장의 경영철학과 경험 그리고 네트워킹은 포스코의 성장에 밑거름이 되어주었다.

포스코에 입사했을 때 정직과 성실한 업무자세를 몸소 실천하며 나를 긍정적이고 적극적인 자세로 이끌어주었던 황경일 과장(전 포스코건설 부사장)과 **최광웅 경영정책부장**(전 포스코 청암재단 상임부이사장)에게 제철소 건설과 회사 정책 수립 등 경영하는 방법과 관련된 모든 지식과 노하우를 전수받았다. 강구선 소장(전 포스코 상무)과 이승관 상무(전 경동 회장) 덕분에 낯선 이국땅에서 주재원으로 최선을 다해 근무할 수 있었다. 포스코 건설에서 새로운 사업 기회와 성공 가능성을 열어주었던 한수양 포스코 건설 전 사장 역시 뛰어난 경영 능력을 갖춘 리더이다. 이들이 있었기에 나는 오늘날까지 조금씩 성장하며 앞으로 나아갈 수 있었다. 그러니 이들이야말로 나의 영원한 멘토이자 영웅인 것이다.

이들을 비롯해 포스코 정신으로 중무장한 포스코맨들은 지금 이 순간에도 경제부흥의 주역이 되어 대한민국과 세계 곳곳에서 활약하고 있다. 그들의 열정이 오늘날 눈부시게 발전한 대한민국을 만들어낸 것이다.

내가 그들의 철학과 가치관을 청년들과 공유하고 싶은 이유이다. 영웅들의 발자취를 조심스럽게 그러나 정성을 다해 따라가다 보면 훗날 그의 모습과 닮은 자신을 만날 수 있으니 말이다.

공자가 말하길 "하늘은 이 세상에 큰 그물을 던졌다. 이것이 천망天網이다. 하늘의 그물은 얼기설기해서 얼마든지 빠져나갈 수 있을 것 같지만 결코 빠져나갈 수 없다. 하늘의 그물은 깊고 오묘하고 공정하다. 인생을 긴 눈으로 보고 먼눈으로 보고 큰 눈으로 보면 결국 사필귀정事必歸正, 선한 사람에게 행복이 오고 악한 사람에게는 불행이 온다. 인간의 도가 무엇이냐, 하늘의 도를 본받아 하늘처럼 참되려고 노력하는 것이 인간의 길이다. 하늘은 참이요, 참은 하늘이다."라고 했다.

지극한 정성을 들이면 감동하지 않을 사람이 없다는 뜻이다. 지성은 하늘을 감동시키고 귀신도 감동시키기 때문에 인간이 갖는 가장 큰 힘이요, 무기요, 자산인 것이다.

예순의 나이가 되었지만 여전히 나는 꿈을 꾼다. 그 꿈을 이루기 위해 부딪히고 깨져도 오뚝이처럼 다시 일어나 도전한다. 그 시간들이 쌓이고 쌓여서 에어릭스 직원들에게 존경받는 리더가 된다면 커다란 기쁨일 것이다. 그러기 위해서는 늘 교만과 권위주의를 경계해야 한다. 스스로 부족하다는 것을 안다면 배움을 게을리하지 않게 될 테고, 시간의 흐름 속에서 성숙해질 것이라고 믿는다.

나의 꿈속에는 에어릭스 직원들의 멋진 미래도 담겨 있다. 우리가 한곳을 바라보며 한마음으로 일했을 때 에어릭스도 성장할 수 있기 때문이다. 내 아이들과 대한민국 청년들의 꿈 또한 품고 싶다. 우리 모두의 꿈이 이루어졌을 때 대한민국이 성장할 수 있을 테니까. 아울러 앞으로 환경이 더 중요해질 테니 에어릭스의 대표로서 대기환경 분야에서 최고 경쟁력을 갖춘 환경토털솔루션 제공업체를 만들어 한국 산업 발전에 기여하고 싶다.

철저한 사전준비
완벽에 가까운 최고의 경영인,
SK이노베이션 구자영 대표이사

　구자영 대표는 인문학과 공학을 섭렵한 경영자로서 젠틀하고 스마트하며 예리한 판단력과 세심함을 고루 갖춘 리더였다.

　그와의 인연은 포스코에서 시작됐다. 당시 그는 사장 보좌역을 맡아 포스코의 산학연POSCO-POSTECH-RIST 협력실을 지휘하며 포스코의 기술경쟁력을 세계적인 수준으로 끌어올리는 계획을 수립하는 업무를 담당했으며, 사람global talents, 조직 및 업무 시스템을 고안하여 포스코의 체계를 바로 세웠다. 또한 그 무렵 포스코의 시급했던 기술개발 과제였던 TMCP 후판생산기술, 스테인레스 스틸 제품개발 및 생산기술 등을 성공시키는 산파 역할을 하기도 했다.

　그와 첫 인사를 나눈 것은 내가 브뤼셀에서 주재원으로 근무하고 있을 때였다. 박태준 회장님의 특별지시로 생긴 산학연 협력실의 업무로 그가 브뤼셀로 출장을 오게 되면서 인연을 맺을 수 있었다. 이 인연은 거기서 끝나지 않았다. 이듬해에는 그가 포스코의 경영정책 담당 상무로 보직이동을 하게 되었는데, 때마침 귀국한 내가 경영정책부 과장이 되면서 그를 모실 수 있게 된 것이다.

업무적으로 그는 완벽에 가까운 경영인이었다. 또한 인품도 자상하셨다. 예를 들어 90년도 초반까지만 해도 포항에서 부부동반 모임 대신 남자 간부와 직원들의 모임이 주류를 이루었는데 구자영 상무님이 정책 기획을 담당하는 경영정책부에 최광웅 부장을 포함하여 과장급 이상 간부 18명의 부부동반 모임을 주선하여 부인들에게 회사현황을 직접 설명하고 남편들이 회사에서 중요한 일을 하고 있다는 자긍심을 불어넣어 주는 등 새로운 문화를 만들었다. 그리하여 밤새 회사에서 일하고 가정 일에 소홀해도 부인들이 이해하고 적극적으로 회사 일에만 매진할 수 있는 분위기를 만들어 주었다. 덕분에 남편들은 물론 부인들까지 자신들이 마치 회사의 운명을 짊어지고 있다는 기분 좋은 마인드로 열심히 근무할 수 있었다. 경영정책부 모임은 정우회란 이름으로 OB와 YB가 모여 지금도 일 년에 3~4회 교류하고 있다.

지금으로부터 약 20년 전, 포스코 정명식 전 회장님과의 인연으로 호주 정부에서 호주 산업계와 포스코 그룹과의 연계를 위해 우리를 공식 초청한 적이 있었다. 호주 정부에서 추진하는 환경 친화적이고 지속적인 발전이 가능한 도시 개발 프로젝트인 '21세기를 지향하는 신도시 개발 개념의 MFP_{Multi Function Polis}'에 참여해달라는 요청이었다. 이때 포스코에서는 구자영 상무를 포함하여 김호길 포항공대 학장, 김기홍 포스콘 사장, 성기중 포스데이터 사장 그리고 필자 이렇게 다섯 명이 정식 초빙되었으며, 구자영 상무가 멤버를 이끄는 단장으로 임명되었다.

호주에 도착한 우리들은 프로젝트 기간 내내 호주의 정부, 국회, 대학, 산업계 등을 방문하여 많은 것을 접했다. 9박 10일 동안 켄버라, 멜본, 시드니, 에델라이드, 브리스베인 등 여러 도시를 둘러보며 통신 및 Tele-Medicine 프로젝트, 호주 대학, 연구기관, 산업체 등을 살펴볼 수 있었다. 구자영 상무님과 함께 호주 정부와의 회의, 국회의사당에서 연방 정부 장관들과 국회의원들과의 회의를 통해 국제적인 안목과 식견을 넓혔으며 호주 산업계와 포스코 그룹과의 미래 협력관계를 공고히 하기 위한 사업 제안 등 전반적인 호주 출장을 완벽하게 마무리 지을 수 있었다. 모두가 구자영 상무의 뛰어난 능력 덕분이었다. 전체를 볼 수 있는 혜안과 체계적인 실무 능력을 통해 그는 어디에서나 빛이 나는 존재였던 것이다. 그러니 그에게 회사가 가야 할 정책적인 방향과 목적을 달성하는 수단 강구 등 기획업무를 체계적으로 배울 수 있었던 것은 내게 큰 영광이었다.

박태준 고 명예회장께서 일본으로 떠나게 되어 그도 포스코를 본인의 뜻과 다르게 떠나게 되었는데, 당시 나는 마음에 상처를 많이 받았었다.

그가 포스코에서 우리와 작별 인사를 하고 떠나는 날, 나는 자진해서 효자 임원 숙소에 찾아가 미국으로 떠나는 그의 짐을 정리해 주고 이삿짐을 날라 주었다. 그렇게 하고 싶었던 것은 마음속 깊이 그를 존경했으며 모시고 싶은 분이 떠나는 아쉬움과 감사한 마음이 있었기 때문이었다.

그 후에 그는 미국으로 건너가 세계적인 석유회사 엑손모빌로 자리를 옮겼다. 그의 뛰어난 능력도 능력이거니와 안주하지 않고 끊임없이 배우고 도전하는 모습이 무척 멋져 보였었다. 자신의 이름으로 된 31개의 미국 특허를 가지고 있으며 지금까지 56편의 논문을 썼으니, 이는 쉼 없이 공부하고 노력했다는 증거 아니겠는가.

공학도인 그가 버클리대학교에서 석·박사 학위를 취득하고, 미국 뉴저지주립대 공대 교수를 거쳐 포스코에서 국가가 자랑으로 생각하는 포스코의 경영정책 담당 임원, 미국 엑손모빌의 부분장을 역임하시고 다시 대한민국의 산업발전을 위해 SK이노베이션의 대표이사가 된 것은 피나는 노력과 땀방울이 맺은 결실이라 생각한다.

나는 대한민국의 청년들이 구자영 대표를 본받아 자신의 삶을 가꿔가길 바란다. 롤모델로 삼고 닮아 가도록 노력한다면 대한민국의 훌륭한 재목이 될 수 있다고 확신한다. 혁신은 하루아침에 나오는 것이 아니라 꾸준히 노력하고 도전했을 때 이루어지기 때문이다.

즉, 지금 서 있는 자리에서 최고가 되고 싶다면 배움을 게을리 해서는 안 된다. 인내는 쓰고 열매는 달다는 격언처럼 땀 흘려 노력할 때 전문가가 될 수 있다. 혁신은 그 안에서 만들어지는 것이다. 자신의 발전이 곧 세상의 발전을 의미한다는 뜻이니, 이보다 더 가치 있는 삶이 어디 있겠는가.

아울러 나는 구자영 대표와 SK이노베이션이 만들어갈 대한민국의 미래를 기대한다. 그들이 만들어내는 혁신이 대한민국을 세계의 중심으로 만들어 주리라 믿는다.

인간적인 매력이 철철,
삼미건설 박원양 회장

우리는 성공한 사람을 주위에서 종종 만날 수 있다. 그러나 그들 모두를 존경하는 것은 아니다. 오히려 성공한 사람일수록 교만함에 빠져 주위 사람들의 눈살을 찌푸리게 만든다. 다시 말해 청년들이 본받고 닮아가야 할 영웅은 돈의 유무, 직책의 높고 낮음으로 결정되는 것이 아니다. 숭고한 정신 아래 조국과 민족을 위해 헌신하는 사람만이 영웅이 될 수 있는 것이다. 상대를 배려하지 못한다면 제아무리 부자라 해도 존경할 수 없기 때문이다.

삼미건설의 박원양 회장이야말로 따뜻하고 자상한 리더의 표상이 아닐까 한다. 1978년 태안토건을 설립한 이래로 오늘날 삼미건설을 만들기까지 그는 지역경제발전에 이바지한 영웅이다. 나아가 새로운 시장을 개척하는 데도 최선을 다하고 있다. 1998년 파키스탄에 운수업으로 진출해 연 매출 300억 원 이상을 올렸으며, 2003년에는 총알이 빗발치는 아프가니스탄에 진출해 병원을 짓기도 했다. 두려움을 극복하고 도전한 결과 전 세계가 그의 무대가 된 것이다.

그럼에도 불구하고 근검절약이 습관화되어 있다. 해외 출장을 다닐 때면 일등석이 아닌 삼등석에 앉곤 한다. 대신 삼미문화재단을 설립해 우수한 학생들에게 장학금을 지급하고, 문화활동을 적극적으로 지원하고 있다. 사치와 향락에 물들지 않고, 이 사회를 풍요롭게 만드는 데 앞장서고 있는 것이다. 내면을 아름답게 가꾸는 그의 모습에서 진정한 영웅의 모습을 찾아볼 수 있다. 더불어 부드럽고 자상한 어버이의 모습을 본다. 그의 가장 큰 매력이란 바로 따뜻한 인간미인 것이다.

그런 까닭에 오랫동안 그의 옆에 있었지만 그가 감정에 휩쓸려 자제력을 잃어버리는 것을 본 적이 없다. 그는 늘 은인자중隱忍自重을 실천하고 있다. 한 번은 이런 일도 있었다. 대수롭지 않은 수술을 하기 위해 병원에 입원한 뒤 수술을 마쳤다. 경과가 좋아 퇴원을 하기로 했지만 만약을 위해 하루 더 병원에서 요양한 후 퇴원하려 했는데 어찌된 영문인지 그는 퇴원을 몇 시간 앞두고 정신을 잃고 쓰러졌다. 수술 부위에서 출혈이 발생한 것이다. 전후 사정을 들어보니 틀림없이 의사의 실수였지만 그는 의사를 나무라지 않았다.

"수술하고 난 후에 부작용이 있을 수 있다고 말해주었다면 미리 준비를 했을 텐데, 그 말을 해주지 않았으니 입원실에서 쓰러져 재수술을 하는 황당한 사건이 발생한 것입니다. 앞으로는 수술을 할 때 반드시 부작용에 대한 이야기도 해주세요. 그래야 환자가 놀라지 않을 테니까요."

참으로 대인배다운 모습이었다. 잘못을 지적하는 데 있어 상대를 배려하는 방법을 먼저 찾았으니 말이다. 이것이야말로 박원양 회장다운 훈계방법이다. 그는 직설화법으로 상대의 감정을 다치게 하지 않는다. 부드러운 목소리로 잘못을 지적하되 늘 비유적으로 말한다. 만일 박 회장처럼 잘못을 지적하는 리더가 있다고 가정해보자. 자신의 잘못을 깊이 반성하면서 동시에 리더를 존경하게 될 것이다. 리더의 배려에 보답하기 위해 더 충성하게 될 테니까 개인과 기업이 함께 성장할 수 있게 되는 것이다.

나는 삼미건설의 성장 동력 가운데 하나가 박 회장의 따뜻한 인간미라고 생각한다. 따라서 그의 인간적인 매력을 본받기 위해 노력한다. 주위 사람들을 즐겁게 만들어주는 사람, 함께 있는 것만으로도 가슴이 따뜻해지는 사람이 되고 싶기 때문이다. 그를 닮아가기 위해 노력하다 보면 그처럼 인간적인 매력이 철철 넘치는 사람이 될 수 있다고 믿는다.

끝으로 인간적으로 매력 있는 사람이 되려면, 먼저 누군가의 친구가 되어주어야 한다. 이는 친절할 때 가능해진다. 친절은 사람이 가질 수 있는 가장 큰 덕 중에 하나이다. 도움을 필요로 하는 사람에게 다가가 기꺼이 도와주었을 때 소중한 친구가 될 수 있는 것이다. 또 말을 잘하려고 하지 말고 잘 듣기 위해 노력하자. 말은 적게 하되 적극적으로 친밀감을 표현한다면 매력 있는 사람으로 거듭날 수 있다. 이는 바로 박원양 회장이 가진 또 다른 매력이기도 하다.

나이는 숫자에 불과하다,
서희건설 이봉관 회장

　독일의 한 탄광에서 갱도가 무너져 광부들이 갇혔다. 외부와 연락이 차단된 상태에서 1주일 만에 구조되었는데 사망자는 단 한 사람, 시계를 찬 광부였다. 불안과 초조가 그를 숨지게 한 것이다. 이를 보며 나는 세상은 마음먹기에 따라 달라진다는 사실을 다시금 확인했다. 초조하게 앞날을 걱정하기 전에 지금 이 순간 최선을 다해 역경을 이겨내는 것이 현명한 선택인 것이다. 인생의 시계는 늘 현재에 맞춰져 있어야 하고, 삶의 중심은 언제나 지금 이 순간이여야 한다. 하지만 나이가 들다 보면 인생의 시계가 서서히 멈추기 시작한다. 다가오지도 않은 죽음을 기다리며 무기력해지는 것이다. 이를 경계하고자 서희건설의 이봉관 회장이 새로운 세상을 만들고 있다.

　"100세를 바라보는 지금, 육십이 되었다는 것은 인생의 반이 지났다는 뜻이다. 회사에서 정년이라는 이름으로 퇴직을 권고한다면 그 순간 제2의 인생이 시작되었다고 생각하자. 건강을 위해 취미삼아 등산을 다니는 것은 좋지만 할 일이 없어서 등산을 하는 것은 바람직하지 않다.”

이는 서희건설의 이봉관 회장이 늘 강조하는 말이다. 내가 그를 처음 만난 곳은 포스코에서였다. 공채 2기로 포스코에 입사한 그는 예나 지금이나 내게 더없이 소중하고 믿음직한 선배이다. 포스코맨이었을 때 그는 조직의 승리를 최우선 가치로 삼았다. 조직구성원이 다 함께 성장할 수 있는 방법을 찾았던 것이다. 그랬던 그가 사업가가 되면서 달라졌다. 신중함 속에 저돌적인 도전정신이 깃들어 있었다. 그 모습을 보면서 나는 조직에서 승리하는 법과 리더로 승리하는 법을 배웠다. 여러 사람이 모여 공동의 목표를 이루어가는 조직에서는 지나치게 자신의 의견을 주장해서는 안 된다. 신념을 지키면서도 여러 사람과 조화를 이뤄야 하기 때문이다. 반대로 리더가 되었을 때는 폭풍우 속을 항해하는 선장의 마음으로 도전해야 한다. 선원들의 목숨을 지키기 위해서라면 기꺼이 위험을 감수해야 하는 것이다. 다시 말해 성공한 사업가가 되려면 지금 이 순간 주어진 자리에서부터 최선을 다해야 한다. 훌륭한 조직원이 되지 못한다면 훌륭한 사업가 또한 될 수 없다는 사실을 명심해야 한다.

예를 들어 그는 프로젝트 파이낸싱PF 사업에 손대지 않았다. 쉽게 돈을 번다면 그만큼 리스크가 크다고 생각했던 것이다. 또 부동산이 호황을 누리던 2000년대 무렵에는 새로운 길을 개척하려고 노력했다. 대다수의 건설사가 아파트에 주력할 때 교회와 학교, 병원 건설 등의 틈새시장을 노렸던 것이다. 아울러 미래형 환경에너지 자원화 사업에도 뛰어들었다. 국내 최초로 쓰레기 매립가스를 이용해 전기를 생산하는 LFG(매립가스)발전소를 가동하기도 했다. 무엇보다 이 회장이 이루어낸 가장 위대한 업적은 정년퇴직을 없앤 것이다. 능력이 있다면 언제까지나 일할 수 있는 환경을 제공해준 덕분에 예순이 넘은 직원들이 은빛 머리칼을 날리며 눈부신 기적을 만들어내고 있다. 즉, 이 회장의 리더십이 나이는 숫자에 불과한 세상을 만들어내었다.

그에게 본받아야 할 점은 이뿐만이 아니다. 포스코맨답게 그의 애국심 또한 남다르다. 언젠가 그의 회사에 방문했는데 응접실에 박정희 전 대통령과 육영수 여사가 쓴 친필 족자(簇子)가 유독 눈에 띄었다. '내 일생 조국과 민족을 위하여'와 '민족중흥'이었다. 그는 이를 가슴에 새기고 오롯이 조국과 민족의 중흥을 위해 노력해왔다. 정년을 없앤 이유 또한 여기에 있다.

스스로 모범이 되어 열정적으로 일하고, 나이는 숫자에 불과하다는 사실을 증명해준 덕분에 그의 세 딸 역시 굉장히 훌륭하게 자랐다. 직접 경영에 참여하는 딸도 있고 검사가 되어 국가와 사회를 위해 일하는 딸도 있다. 사위 세 명 모두 판사와 검사로 공직생활을 하고 있으니 모든 복을 다 갖췄지만 사모님이 유명을 달리하여 주위 사람 마음을 안타깝게 하고 있다. 잘 자란 그의 딸들을 보면 아이들의 미래는 부모의 모습이 결정한다는 말이 맞는 것 같다.

세월의 흐름 속에서 나이가 드는 것은 어쩔 수 없는 일이다. 나이 듦을 막을 수 없다면 좋아하는 일을 하면서 늙어야 하지 않을까. 기쁜 마음으로 나이 들 수 있다면 삶이 훨씬 행복해질 테니 말이다. 도전하지 않는 청춘이 아름답지 않은 것처럼 나이가 많다고 해서 쉽게 꿈을 포기하는 것도 어리석은 일이라는 사실을 기억하자.

글로벌 감각으로 세계의 중심에 서다, 한승수 전前 총리

포스코건설 해외플랜트 영업담당 전무로 근무하던 시절 나는 세계 곳곳을 누비고 다녔다. 3년 동안 60여 회 해외 출장을 다녀야 했으니, 세계 각국의 문화를 이해하고 받아들이는 것만도 버거웠던 것이 사실이다. 그러던 중 한승수 전 총리와 함께 중앙아시아 5개국을 방문했었다. 우즈베키스탄, 카자흐스탄, 키르기즈스탄, 타지키스탄, 투르크메니스탄인데 그때 나는 그의 세련된 매너에 무척 감동했다. 세계 각국의 대표를 만나도 전혀 기죽지 않는 당당함에서 진정한 프로의 모습을 보았던 것이다. 나아가 글로벌 마인드가 무엇인지도 알게 되었다. 그의 세련된 매너가 대한민국의 외교 위상을 높였다고 생각하기 때문이다.

예를 들어 나 역시 한 총리 덕분에 중앙아시아 대표단들과 쉽게 친분을 쌓을 수 있었고 나아가 서로를 깊이 이해할 수 있게 되었다. 외국인들과 친분을 맺기 위해 필요한 것은 딱딱한 이론과 정보가 아니라 친화력과 글로벌 감각이라는 것도 알게 되었다. 덕분에 해외플랜트 영업담당자로서 그 어느 때보다 즐겁게 일할 수 있었다.

이 일을 계기로 세계를 무대로 뛰고 싶다면 한 총리의 글로벌 감각을 배워야 한다는 사실을 깨달았다. 물론 그러기 위해서는 외국어 능력이 기본이겠지만 그보다 중요한 것은 대한민국 국민으로서 자부심을 갖는 것이다. 그리고 자신의 일에 긍지를 느껴야 한다. 이는 조국과 민족을 위해 헌신하겠다는 각오가 있을 때 가능해진다. 애국심과 프로의식이 세련된 글로벌 감각을 만들어준다고 믿기 때문이다.

아울러 한 총리는 한 분야에서 성공한 뒤 자신의 영역을 조금씩 확장한 대표적인 예이다.

그는 영국 캠브리지대학교 응용경제학과 연구교수를 거쳐 서울대학교 경제학과 교수를 역임했다. 그리고 제13대 국회의원으로 정계에 입문하여 대통령 비서실장이 되었고 재정경제원 장관, 외교통상부 장관을 지냈다. 그 시간 동안 대한민국의 위상을 세계 속에 드높였으며 유엔총회 의장이 되어 전 세계의 인권보호에 앞장섰다. 그의 변신은 여기서 멈추지 않았다. 그동안 쌓은 경험과 노하우를 토대로 제39회 국무총리가 되어 조국과 민족을 위해 헌신했다. 다양한 분야에서 일했지만 그 길은 늘 조국의 발전을 향하고 있었다. 오롯이 한길만 바라본 것과 다를 바 없는 것이다.

우리는 살아가는 방법에 따라 시간을 소비적으로 보내기도 하고 투자적으로 보내기도 한다. '소비적 시간'을 산다는 것은 말 그대로 인생을 소비하는 데 초점을 맞췄다는 의미이다. 즉흥적으로 시간을 때우다 보니 목적이 불분명해지고 계획 없이 소중한 시간을 소비하게 된다. 반면에 '투자적 시간'을 산다는 것은 목적과 비전이 정확한 삶이다. 그들은 목표를 달성하기 위해 쉼 없이 땀 흘려 일한다. 그들에게 시간은 무의미하게 소비하는 것이 아니라 체계적으로 꿈을 이뤄나가는 자산인 것이다. 오랫동안 한길을 걸으면서 다양한 경험을 쌓은 한승수 총리야말로 '투자적 시간'을 보낸 주인공이다.

이는 청년들이 꼭 배워야 할 부분이다. 연봉 등 눈앞의 이익에 사로잡혀 철새처럼 직업을 바꾸는 것이 아니라 자신의 분야에서 최고가 된 뒤 영역을 확장해 나가야 한다. 결과적으로 21세기가 필요로 하는 거미형 인간으로 거듭날 수 있게 된다. 세계를 무대로 뛸 수 있게 된다는 뜻이다.

이렇듯 글로벌 감각이란 대한민국 국민이라는 사실을 자랑스럽게 여기는 것에서부터 시작한다. 애국심을 토대로 자신의 일에 긍지를 갖는다면 조국과 민족을 위해 헌신할 수 있게 되며, 나아가 세련된 국제적 매너로 이어진다. 당당함은 자신감에서 시작되기 때문이다. 그 결과 세계 여러 나라 사람들과 진실한 우정을 쌓으면서 대한민국의 위상을 높일 수 있게 된다.

뛰어난 재능과 혜안을 갖춘 경영의 귀재, 유진그룹 유경선 회장

기회는 준비된 사람만이 잡을 수 있다. 영국의 빅토리아 시대에 찰스 존 허펌 디킨스Charles John Huffam Dickens는 시련을 이겨낸 소설가이다. 어린 시절 그는 구두를 닦는 소년이었다. 빚을 갚지 못해 감옥에 간 아버지를 대신해 가장이 되었지만 언제나 콧노래를 부르며 일했다. 사람들이 무엇이 그렇게 즐겁냐고 물으면 "저는 지금 손님의 구두를 닦는 것이 아니고 장래의 제 길을 닦고 있는 것입니다."라고 대답했다. 동시에 그는 늘 글을 썼다. 변호사 사무실에서 직원으로 일할 때도, 법원의 속기사로 일할 때도 늘 싱글벙글 웃으며 글을 썼다. 그가 바로 『황폐한 집』 『위대한 유산』『올리버트위스트』『크리스마스 캐럴』의 작가 찰스 디킨스이다. 그는 고통으로 얼룩진 삶을 행복으로 디자인하고, 꿈을 포기하지 않은 덕분에 위대한 소설가가 될 수 있었다.

나는 찰스 디킨스의 생애를 보며, 기회는 준비된 사람만이 잡을 수 있으며, 철저한 자기관리만이 영웅을 만든다는 사실을 다시금 확인했다.

　자기관리의 첫 번째는 건강관리에서부터 시작한다. 배움도 좋고, 일도 좋지만 건강을 잃어버리면 아무것도 할 수 없기 때문이다. 그러기 위해서는 술, 담배를 삼가고 운동을 꾸준히 해야 한다. 젊은 시절의 나는 선천적인 질병 이외의 잔병은 잘못된 생활습관에서 기인한다고 생각했다. 그런 까닭에 몸이 아프면 괜스레 부끄러웠었다. 감기 등의 잔병에 걸렸다는 것은 그만큼 체력이 떨어졌다는 것을 의미하고, 이는 자기관리에 소홀했다는 뜻일 테니 말이다. 물론 나이가 들면서 인명재천人命在天을 받아들이게 되었지만, 평소 건강은 자신의 몫이라고 생각한다. 그럼에도 불구하고 나 역시 요즘 들어 부쩍 운동을 게을리하고 있다. 젊었을 적에는 테니스와 조깅을 생활화했는데 바쁘다는 핑계로 게으름을 피우고 있는 것이다. 그럴 때면 여전히 구리빛 피부와 탄탄한 복근을 자랑하는 유진그룹의 유경선 회장을 떠올린다.

　그는 수영 1.5킬로미터, 사이클 40킬로미터, 마라톤 10킬로미터를 3시간 30분 내에 완주해야 하는 철인3종 경기에 꾸준히 출전하고 있다. 극한의 순간을 극복하고 자신과의 싸움에서 승리한다면 불가능에 도전할 수 있는 힘과 용기를 갖게 된다고 믿으면서…. 그의 예상대로 철인3종 경기를 통해 그는 불가능이 없다는 사실을 배웠다고 한다. 이를 계기로 그는 대한철인3종경기연맹 회장을 거쳐 국제트라이애슬론연맹 부회장으로 활동했다. 이외에도 2014 인천아시안게임 조직위원, 2018 평창올림픽 조직위원 등 스포츠계에서 다양한 활동을 펼치고 있다. 자기관리를 위해 시작한 운동에서 최선을 다한 결과 또 다른 삶을 살게 되었으니, 성공은 준비된 사람만이 쟁취할 수 있다는 격언은 만고불변의 진리인 것이다.

유 회장은 자기관리에 철저한 만큼 직원 교육에도 열정을 쏟는다. '모래산에서 사금 알갱이를 모으듯 인재를 찾고 육성해야 한다.'고 강조한다. 이를 위해 임직원들의 창의성을 일깨우고 경쟁력을 확보하기 위해 지속적으로 인문학 강좌를 실시하는 등 인재 교육에 앞장서고 있다. 경쟁사보다 뛰어난 인재와 기술이 결국 유진그룹을 일류기업으로 만든다는 사실을 알고 있는 것이다. 나는 유 회장의 이 같은 모습에서 철두철미한 프로정신을 느낄 수 있다.

아울러 그는 '포스코가 민족부흥에 앞장서지 못하면 역사의 죄인'이라고 말했다. 조상들의 피의 대가로 지어진 기업이 바로 포스코이기 때문이다. 이 말에서 나는 그의 애국심과 프로근성 그리고 나라와 민족을 최우선으로 생각하는 따뜻한 마음을 느꼈다. 그도 그럴 것이 유진그룹의 사명 역시 이익창출과 함께 사회에 봉사하는 것이다. 이를 실천하기 위해 유진복지재단을 설립해 맞벌이 부부를 위한 어린이집을 운영하고 안당학술장학재단을 세워 연구개발에 지원을 아끼지 않는다.

냉철한 이성과 따뜻한 가슴을 가진 유 회장이야말로 진짜 멋진 남자이자 리더라고 생각한다. 세상의 온갖 불의에 맞서 싸우는 슈퍼맨이 있다면 왠지 그의 모습일 것만 같다.

그의 자기관리는 비단 체력만이 아니다. 아버지에게 조그만 건빵 공장을 물려받은 그는 우리나라 최초로 레미콘 시장을 통합했고, 오랜 진통을 겪으면서도 원칙과 신념을 지킨 덕분에 하이마트를 인수하는 데 성공했다. 로젠택배와 하이마트를 인수하여 공동 운영하다가 더 좋은 조건으로 매각한 바 있다. 그는 지금 또 다른 꿈을 꾸고 있다.

이 글을 읽는 독자들 가운데 그의 모습에서 진정한 영웅의 면모를 느낄 수 있다면, 이제부터 철저하게 자기 자신을 관리해보자. 첫째가 바로 건강관리이다. 시간이 없다고 변명할 생각이라면 나이에 굴하지 않고 차가운 바닷물에 몸을 던지는 그의 모습을 상상해보자. 체력이 국력이라는 말처럼 건강을 잃으면 뜨거운 열정을 가슴에 품고도 번번이 고배의 잔을 마셔야 할 테니까. 체력에 자신이 생겼다면 이제부터는 열정적으로 배우고 또 배우자. 배움 또한 자기를 관리하는 방법이다. 끝으로 이웃을 사랑하자. 나누고 베푸는 삶이야말로 정신세계를 확장하는 길이다. 정신세계가 확장된다는 것은 행복하고 풍요로운 삶을 살 수 있게 된다는 뜻이다. 이는 대한민국 청년들이 유진그룹 유경선 회장에게 배워야 할 부분이며, 나 역시 영원토록 기억하고 실천해야 할 일이다.

나눔이 행복을 부른다,
신타원 김혜성 님과 도타원 홍라희 여사

대한민국이 글로벌 국가로 거듭날 수 있었던 이유 중 하나가 삼성의 힘이다. 이는 기업의 성공이 국가와 민족의 삶을 윤택하게 만들어준 대표적인 사례이다. 경제인들을 비롯해 대다수의 사람들이 고故 이병철 회장과 이건희 회장을 존경하는 이유이다.

그에 앞서 나는 노블레스 오블리주noblesse oblige를 몸소 실천하고 있는 이건희 회장에게 존경을 표한다. 선대 회장이었던 이병철 회장부터 오늘날 이재용 사장까지 그들은 한결같이 사회적 약자를 보호하는 데 앞장서고 있다.

예를 들어 삼성에는 사회공헌 활동을 전개하는 재단이 총 6개 있다. 이건희장학재단과 삼성문화재단, 삼성생명공익재단, 삼성복지재단, 호암재단, 삼성언론재단인데 한 해 동안 2,000억 원 상당을 사회봉사활동에 사용한다. 이건희장학재단에서는 70억 원을 장학금으로 지급했으며 해외 유수 대학 학생에게도 장학금을 지급하고 있다. 이는 대한민국을 넘어 세계가 공생하는 사회를 만들겠다는 신념에서 비롯된 것이다. 아울러 삼성언론재단에서는 연 10억 원 가량을 언론인들의 연구와 저술 등에 지원하고 있다. 다양한 분야에 걸쳐 지속적으로 나눔을 실천하고 있으니, 진정한 노블레스 오블리주가 아니고 무엇이겠는가. 그럼에도 불구하고 사람들은 종종 '대한민국 기업은 기부에 인색하다.'고 볼 멘소리를 하곤 한다. 나는 이 자리를 빌려 있는 그대로의 사실을 말하고자 한다. 삼성뿐만 아니라 민족기업이었던 포스코를 비롯해 유진그룹, 삼미건설, 서희건설, 요진건설 등 대다수의 기업인들이 노블레스 오블리주를 실천하고 있다. 오랫동안 가까이에서 지켜본 결과 그들은 나눔에서 행복을 찾는 법을 알고 있다. 도전정신과 불굴의 의지도 있지만, 탐욕에 눈멀지 않았다는 뜻이다. 덕분에 그들이 흘린 땀방울이 조국의 근대화를 앞당길 수 있었던 것이다.

삼성의 기부가 잘 알려진 것과 달리 홍라희 여사의 보시布施는 대체적으로 알려지지 않았다. 아마도 철저히 종교적인 차원에서 봉사활동을 했기 때문일 테다. 홍 여사의 아버지인 홍진기 전 회장과 어머니인 신타원 님은 독실한 원불교 원남교당 신자로서 욕심을 비우고 모두가 잘사는 나라를 만들기 위해 소리 없이 나눔을 실천했다. 그들의 따뜻한 나눔을 보고 자란 덕분일까. 홍 여사와 그의 형제들은 세상을 풍요롭게 변화시키고 있다. 삼성이 세계적인 브랜드로 거듭난 것처럼 그의 보시도 국가와 민족을 초월하고 있다.

지난 2011년 남아프리카 공화국 더반에서 열린 IOC 총회에서 2018년 동계올림픽 개최지로 평창이 선정되자 대한민국 만세를 외치던 흑인 청년들의 모습이 카메라 렌즈에 담겼다. 그들이 한국인처럼 기뻐하는 모습을 보며 우리는 그 이유를 궁금해 했지만 머지않아 이를 잊어버렸다. 하지만 이를 궁금해 했던 청와대의 특별조사단에 의해 그들이 원불교 재단에서 운영하는 라마코카선교소(아프리카의 어머니 김혜신 교무가 설립)의 학생들이라는 사실이 알려졌다. 원불교에서 그들에게 글과 농업 그리고 태권도 등을 가르쳐준 결과 그들 역시 한국을 제2의 조국이라고 생각하게 된 것이다. 마침 청와대 관계자도 원불교 신자였으니, 종교를 통해 그들은 그곳에서 하나가 되었다. 이 사실을 알게 된 신타원 님과 홍 여사 그리고 이건희 회장은 한국을 위해 꽹과리를 치고, 열정적으로 응원해준 흑인 청년들에게 고마움을 표하기 위해 그들을 도와주었다. 피부색 따위 친구가 되는 데 걸림돌이 되지 않는다는 것을 몸소 보여주었다.

이렇듯 진정성을 갖고 나눔을 실천하는 이들이 있어 세상은 지금보다 훨씬 살기 좋은 곳이 된다. 그런 의미에서 나는 이들을 영웅이라 부르고 싶다. 모두가 더불어 잘 사는 세상을 만들고 있으니 말이다.

나아가 홍 여사와 홍석현 중앙일보 회장은 물질문명의 폐단 속에서 나날이 황폐화되고 있는 정신세계를 확장하기 위해 미국에 건립하는 원달마센터 공사에 120억 원을 아버지 홍진기 전 회장의 뜻을 기리기 위해 기부했다. 마음 밭이 평화로워지려면 정신세계를 확장해야 하기 때문이다. 세상이 풍요로워질수록 물질의 지배를 받게 될 테니 정신세계를 확장하지 않으면 매 순간 번뇌에 시달려야 하고 급기야 불행해지는 것은 당연한 결과 아니겠는가. 즉, 모두가 부자가 될 수는 없지만 모두가 행복해질 수 있는 세상을 만드는 것, 이것이 바로 이건희 회장과 홍라희 여사가 꿈꾸는 세상이다.

돈이 많다고 해서 이웃을 도울 수 있는 것은 아니다. 마음이 시키지 않으면 제아무리 부자라 해도 자신의 것을 나눌 수 없기 때문이다. 그런 의미에서 나는 홍라희 여사와 홍석현 회장 등을 나눔의 영웅이라 말하고 싶다.

안타까운 것은 이들의 진정성까지 왜곡시키려는 사람들이 있다는 사실이다. 앞서 말했듯 영웅을 흠집 내고 싶어 하는 치졸함일 테다. 만일 너무 쉽게 상대를 모함하고, 진정성을 왜곡했다면 성찰의 시간을 갖길 바란다. 그러면 상대의 진심을 느낄 수 있게 된다. 희생 없이 거룩해질 수 없다는 사실을 기억한다면 영웅들의 희생이 얼마나 위대한지 알게 될 것이다.

숨겨진 다이아몬드를 찾아라, 김신종 전 광물자원공사 사장

아프리카 남동쪽 인도양에 있는 섬나라 마다가스카르로 4박 5일간 출장을 떠났었다. 이때 광물자원공사의 김신종 사장과 동행했는데, 100년 뒤를 내다볼 수 있는 그의 혜안에 무척 감동했었다. 당시 광물자원공사에서는 마다가스카르의 니켈광산 개발에 참여했고 포스코 건설은 확장공사의 인프라 부문에 참여하기 위해 간 것이다. 이는 암바토비 프로젝트로서 매장량 1억 2,500만 톤의 광산개발과 석탄열병합발전소 등 니켈제련 플랜트 건설이 결합한 패키지 사업이었다. 4박 5일간의 짧은 출장이었지만 김 사장이 그동안 흘린 땀방울 덕분에 수월하게 업무를 진행할 수 있었다. 김 사장은 말 그대로 현장중심 리더였다. 자원을 확보하려면 발로 뛰어야 한다고 믿었던 그는 일 년 동안 지구 18바퀴 반을 돌았다고 한다. 현장에서 직접 보고 결정해야 협상력을 높일 수 있고 우수한 자원을 확보할 수 있으니 말이다.

이러한 고급공무원 출신인 그의 모습에서 나는 벤처기업가 정신을 보았다. 자원이 있다면 어디든 달려가는 열정과 권위의식에서 벗어나 발로 뛰는 모습은 말 그대로 꿈에 달뜬 청년의 모습 그 자체였다. 벤처기업가 정신이 곧 그에게 백년대계를 내다볼 수 있는 혜안을 선물해준 것이다.

즉, 진정한 영웅이 되려면 꿈꾸는 청년의 용기와 열정, 성숙한 노인의 지혜가 공생해야 한다는 뜻이다. 김 사장이 바로 그런 인물이다. 그가 흘린 땀방울 덕분에 마다가스카르에는 인도양에서 불어오는 모래바람 사이로 불도저와 덤프트럭이 굉음을 내며 분주하게 움직였다. 결과적으로 여의도보다 1.3배나 넓은 143.72 제곱킬로미터의 광산이 만들어졌으며 아프리카 자원 개발의 교두보가 확보되었다.

예를 들어 암바토비 광산에서 동쪽으로 220킬로미터 떨어진

토아마시나에는 암바토비 광산 채광에 필요한 막대한 전기를 공급하는 석탄열병합발전소 공사도 진행되었다. 198만 제곱미터의 광활한 부지에 세우는 발전소 건설은 경남기업이 맡았으며 이곳에서 사용하는 덤프트럭, 불도저, 레미콘, 크레인 등 건설 장비는 모두 한국산이다. 김 사장 회사에서 확보한 광산투자 사업권 하나로 부수적인 사업까지 진행될 수 있었으니, 이것이야 말로 서로가 윈윈하는 공생법 아니겠는가.

이렇듯 숨겨진 다이아몬드를 찾는 방법은 자신의 분야에서 최선을 다하는 것이다. 단, 이때는 반드시 백년대계를 내다봐야 한다. 눈앞의 이익보다는 먼 미래를 내다보며 모두가 공생하는 법을 찾아야 한다. 광물자원공사에서 확보한 암바토비 광산으로 인해 대한민국의 경제가 성장했던 것처럼 말이다.

이제 마다가스카르 항공에는 한국어 홈페이지가 생겼다. 아프리카의 작은 섬 마다가스카르와 대한민국이 진정한 친구로 거듭나고 있다는 뜻이다. 한 사람의 영웅과 그를 믿고 따르던 사람들로 인해 우리나라와 마다가스카르의 운명이 바뀌고 있는 것이다. 이처럼 한번 사는 인생 누군가에게 도움이 되는 삶을 산다면 이보다 더 값진 일이 어디 있겠는가. 청년들 모두가 영웅을 닮고, 영웅에게 배운다면 반드시 지금보다 살기 좋은 대한민국이 만들어질 수 있을 것이다.

내가 영웅으로 여기는 위대한 선각자 가운데 정산 종법사가 있다. 그는 평생을 걸어 인간의 도리가 무엇인지 가르쳐주었고 바른 삶을 보여주었다. 그가 말하길 로제임천 가색유인潦霽任天 稼穡由人이라고 했다. 장마 지고 개는 것은 하늘에 맡겼고, 심고 가꾸기는 사람에게 달렸다는 것이다. 마음 밭을 가꾸는 것은 물론 자신의 삶을 가꾸는 것도 자신의 몫이라는 뜻이다. 영웅이 될지, 소인배가 될지 결정하는 것 또한 바로 자신이다.

열정으로 운명을 지배하라, 요진건설산업 최준명 회장

돈이 없어서 치료를 받지 못하는 환자, 배우고 싶어도 돈이 없어서 학업을 포기해야 하는 학생이 있다면 정말 서글픈 사회가 아닐 수 없다. 인기를 얻기 위한 지나친 복지 포퓰리즘도 문제지만 의료와 교육만큼은 보장되길 간절히 바란다. 이는 국민의 세금을 통해 완성되는 것이 아니라고 생각한다. 따뜻한 가슴으로 소외된 이웃을 위해 자신의 것을 기꺼이 나눌 수 있는 사람들이 많아졌을 때 비로소 만들어질 것이라고 믿는다. 그런 의미에서 나는 명품 아파트 'Y CITY'로 사랑받는 요진건설산업 창업자인 최준명 회장을 존경한다. 그는 나와 오랫동안 믿음 생활을 함께하며 인연을 쌓아왔다. 가까이에서 지켜본 그는 한결같이 아이들을 사랑하며 교육 사업에 혼신의 노력을 기울이고 있다.

아이들을 향한 태산처럼 높고 위대한 사랑은 지난날 학교에 다닐 수 없을 만큼 가난했던 그의 어린 시절 아픔에서 시작했다. 일찍이 부모님을 여읜 그는 보육원에서 생활했었다고 한다. 당시 교감선생님과 담임선생님이 등록금을 내준 덕분에 학교를 다닐 수 있게 된 그는 나눔의 가치를 몸소 깨달았다. 그 안에서 교육 사업에 대한 열정을 갖게 된 것이다. 그로 인해 과거에는 도움을 받는 고학생이었지만 이제는 고학생들의 꿈을 이루어주는 아버지가 된 것이다.

그는 휘경여중·여고와 한국보육원을 운영하고 있으며, 15년 남짓한 세월 동안 자신의 고향인 영광군 어린이를 대상으로 착한 어린이 성금을 제정해 지속적인 후원을 베풀고 있다.

장학 사업은 자신에게 있어 운명이자 사명이라는 그를 보며, 나는 대한민국의 미래가 지금보다 훨씬 풍요로워질 것이라고 믿어 의심치 않는다. 스스로 빛이 되어 사회의 어두운 곳을 환하게 밝혀주고 있으니 말이다. 그러니 내 어찌 그를 존경하지 않겠는가.

그에게 배워야 할 점은 이뿐만이 아니다. 그는 열정의 화신이라 불릴 만큼 자신의 삶을 진취적으로 살아가고 있다. 산수傘壽가 지난 나이에도 여전히 공사 현장을 직접 방문해 진두지휘하고 있는 것이다. 자신의 열정이 고객을 만족시킨다고 굳게 믿기 때문이다.

그의 인생철학 역시 나를 감동케 하는데 이는 '혼신을 다하면 생각이 바뀌고 운명이 달라진다.'이다. 보육원에서 살아야 했던 가난한 고학생이 오늘날 요진건설산업의 회장이 되었으니, 자신이 바로 혼신을 다해 운명을 변화시킨 주인공 아니겠는가.

뿐만 아니라 그는 고객 감동을 최우선으로 생각한다. 신용이 생명이라는 경영철학을 실천하고 있는데, 이 역시 그에게 본받아야 할 신념이다. 기업의 사회적 책임을 다하기 위해 사회로부터 받은 혜택을 다시 고객에게 돌려주고 있으니 말이다.

조금 덜 벌더라도 남에게 베풀 수 있는 것이 진정한 보살핌이자 나눔이라는 그의 휴머니즘, 현대건설의 정주영 회장이 찾아와 "함께 일하고 싶다."고 제안할 만큼 프로다웠던 그의 열정이 바로 그의 운명을 변화시켜준 힘이라 믿는다.

이렇듯 스스로 운명을 변화시키고 싶다면 환경을 탓하고 상황을 원망하기 전에 최준명 회장의 삶을 들여다보며 열정의 의미를 깨닫길 바란다. 자신의 일을 사랑하고 혼신의 노력을 경주했을 때 세상은 무한한 가능성의 공간이 된다.

아울러 따뜻한 마음, 넉넉한 마음을 갖고 최준명 회장처럼 세상을 밝혀주는 등불이 되도록 노력해보자. 그 시간들이 쌓이고 쌓였을 때, 운명을 변화시킬 수 있다. 운명은 자신의 의지와 노력으로 충분히 바꿀 수 있다는 사실을 기억하길 바란다.

한 사람의 열정이 세상을 바꾸다, 한림학교 이현만 이사장

　한류열풍의 주역인 아이돌을 육성하는 연예예술고등학교가 개교했다는 기사를 보았다.

　대한민국 문화가 아시아를 넘어 세계로 뻗어나가는 지금, 이보다 더 반가운 소식이 어디 있겠는가. 청소년들이 각자의 재능과 꿈을 살려 다양한 미래를 만들어간다는 것은 사회가 다채로워진다는 뜻일 테니 말이다. 야학에서부터 주부학교, 대안학교를 넘어 특성화된 예술고교까지 이 모든 것이 이현만 이사장의 땀과 열정의 산물이다. 20년 넘는 세월 동안 가까이에서 그를 지켜볼 수 있었던 것 역시 내게는 축복이었다. 그의 열정과 헌신을 배울 수 있었기 때문이다.

　그의 삶은 그야말로 파란만장했다. 지난날 우리네 어버이들이 그렇듯 모진 가난 탓에 학교가 아닌 생활전선에 뛰어들어야 했던 그는 구두닦이, 신문팔이, 넝마주이 등 안 해본 일이 없다고 한다. 그러나 배움만이 꿈을 이뤄준다고 믿으며 주경야독한 결과 대학에 입학할 수 있었다. 대학에 입학한 뒤 그가 원하는 세상은 모두가 평등한 민주주의 사회였다. 따라서 4·19혁명 당시 이승만李承晩과 자유당정권自由黨政權의 장기집권을 종식시키기 위해 목숨을 걸고 싸웠다. 아울러 그의 꿈은 문턱이 낮은 학교를 설립하는 것이었다. 배우고자 하는 열정이 있다면 가난해도, 나이가 많아도 다닐 수 있는 학교 말이다. 이를 위해 대학교 2학년이 되었을 때 홍제동 뒷산에 천막을 짓고 한림학교를 세웠다. 아내와 함께 교사가 되어 '무지의 한'을 풀고 싶어 했던 주부들에게 공부를 가르쳐주기 시작한 것이다. 또 여러 가지 사정으로 인해 학업을 포기했던 청소년들이 학교라는 울타리 안에서 보호받고 꿈을 이룰 수 있도록 한림여자상업고등학교를 설립했다.

그렇게 탄생한 한림학교가 이제 시대적 흐름에 맞춰 한림연예예술고등학교로 거듭난 것이다. 시대에 따라 이름은 조금씩 바뀌었지만 청소년들의 꿈을 이루어주고 있다는 사실만큼은 예나 지금이나 그대로이다. 더욱 반가운 소식은 한림연예예술고등학교가 연예인을 꿈꾸는 청소년들로 인해 개교 시점부터 지역 내 명문고등학교로 자리매김하고 있다는 사실이다.

대한민국이 독일처럼 발전하려면 특성화고교가 발전해야 하는데, 그의 열정이 이를 현실로 만들어준 것이다. 머지않아 이 학교를 졸업한 아이들이 대한민국 문화의 아이콘이 되어 전 세계를 한류열풍으로 물들일 것을 상상하니, 저절로 가슴이 뿌듯해진다.

근래 출장차 런던에 들려 인도식당에 갔는데, 버마(미얀마) 출신 종업원들이 한류열풍에 열광하고 있었다. 한국어를 배우고 한국인 친구를 사귀고 싶다던 종업원들을 보며 전 세계 청소년들이 한류열풍에 빠져 있다는 사실을 실감했다. 나는 한림연예예술고등학교가 그 중심에서 한류열풍을 견인할 것이라고 믿는다.

교육에 대한 한 사람의 열정이, 청소년을 향한 무한한 사랑이 대한민국의 미래를 바꿔놓은 것이다. 일흔이 넘은 그는 은빛 머리칼을 드리우고 있지만, 그의 눈빛은 이립의 청년보다 반짝거린다. 온화하고 싱그러운 그의 미소에서 나는 진정한 청년의 모습을 본 것이다.

나누고 베푼 결과 주부학교 학생들은 물론 청소년들과 대한민국의 미래를 변화시켰으니, 그 역시 이 시대의 영웅 아니겠는가. 이렇듯 사회 곳곳에 존경스러운 영웅이 있으니, 우리의 미래는 그 어느 때보다 밝을 것이라 기대한다. 아울러 이현만 이사장을 묵묵히 응원하고 지지해주었던 그의 아내 라필재 현타원 님도 이 시대의 영웅이라 부르고 싶다. 그녀의 신심과 공심 그리고 공부심으로 홍제동 뒷산의 주부학교를, 오늘날 장지동에서 한국의 대표적인 교육의 전당을 일구어냈으니 말이다.

효를 길러 나라를 지키다,
금곡 하병국 서당 선생

동방예의지국이라 불리던 우리나라가 언젠가부터 심각하게 혼탁해지고 있다. 부모 자식 간에, 사제지간에 주먹과 욕설이 오가고 있으니, 걱정이 이만저만이 아니다. 물질만능주의 사회에서 인간이 갖춰야 할 기본 성품이 사라지고 있는 것이다. 이럴 때일수록 유교사상을 되짚어봐야 한다. 유교는 사람이 사람답게 살아갈 수 있도록 기본이 되는 예의범절을 가르치기 때문이다. 그로 인해 삼강오륜을 기억하고 실천할 수 있게 된다. 삼강이란 임금과 신하, 어버이와 자식, 남편과 아내 간에 마땅히 지켜야 할 도리이다. 오륜은 맹자의 가르침으로서 부자유친父子有親, 군신유의君臣有義, 부부유별夫婦有別, 장유유서長幼有序, 붕우유신朋友有信이다. 학창시절 도덕시간에 배웠던 삼강오륜이 사실은 우리 사회를 지탱해주는 힘이라는 뜻이다. 이를 잊어버렸으니 가장 존경하고 친밀해야 할 사이에서 반인륜적인 범죄가 발생하는 것 아니겠는가.

그런 의미에서 나는 금곡선생의 서당 특별반에 나가 논어와 명심보감 등을 배웠다. 서울 혜화동 로타리 근처에 금곡선생의 서당이 있는데, 대다수의 학생들이 나처럼 머리칼이 은빛으로 물들었지만, 머지않아 성군을 꿈꾸는 청년들도 금곡선생을 찾아오리라 믿는다. 지식을 쌓고 경험을 쌓는 것보다 인품을 갖추는 것이 훨씬 중요하기 때문이다. 대한민국 사회에서 사라지고 있는 유교사상을 일깨우고, 사람다움을 가르쳐주고 있으니 금곡선생 역시 영웅 아니겠는가.

내가 금곡 선생님과 인연을 맺게 된 것은 모두 윤명기 장군 덕분이다. 1976년 군대에서 중대장과 부중대장으로 만났던 인연이 믿음과 신뢰로 발전해 이렇게 또 다른 인연을 낳은 것이다. 윤명기 장군처럼 고마운 마음과 언제 만나도 좋은 자기만의 주위 인연을 고루고루 만들어 가는 것도 우리 젊은 청년들에게 필요하다고 생각한다.

지난 2011년 연말 프리마 호텔에서 서당 학생 300여 명이 모인 자리에서 금곡선생은 특별강연을 통해 인간답게 살아가야 하는 법을 설명했다. 그 가운데 하나가 전교조에 대한 이야기였다. 예로부터 우리는 스승을 하늘이라 부르며 그림자를 밟아서도 안 된다고 배웠다. 그런데 왜 전교조에 가입해 스스로의 권위를 노동자로 전락시키는가. 물론 여러 가지 문제로 인해 교권이 땅에 떨어지고 있으니 옳다, 그르다 단정 지을 수 없다. 단, 우리 모두 유교사상을 깨우쳐 교사가 전교조에 가입하지 않아도 스승으로서 존경받을 수 있는 사회를 만들어야 한다. 어쩌면 이는 시대의 어른들이 해야 할 몫일지도 모른다. 유교사상에 심취해 이를 실천해왔던 주인공들이 바로 금곡선생을 비롯한 시대의 어른일 테니까.

청년들은 그들의 가르침을 '공자왈, 맹자왈'이라 폄하하지 말고 그 안에 깃든 심오한 교훈을 배워야 한다. 인간답지 못하다면 금수와 다를 바 없으니 말이다. 어른을 공경하고 부모에게 효도하고 임금을 섬기는 것이야말로 나라와 민족을 위해 사는 삶이기 때문이다.

학력은 높아가고 있지만 옳은 방향으로 살아가는 길을 몰라 헤매는 젊은이들이 많이 있다. 공자가 말하길, 저 산을 넘어가려면 그 산을 넘어가 본 자에게 물으라 했다. 시대의 어른들의 발

자취를 따르다보면, 태산처럼 높아보이던 산의 정상에 서 있는
자신을 만나게 된다는 뜻이다.

그대의 열정이 아름답다,
이준태 사장

어린 시절 존경하는 위인을 묻는 질문에 나는 강감찬 장군이
라고 대답하곤 했다. 거란의 계속된 침략에 맞서 대승을 거둔 그
는 용맹했을뿐더러 지혜로운 전략가였다. 그는 기병 1만 2천을
복병으로 배치해 놓고 흥화진 앞을 흐르던 냇가를 소가죽으로
막은 다음 거란군이 건너기를 기다렸다가 일시에 물을 터트려
흘려보냈다. 거란군이 물에 휩쓸려 자중지란하고 있을 때 공격
한 결과 큰 승리를 거두었다. 이곳이 바로 귀주였고, 역사는 이
를 귀주대첩이라고 부른다. 훗날 노년이 된 강감찬 장군은 시골
로 내려가 학자로서 제2의 삶을 살았다. 젊은 시절에는 장군으
로서 용맹하게 나라를 지켰고, 황혼 무렵에는 저술에 힘썼으니
강감찬 장군이야말로 거미형 인재였던 것이다.

예전부터 나는 이처럼 다재다능한 사람들을 보면 마음이 끌렸
다. 지금 이 순간 그들을 영웅이라 부르며 그들의 삶을 반추하는
이유가 여기에 있다. 영웅이란 열정적으로 일한 뒤 그 수확을 국
가 발전의 토대로 만드는 사람들이기 때문이다.

이준태 역시 내게 그런 후배이다. 고등학교와 대학교를 함께 다녔으니, 우리는 서로를 가장 잘 알고 이해해주는 소중한 동반자이다. 해병대 장교 출신인 그를 보면서 나는 '즐긴다'의 의미를 배웠다. 일밖에 모르던 나와 달리 그는 인생을 즐길 줄 아는 남자이다. 일할 때는 열정적으로 일하고, 놀 때는 확실하게 노는 것이다. 예를 들어 그는 지인들을 모아놓고 곧잘 파티를 연다. 그리고 수준급 노래 실력을 뽐내며, 사람들에게 즐거움을 선사한다. 개인 사업으로 바쁜 와중에도 틈틈이 테너 못지않은 노래 실력을 쌓은 것이다. 노래뿐이 아니다. 그는 하고 싶은 일이 생기면 주저하지 않고 도전한다. 그리고 확실하게 실력을 쌓은 뒤 또 다른 분야에 도전한다. 덕분에 시도 멋지게 읊을 수 있고 그림 실력도 뛰어나다. 혹자들은 다재다능한 그를 보며 많은 재주를 타고났다고 말하지만, 가까이에서 지켜본 결과 그의 재능은 모두 열정의 산물이다. 열정적으로 일하고, 열정적으로 삶을 즐긴 덕분에 다방면에서 뛰어난 능력을 갖게 된 것이다. 그를 보면서 나는 꿈이 반드시 하나일 필요는 없다는 사실을 배웠다. 100개의 꿈이 있다면, 남들보다 100배의 열정을 가지면 된다. 그로 인해 막연했던 꿈이 현실이 되는 것이다. 반면에 꿈이 하나도 없다면 열정적으로 살지 않게 될 테니, 지루하고 재미없는 삶을 살게 되는 것이다.

나는 청년들이 이 아름다운 세상을 즐기고, 행복을 만끽하며 한 걸음씩 성공을 향해 나아가길 희망한다. 하루 종일 컴컴한 고

시원에 갇혀 오로지 스펙 쌓기에만 몰두하는 것이 아니라 은혜로운 세상에 태어난 것만으로 행운이라는 것을 깨닫길 바란다는 뜻이다. 그런 뒤에 좋아하는 일을 하면 세상에서 제일 행복한 사람이 될 수 있다. 그로 인해 자신이 행운아라는 사실을 알게 되는 것이다. 아울러 멋진 미래를 상상해보자. 우리는 열정만 있다면 그 어떤 꿈도 현실로 만들 수 있는 잠재능력이 있기 때문이다.

황무지를 개척하다, 신풍송풍기 배기은 사장

엔지니어로 30여 년 가까이 살아온 나로서는 제조업의 우수성을 누구보다 잘 알고 있다. 그동안의 경험을 통해 제조업이 발전해야 국가경쟁력이 성장한다는 사실을 알게 되었다. 앞서 말했듯 유로존 위기 상황에서도 독일이 건재할 수 있는 이유는 강소기업들 덕분이다. 다시 말해 제조업에 종사하는 사람이 국가의 경제를 움직이는 영웅이라는 뜻이다. 우리나라 역시 마찬가지이다. 그 가운데 신풍송풍기의 배기은 사장은 독일과 일본에 견주어도 부족함 없는 마이스터이자 장인이다. 그에게는 투철한 직업정신과 기술을 예술로 승화시키는 열정이 있기 때문이다.

젊은 시절의 그는 상업에 종사했다고 한다. 그런데 언젠가부터 국가와 민족을 위해 일하고 싶다는 바람이 생겼다. 그 가운데 찾아낸 분야가 바로 송풍기 제조업이었다. 송풍기는 에너지 절약과 대기환경 보호를 위해 반드시 필요한 기계장치였던 것이다. 큰 꿈과 뜻을 안고 인생의 터닝 포인트를 결심했지만 자금 회전이 늦고 투자비용이 많이 드는 제조업은 결코 쉬운 길이 아니었다. 여러 가지 문제에 봉착했지만 그는 끝까지 꿈을 포기하지 않았다. 독일과 일본의 기술력보다 앞선 송풍기를 만들겠다는 확고한 신념이 있었던 것이다.

이렇듯 세계 최고의 송풍기를 만들기 위해 한결같이 노력하는 그의 모습에서 나는 독일의 마이스터를 보았고 일본의 장인정신을 느꼈다. 그는 지금 이 순간에도 세계 최고의 송풍기를 만들기 위해 땀 흘려 일하고 있다. 동시에 제품의 단점을 찾기 위해 냉정하고 객관적으로 품질을 체크한다.

일본기계기술주식회사NKG의 니시 후지 사장이 세계 최고의 송풍기를 만들어낼 수 있게 된 것도 자신의 부족함을 인정한 뒤였다. 그는 50여 년 전 독일 송풍기가 일본 송풍기보다 훌륭하다는 사실을 있는 그대로 받아들였다. 따라서 독일을 앞서기 위해 쉬지 않고 연구에 박차를 가했다. 결국 그는 20퍼센트 이상 에너지를 절약하는 송풍기를 제작해, 독일을 앞지르는 데 성공했다. 일흔이 훌쩍 넘었지만 후지 사장은 여전히 설계 책임자로도 열정적으로 일하고 있다. 이제 그의 경쟁 상대는 독일이 아니라 자기 자신인 것이다.

나는 배 사장의 신념과 열정이 머지않아 일본기계기술주식회사를 앞지를 수 있다고 믿는다. 아니 반드시 그렇게 될 것이다. 배 사장의 눈빛은 예나 지금이나 열정적이며, 그의 애국심 또한 뜨겁게 불타오르고 있으니 충분히 가능하리라 본다. 애국심이 그에게 제조업을 선택할 수 있는 용기를 주었고, 불굴의 도전정신이 황무지를 개척할 수 있는 힘을 주었다고 생각한다.

나는 신풍송풍기의 기술력을 믿고 신뢰하기 때문에 그와 좋은 파트너십을 맺고 있다. 정성과 신용을 경영철학으로 삼고 작은 기계장치 하나를 만들 때도 온갖 정성을 기울여 고객에게 봉사하고 국가와 민족의 위상을 높이고 있으니, 제조업에 종사한 순간부터 그는 영웅이었고 지금 이 순간에도 영웅인 것이다.

영웅이 되는 길은 멀고 험난하다. 나 또한 영웅을 닮아가기 위해 노력하지만, 결코 쉬운 일이 아니다. 그럴 때면 나는 시대의 선각자가 태어난 곳을 찾는다. 예를 들어 정산법사가 태어난 경상북도 성주군 초전면 소성동에 가면 머리가 맑아지는 것을 느낀다. 인도에 있을 때도 머리가 아플 때면 석가모니가 수도했다는 곳을 찾아가곤 했었다.

종교가 있다면 각 종교의 성지가 있을 것이다. 그곳이 바로 복잡한 마음을 다스리고 머리를 맑게 해주는 곳이다. 바쁜 일상에서 벗어나 종교가 주는 영적인 편안함을 추구하는 것도 마음을 다스리는 데 효과적이다.

이렇듯 누군가에게 영웅으로 기억된다는 것은 무척 보람된 일이다. 다행히도 내 주위에는 존경하고 싶은 분들이 많으니 그들을 닮아가기 위해 노력할 수 있었다. 대한민국 국민의 한 사람으로서 그리고 지인으로서 이 자리를 빌려 그들에게 감사와 존경을 보낸다.

아울러 영웅이 많다는 것은 무척 고무적인 일이라는 사실을 청년들이 알아주었으면 좋겠다. 그리고 그들을 흠집 내기 전에 그들을 닮아가기 위해 노력해보자. 언젠가 반드시 영웅이 되어가고 있는 자신을 만나게 될 것이다.

개척자 정신으로 새 시대를 열다,
STX 강덕수 회장

인생은 끝없이 개척하는 사람에게 새로운 길을 열어준다. 독일의 문호 괴테는 83세에 『파우스트』를 완성했고 "가장 위대한 무기는 평화."라고 말했던 넬슨 만델라는 27년간의 복역을 마치고 일흔이 넘어 대통령에 당선됐다. 그들의 삶은 우리에게 과거는 노력해도 바꿀 수 없지만 미래는 충분히 바꿀 수 있다는 사실을 가르쳐주고 있다. STX의 강덕수 회장 역시 개척자 정신으로 새 시대를 연 주인공이다. 그가 걸어온 발자취 하나하나가 위대한 기적을 만들어냈으니 나를 비롯해 대다수의 샐러리맨들이 그를 존경하고 있는 것이다.

그는 30년간 직장생활을 한 뒤 50세에 뒤늦게 창업하여 성공한 입지전적인 인물이다. 2000년 외환위기의 여파로 쌍용그룹이 붕괴되고 쌍용중공업이 퇴출기업으로 결정되자 그는 자신이 몸담았던 기업을 퇴출시킬 수 없다며 회사를 인수했고 이것이 바로 STX가 되었다. 그리고 6년 뒤, 퇴출기업이었던 쌍용중공업을 재계 20위, 매출 34배, 자산규모 13배로 급성장시켰다. 전 세계 선박 수주량 6위에 달하고 있으니, 6년이라는 비교적 짧은 시간 동안 그는 놀라운 기적을 만들어냈다. 신입사원 시절부터 CEO를 꿈꿨다던 그는 입사와 동시에 리더처럼 일했다고 한다. 그 과정에서 실력을 쌓고 책임감을 키운 덕분에 오늘날 샐러리맨의 신화를 만들어낸 것이다.

원불교 교조이신 박중빈 대종사의 말씀 중에 '하늘은 짓지 않은 복을 내리지 않고, 사람은 짓지 않은 죄를 받지 않는다.'고 한다. 사람들의 시선이나 처우에 신경 쓰지 말고 묵묵히 공을 쌓으면 하늘이 복을 내린다는 뜻이다. 이는 개척자 정신이 있을 때 가능한 일이다. 아울러 기적은 하루아침에 만들어지지 않는다. STX가 재계 20위 권 기업으로 거듭날 수 있었던 것은 지난 날 샐러리맨으로 취직해 한 걸음씩 나아갔던 강 회장의 인내와 노력 덕분이다. 한마디로 원대한 꿈을 꾼다 해도 지금 이 순간 최선을 다했을 때 위대한 기적을 만들어낼 수 있다. 청년들 역시 도서관이 아닌 현장으로 나가 부딪히고 깨지면서 실력과 경험을 쌓는다면 꿈을 이룰 수 있는 것이다. 현실이 제아무리 각박하고 힘들다 해도 노력하는 사람은 반드시 복을 받기 때문이다.

청춘이
스펙이다

　런던올림픽을 통해 하면 된다는 사실을 배웠다. 대한민국 국가 대표들은 모두 영웅이다. 나는 이 시대 청년들이 영웅을 만드는 분위기, 영웅을 존경하는 사회 분위기를 만들어주길 희망한다.

　우리들의 삶은 도전이 있기에 아름답다. 수많은 실패와 좌절 속에서도 빛을 발하는 도전의 힘은 우리의 삶을 역동적이고 생기 있게 만들며, 나아가 세상을 다채롭게 하고 긍정적인 변화로 모두를 이끌어가는 마법 같은 힘을 가지고 있다.

　물론 도전의 이면에는 쓰디쓴 실패와 좌절이 도사리고 있다. 필자 또한 짧지 않은 삶을 살아오며 수많은 번뇌와 좌절을 경험했다. 특히 청춘의 시기에는 더없이 힘들었던 것이 잊히지 않는다. 하지만 지친 나머지 모든 것을 포기하려 할 때마다 주위의 관심과 격려가 나를 일으켜 세워줬다. 그들은 "할 수 있다." 말해주었고 그 비전을 내게 보여주었다. 그 덕분에 오늘날의 내가 있을 수 있었다.

요즘의 대한민국에는 청춘다운 청춘을 보기 드물다. 또한 신음하는 청춘에게 제대로 된 위로와 조언을 건네는 사람들을 찾아보기 힘들다. 모두가 정해진 틀에 맞춰서 가려하고, 정해진 노선을 벗어나면 크게 망한다는 생각을 가졌기 때문이다.

부모는 자식에게 공무원 준비를 권하고, 선생은 좋은 대학교에 진학하기 위한 방법만을 강조한다. 부모에게는 공무원 자식이 효자고, 좋은 대학교로 학생을 보낸 선생은 능력 있는 선생이다. 정작 주인공이어야 할 청년들은 그 사이에 존재하지 않는다. 청소년과 청년이 가지고 있던 꿈은 그 과정에서 희석되어 사라져버린다. 환경에 적응하기 위해 애쓰고, 지지 않기 위해 이를 악문다. 그러다 아주 나중에서야 좌절한다. 내가 원하는 삶은 이런 삶이 아니었다는 것을 뒤늦게 깨닫고서 말이다.

청년 문제가 사회적으로 부각되면서 혹자들은 그들의 근성이 썩었다고 매도한다. 하지만 내가 생각하기에 그들은 그저 말 잘 듣는 아이들일 뿐이다. 그들에게 화살을 돌리는 일은 너무나 부당한 일이다. 그들은 전 세대가 만들어놓은 세상 속에 적응하기 위해 최선을 다하고 있다. 힘들어서 눈물이 날 지경인데도 참고 인내하며 그 틀에 몸을 맞추고 있다.

가진 것이 많아지면서 선택의 폭은 더욱 줄어들었다. 맨발의 청춘들은 사라지고, 정해진 길 외에는 다른 길은 갈 수 없는 멋진 정장과 구두를 택해야 하는 청춘들이 가엾다.

그래서 우리는 달라져야 한다고 생각했다. 청춘들도 달라져야 하며, 그들의 주변 환경인 모두가 달라져야 한다. 그들의 힘을 빼앗는 모든 것에서 자유로운 청춘을 만들어줘야 한다.

빌 게이츠, 스티브 잡스가 한국에서 태어났다면 컴퓨터 수리공과 야간근무에 시달리는 광고 디자이너가 된다는 우스갯소리가 있다. 이 농담은 지금의 현실을 관통하는 뼈아픈 일침이다.

지금 우리 대한민국의 잣대는 정상이 아니다. 과거 발전을 거듭하고 성장을 이어가던 대한민국은 청춘들의 의미있는 도전과 패기가 있었기에 가능했다. 만약 그 당시의 청년세대들이 모두 공무원이 되기를 꿈꿨더라면 단연코 지금의 대한민국은 존재하지 않았을 것이다.

대한민국을 앞으로 끌어가야 할 청춘, 세계에서 자신의 목소리를 외쳐야 할 청춘들이 고시원과 학원에서 침묵하고 있다. 부딪치고 깨지고 성장해야 할 청춘들이 참고서와 답안지를 들고 책상에 앉아 있다.

좋은 직업을 위해 스펙을 쌓고, 스펙에서 밀리지 않기 위해 더한 노력으로 스펙을 관리한다. 청춘을 스펙에 바친다. 인생을 스펙에 빼앗긴다. 꿈을 스펙에 양보한다. 이런 우리의 모습이 정말 정상인 것일까?

청춘이 스펙이다. 청춘은 그 자체가 스펙이다. 제대로 사용할 경우 이 스펙보다 더 나은 스펙은 세상에 존재하지 않는다. 이제 청춘을 둘러싼 대한민국의 잣대를 부숴야 한다. 더 이상 쓸모없는 스펙을 위해 진짜 소중한 것을 방치해선 안 된다. 도전을 막아서는 그 모든 평가와 통념을 두려워 말고, 세상을 깨고 당당하게 걸어가야 한다. 필자는 이 책을 통해 이 한마디의 말을 꼭 전하고 싶었다.

이 책은 과거와 현재에 나와 인연을 맺은 모든 이들의 도움이 있었기에 만들어 질 수 있었다. 한국 산업발전과 세계 최고의 기업이 되고자 노력해온 고故 박태준 명예회장님, 황경로 회장님, 박득표 회장님, 유상부 고문님, 이구택 고문님, 이동춘 부사장님, 한수양 고문님, 최광웅 부이사장님, 정준양 회장님, 정동화 부회장님, 김성관 사장님, 유광재 사장님, 김기홍 박사님, 김권식 고문님의 관심과 격려에 항상 감사하다.

석사 학위 논문을 지도해주신 연세대학교 김우식 전 총장님, 박사학위 논문을 지도해주신 조선대학교 박해천 교수님이 계셨기에 바쁜 회사 생활 중에도 학업에 매진할 수 있었다. 오랜 세월 한결같이 묵묵히 내조해준 나의 아내와 언제나 나를 행복하게 만드는 아들 한주와 딸 다희에게 사랑한다는 말을 전하고 싶다.

2012년 가을 盆山 鄭泰鉉 合掌

머니 힐링

조성목 지음 | 신국판 | 값 15,000원

돈과 빚 그리고 잃어버린 꿈에 신음하는 사람들의 회복을 이야기하는 한 권의 책. 이 책 『머니 힐링money healing』은 현재 금융감독원의 국장으로 재직 중인 조성목 저자가 집필한 실용 경제서적으로, '돈'을 둘러싼 분쟁과 다툼 그리고 그 사이에서 큰 상처를 받는 피해자들을 조명하고 실질적인 회복, 회생 노하우를 들려준다.

죽고 싶어질 때

김진황 지음 | 신국판 | 값 15,000원

꽃씨는 누구도 탓하지 않는다. 기름진 땅이든 황무지이든 뿌리를 뻗기 위해 안간힘을 쓴다. 행여 운이 나빠 싹을 틔우지도 못한 채 말라죽을 수도 있다. 그러나 처지를 비관하거나 운명을 탓하지 말자. C'est la vie! 그것이 인생이다.

두 바퀴로 떠나는 전국일주 자전거길

박강섭 · 양영훈 지음 | 180*230 | 값 15,000원

'두 바퀴로 떠나는 전국일주 자전거길' 4월22일 개통된 총 길이 1757㎞에 이르는 국토종주 자전거길을 이용하는 사람들을 위해 만들어진 책으로, 아름다운 우리나라 국토와 4대강을 자전거길로 둘러보는 국토종주 자전거길과 자전거길 주변의 볼거리, 먹거리, 잠자리 등 종합 이용 정보를 함께 수록하여 오직 자전거로만 만끽할 수 있는 여행으로 독자들을 안내하고 있다.

알아서 잘하는 아이는 없다

조수경 · 채수문 공저 | 신국판 | 값 15,000원

왕따 아이가 어느 새 반장, 회장을 도맡아 했다. 이 책 『알아서 잘하는 아이는 없다』는 대한민국의 평범한 주부이자 두 자녀의 엄마인 저자가 실제 겪은 이야기들을 고스란히 옮겨 적은 자식교육서로, 책의 제목 그대로 가정에서 엄마의 역할이 얼마나 중요한지, 그리고 제대로 된 가정교육이 왜 필요한지를 일러주고 있다.

여전한 인생 vs 역전한 인생

구건서 지음 | 신국판 | 값 15,000원

누구나 원하는 인생역전, 하지만 인생은 조금도 변할 기미가 보이지 않는다. 이제 무기력한 당신의 인생에 여덟 개의 키워드[꿈·인맥·도전·재능·행동·기본기·준비·열정]를 입력하라. 가난과 짧은 학력을 이겨내고 꿈을 이룬 구건서 노무사가 제시하는 인생항해를 따라 나만의 인생설계도를 완성한다면 인생역전은 당신의 것이 될 것이다.

잘나가는 공무원은 무엇이 다른가

이보규 · 최성열 지음 | 신국판 | 값 15,000원

정신 놓고 있다가 길을 잃으면 그 순간 끝장이다! 9급부터 시작하는 공무원 행동강령. 이제 지옥 같은 직장을 낙원으로 만들고, 적을 아군으로 만드는 마법 같은 처세의 힘으로 더 큰 바다로 나아가보자.

중남미로 떠나는 21일간의 여행

노상래 지음 | 신국판 | 값 15,000원

배낭여행보다 더 알찬 국내 유일의 중남미 21일 패키지여행 체험기!
삶이 주는 선물 여행. 이제 인생의 동반자들과 함께 지구 반대편 정열의 나라로 떠나보자.

섹스 쇼크

김 성 지음 | 신국판 | 값 15,000원

성중독심리학자 김 성 박사(Ph.D)가 밝히는 충격적인 성중독의 세계. 대한민국 최초로 공개되는 성중독의 개념과 그 사례를 통해 그간 그냥 지나쳐왔던 그릇된 한국의 성문화에 대한 문제점을 파악하고, 그 치유 방법을 제안한다.

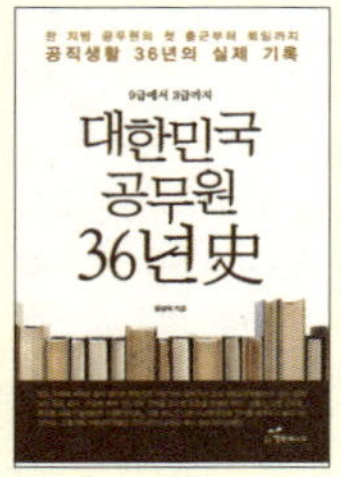

대한민국 공무원 36년史

정상덕 지음 | 신국판 | 값 15,000원

36년. 9급 말단 공무원에서 시작해 3급 고위 공무원까지, 지방의 면사무소에서 시청까지 수많은 사람들을 만나며 그들의 고충을 해결하기 위해 힘써온 '공무원' 공직생활의 모든 것이 담겨있다.

독일 1등 NEWS 타게스샤우

신창섭 지음 | 국판 | 값 15,000원

공영은 다수를 위한 방송이다. 그러나 요즘 우리의 현실은 이 당연한 사실을 망각하고 있다. 공영방송이 외부의 힘에 마구 흔들리느라 자신의 위치를 찾지 못하고 있는 것이다. 세계에서 신뢰받는 독일 1등 뉴스 타게스샤우를 살펴보자. 그리고 그에 못지 않은 우리 공영 방송의 윤리를 회복시키자. 우리는 더 나은 뉴스를 볼 권리가 있다.

셈본 인생경영

가재산 지음 | 신국판 | 값 15,000원

"셈본 인생경영"이 내놓는 대답은 명쾌하다.
어릴 적에 배웠던 덧셈, 뺄셈, 곱셈, 나눗셈이 바로 그것이다. 생각과 습관을 바꾸는 데 가감승제加減乘除 네 가지 셈만 잘 하고 '습관과의 GO-STOP'을 즐긴다면 자기 인생에 대한 경영은 물론이요, 은퇴 이후 제 2의 인생 설계를 완벽히 준비할 수 있다고 말한다.

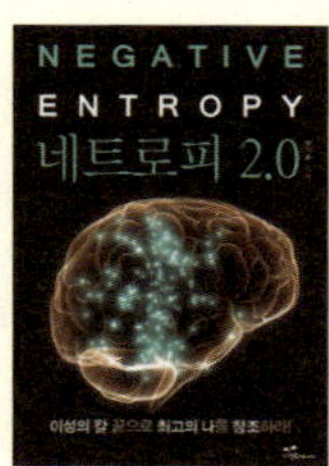

네트로피 2.0

한지훈 지음 | 신국판 | 값 13,000원

네트로피 = 마음의 질서
똑같은 노력을 해도 성공하는 사람과 실패하는 사람이 나뉘는 이유는 " 네트로피(netropy) 질서"에 있다. 우리 가슴속에는 이미 최고의 '나' 가 존재한다. 이 책을 통해 그 최고의 나를 만나는 네트로피를 발견하라. 엔트로피 상태에서 네트로피 상태로의 전환은 당신의 인생에 극적 반전을 불러올 것이다.

춤추는 별

김달국 지음 | 국판 | 값 13,000원

여기 로맨스와 불륜의 경계를 가로지르는 또 하나의 아름다운 사랑이 펼쳐진다.
금지된 사랑의 곡조에 춤을 추는 아름다운 두 개의 별, 그 흔들리는 빛의 아지랑이 속으로 당신을 초대한다.

소마틱스

토마스 한나 지음 · 최광석 옮김 | 신국판 | 값 17,000원

하루 5분 정도의 소마운동만으로도 유연하고 건강한 몸을 유지하면서 나이와 외상으로 인해 생긴 문제에서 탈출할 수 있다. 더 이상 외부에서 나의 치유를 찾으려들지 말라. 이제 소마틱스를 통해 나 자신이 스스로의 주인이 되어 몸을 일깨워 잃어버렸던 유연성과 건강을 회복해보자.

고독하지만 자유롭게

이봉원 지음 | 신국판 | 값 13,000원

한국과 호주를 넘나드는 고군분투 독립장편영화 제작기! 캐나다와 호주에서 항공사 회사원으로 근무하며 영화를 기획하고 한 걸음 한 걸음 전진하여 장편 영화 ' 마티나'를 제작해가는 과정을 담았다.